涨停板战法实战精髓

郭志荣 著

地震出版社
Seismological Press

图书在版编目（CIP）数据

涨停板战法实战精髓/郭志荣著．—北京：地震出版社，2017.8（2021.11 重印）

ISBN 978-7-5028-4836-1

Ⅰ.①涨…　Ⅱ.①郭…　Ⅲ.①股票交易—基本知识　Ⅳ.①F830.91

中国版本图书馆 CIP 数据核字（2017）第 111376 号

地震版　XM5062/F（5535）

涨停板战法实战精髓

郭志荣　著

责任编辑：薛广盈　吴桂洪

责任校对：凌　樱

出版发行：地震出版社

北京市海淀区民族大学南路 9 号　　邮编：100081

发行部：68423031　68467991　　传真：68467991

总编室：68462709　68423029

证券图书事业部：68426052

http：//www.dzpress.com.cn

E-mail：zqbj68426052@163.com

经销：全国各地新华书店

印刷：北京盛彩捷印刷有限公司

版（印）次：2017 年 8 月第一版　2021 年 11 月第三次印刷

开本：787×1092　1/16

字数：267 千字

印张：11.25

书号：ISBN 978-7-5028-4836-1

定价：38.00 元

序

涨停板是每个股民心中梦想的礼物，它会带来无限的快乐和足够的财富。但在当下的强监管环境下涨停板成了洪水猛兽，各种打压，让人无所适从。不过无论如何，打板依然是市场最受追捧的操作方式。法无禁止即无过错，市场是检验真理的唯一标准，笔者想管理层终究会理解这一点。因此，只要涨停板制度没有取消，打板始终是短线玩家最热衷的操作方式。

涨停虽好，但要抓住涨停可不容易。事实上，我们炒股并不以打板为终极目标，换个角度思考也许可以认识更多涨停板的内涵。涨停板给我们带来的启发远不止于涨停板那10%的涨幅，而是观察涨停板可以悟出许多潜在的市场信息。

首先，涨停板揭示了市场的热度。全天涨停板多少在一定程度上反映了市场的做多气氛。短线主力资金对市场是最为敏感的，假如当天涨停板家数超过平均值，那说明市场热度不错，散户也就可以放心跟进。反之，一天都不到十个涨停板，那最好离市场远点。举一反三，我们也可以观察跌停板的家数，对操作的启发也同样是很有帮助的。

其次，涨停板反映了市场主力资金操作的方向。比如，最近的雄安概念股票时不时批量涨停，那毫无疑问热点就是这个板块，跟上主力才有肉吃。如此你就知道自己该买什么股票了，简单且直接有效。

再次是涨停板的持续性反映了市场的持续性。比如，最近的冀东装备三连板，说明这个板块的持续性非常好，可以继续跟进操作。假如该板块的涨停板是一日游，说明市场轮动过快，短线操作风险大，那就应该休息了。

最后是涨停板可以带来很多短线操作的信息。比如，竞价结束的时候涨停板的股票属于哪个板块，据此判断当日的热点是什么？然后发掘板块其他未涨停的股票，果断跟进。

观察涨停板可以带来众多的信息，让我们获益匪浅。当然，我们还是希望自己能抓住涨停板。这是每个股民心中的圣杯，也是本书想带给读者的答案。

打板有很多准备工作需要做，技术形态的分析是股民复盘需要重点琢磨的。这方面的知识在本书做了完整的解读。在实战中，还有几方面的工作要做：一是观察主力游资的动向。现在的信息条件足够让我们了解到这些，每天盘后有龙虎榜的信息可以用来分析主力的动向，也可以总结出他们的操盘习惯，以便第一时间跟随。二是收集各种信息，辨析信息的有效性和对市场的刺激程度。现在的市场炒作逻辑就是在消息的基础上运用密集的资金集中运作，因此首先得有利好消息，且这个消息能引起市场的共鸣。然后就要靠主力的操作，这就是资金的问题了。

这里为什么不喜欢市场的主流资金？比如公募基金、社保等，因为这些资金很少会出现在涨停板上，也从来不是引领市场潮流的风向标。能在涨停板上风生水起的还是游资，现在的游资有集团化的迹象，更集中更有冲击力，因此少数的热点会走出超强的走势，涨幅往往惊人。比如今年的一带一路和雄安概念股票，都可谓波澜壮阔。

学习抓涨停板是个较长的过程，需要做好很多技术储备，也需要艰苦复盘。天下没有免费的午餐，打板绝不是心血来潮。即使做好了准备工作，也还要在盘中密切关注，观察盘口的变化，在第一时间做出反应。

希望本书能给股民朋友带来些许启发，也希望有机会和大家一起交流操作得失，共同进步。

郭志荣
2017 年 5 月于广州

目　录

第一章

打板基本功

学会打板操作首先得有扎实的打板基本功，笔者总结十多年的操作经验，认为以下七种看盘功夫必须具备：①突破和跌破；②关键 K 线；③抵抗线；④轧空和轧多；⑤峰顶和谷底；⑥强化和弱化；⑦破低反涨和破高反跌。

一、突破和跌破

突破指股价超越前高或者盘整区最高点，意味着压力消解，是标准的买点。反之则是跌破，是标准的卖点。

突破必须是收盘价超越，仅仅盘中突破都只能认为是假突破。

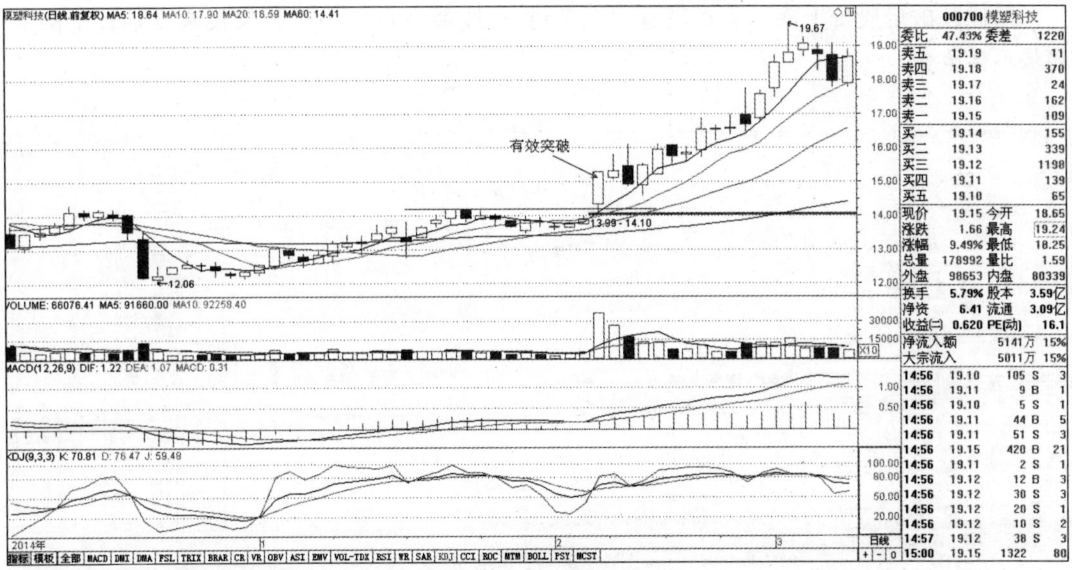

图 1－1　模塑科技

实例解析：在图 1－1 中，箭头所示涨停突破前高，是有效突破，因为收盘价已经远高于前高。强势突破是较好的买点，因为突破意味着压力消解，进入新的上升波段。

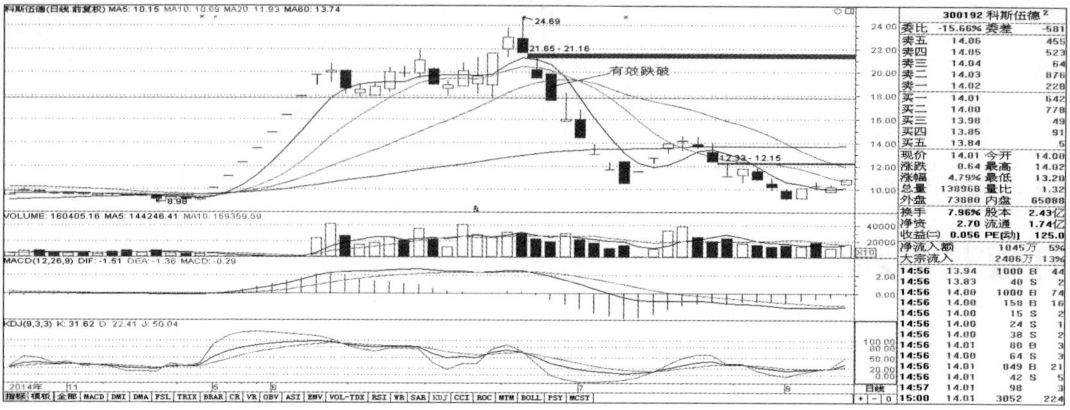

图 1-2　科斯伍德

实例解析：在图 1-2 中，箭头所示长阴跌破前低，意味着支撑被破坏，是标准的卖点。跌破前低后进入下降趋势，不宜持股。

二、关键 K 线

关键 K 线是指在支撑及下跌目标满足区出现的，具有价格反转或持续作用的标志性特征 K 线及 K 线组合，是观察未来支撑或者压力的标准。

后市股价回调，只要股价不跌破关键 K 线的最低价就表示支撑没有破坏。

同样跌破后股价上涨，只要没有回到关键 K 线最高点之上，就仅仅是反抽，下降趋势不会改变。

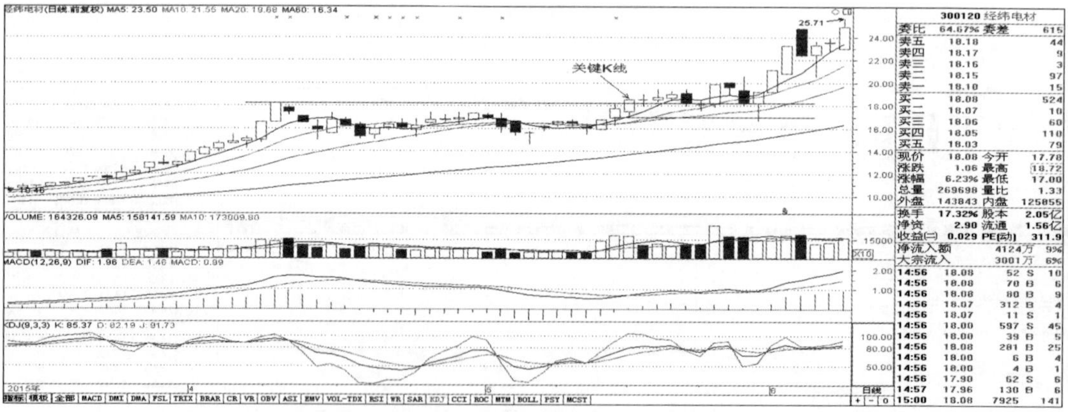

图 1-3　经纬电材

实例解析：在图 1-3 中，箭头所示当日有效突破盘整区最高点，是关键 K 线。后市该股持续震荡，股价也有下探的趋势，但始终没有跌破关键 K 线的最低价，说明支撑有效，可以继续做多。

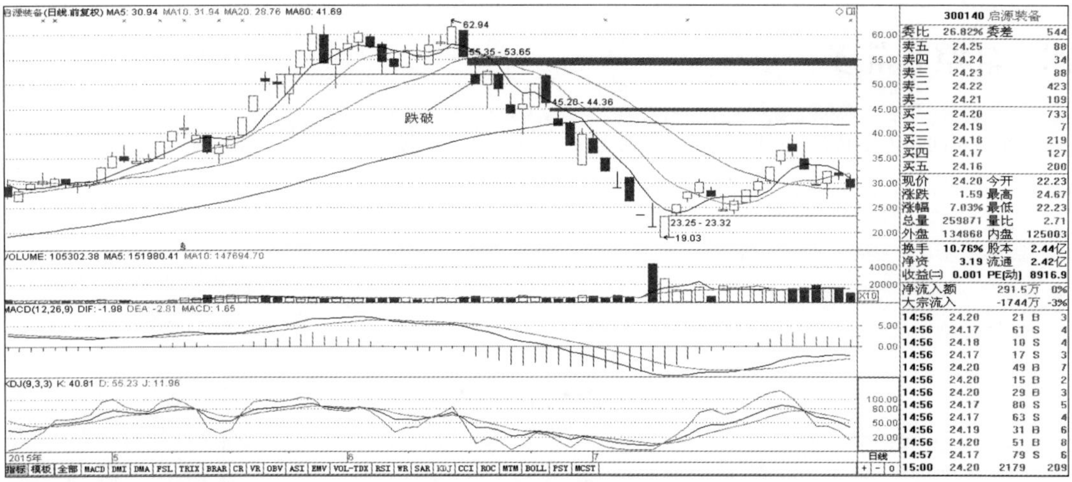

图 1-4　启源装备

实例解析：在图 1-4 中，箭头所示跳空跌破前低，当日阴线是关键 K 线。后市该股略有反弹，但没有修复关键 K 线，说明下降趋势已经明确形成。

三、抵抗线

抵抗线指根据波浪高点或者低点画出的水平线，是支撑线和压力线的合称。

股价没有突破抵抗线就是压力线，突破后就转换成了支撑线。

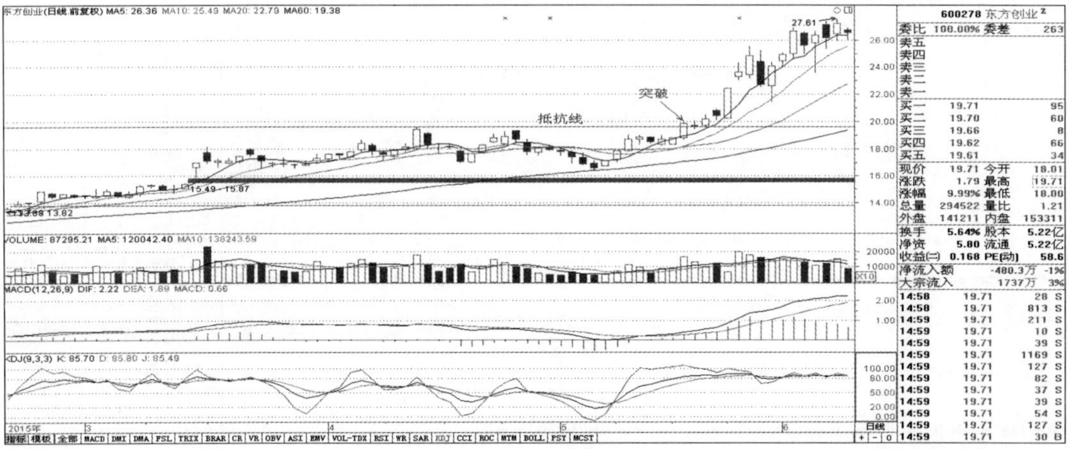

图 1-5　东方创业

实例解析：在图 1-5 中，水平线即是抵抗线，是根据波浪高点画出，在没有突破之前典型的压力线。突破之后顺势转换成支撑线。突破后抵抗线形成了明确的支撑，是逢低买入的绝佳时机。

四、轧空和轧多

轧空指股价突破压力线后没有按常规回调，而是直接继续上涨，空头找不到低点可以止损，只能高位割肉。反之则是轧多。

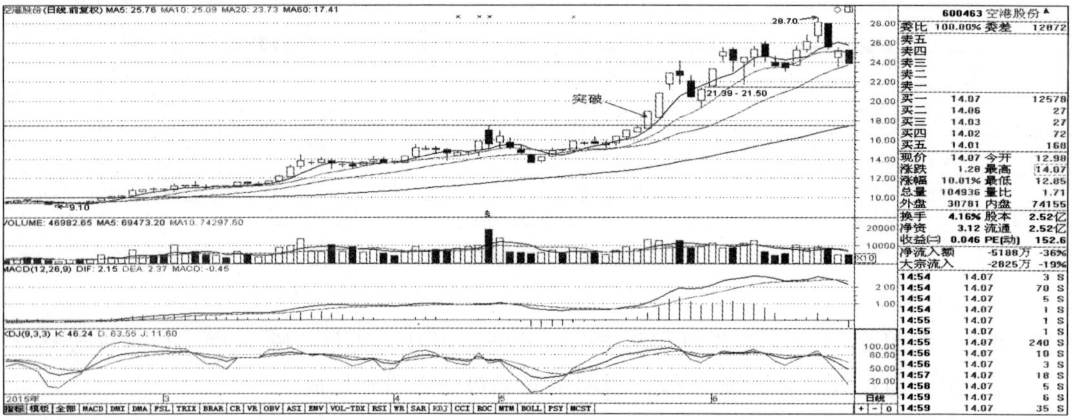

图 1-6　空港股份

实例解析： 在图 1-6 中，箭头所示为有效突破，按常规会有空头抵抗，即下跌，但该股不跌反涨，当日收出长阳，是典型的轧空。后市该股继续轧空，空头不投降的话只能亏损越来越多。

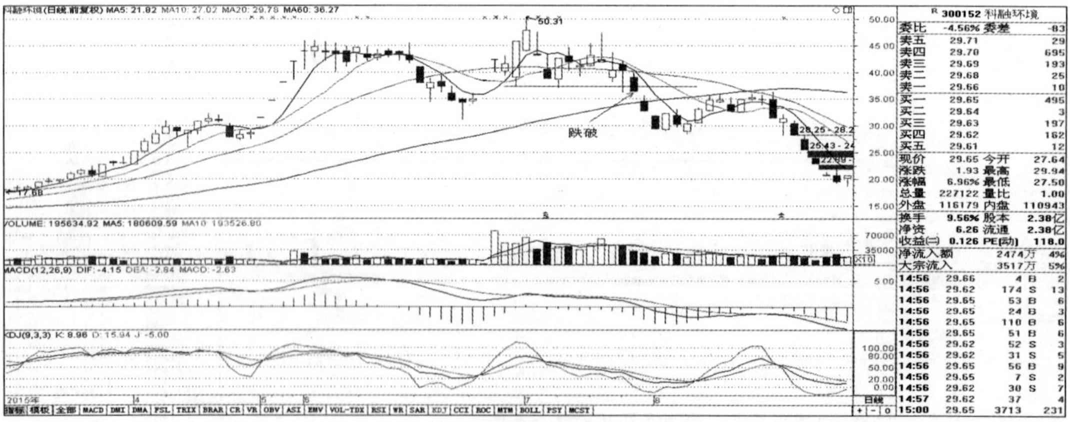

图 1-7　科融环境

实例解析： 在图 1-7 中，箭头所示长阴跌破前低，是有效跌破。跌破后通常有多头抵抗，即反抽，可该股继续暴跌，是典型的轧多。轧多意味着多头不止损的话亏损会越来越多。

五、峰顶和谷底

峰顶指上升波段的高点，一般由三根 K 线组成，第三根 K 线的收盘价低于中间 K 线的最低价。反之则是谷底。

峰顶是标准的卖点，谷底则是标准的买点。

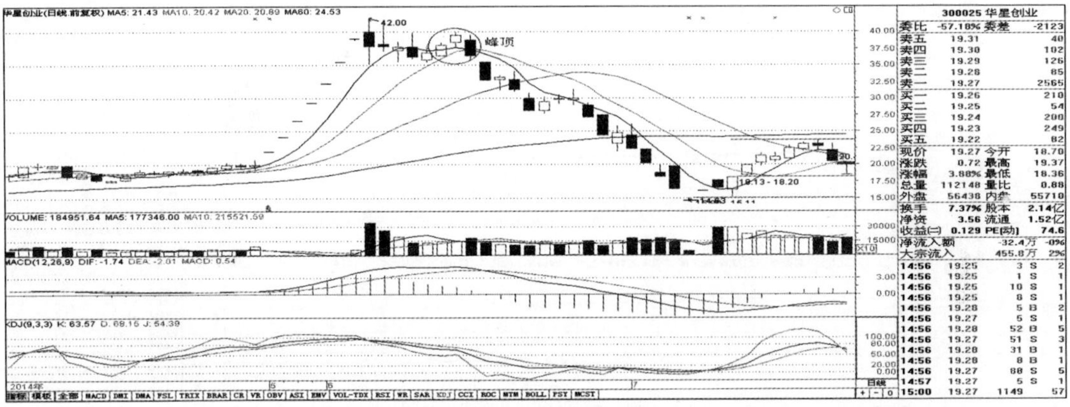

图 1－8 华星创业

实例解析： 在图 1－8 中，圆圈所示的三根 K 线是典型的峰顶组合，第三根 K 线的收盘价低于中间 K 线的最低价，是一个见顶信号，通常需要卖出。在完成目标涨幅的情况下，出现峰顶是标准的卖点。

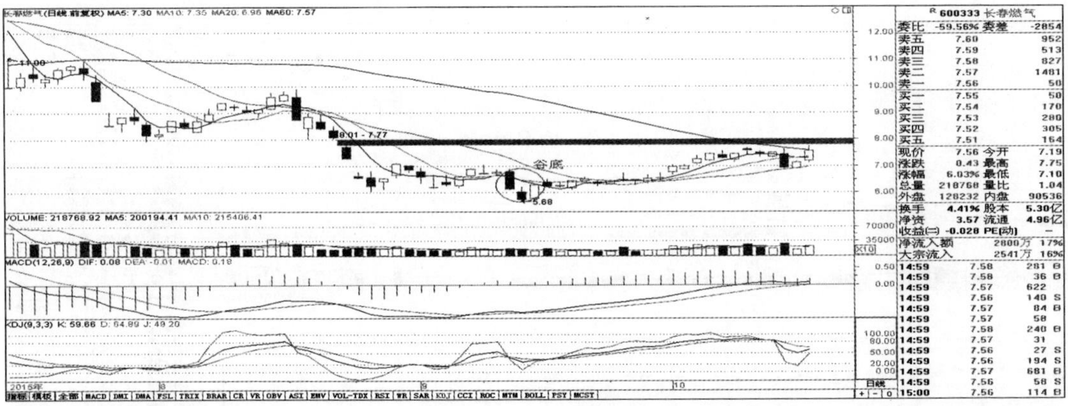

图 1－9 长春燃气

实例解析： 在图 1－9 中，圆圈所示的三根 K 线是典型的谷底，第三根 K 线的收盘价高于中间 K 线的最高价，说明股价反转向上，是普通的买点。在完成目标跌幅或者背离的情况下，出现谷底是标准的买点。

六、强化和弱化

强化指股价加速，走势越来越强。可以是波段内的比较，也可以是相邻波段的比较。反之即弱化。

在下降趋势中也可以运用强化和弱化的概念来分析多空的力道变化。

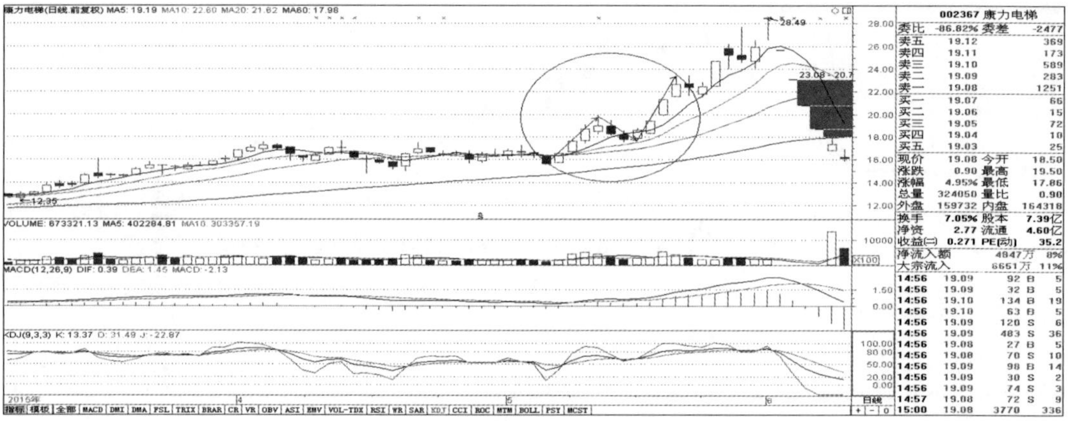

图 1－10　康力电梯

实例解析：在图 1－10 中，圆圈内有两段上升，可以看得出第二波上升涨速更快，是典型的强化，可以积极参与。预判强化可以从启动的速度入手，强势股一般都是高速启动，短线可以跟上。

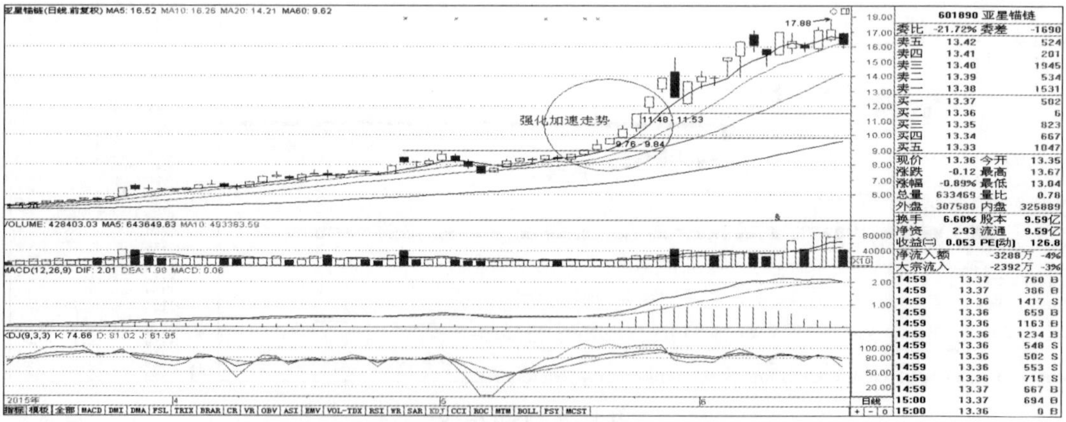

图 1－11　亚星锚链

实例解析：在图 1－11 中，圆圈所示的波段上涨是一段经典的强化走势，即股价涨速越来越快，体现在 K 线上即阳线实体越来越长。强化走势是短线跟进的极佳标的。

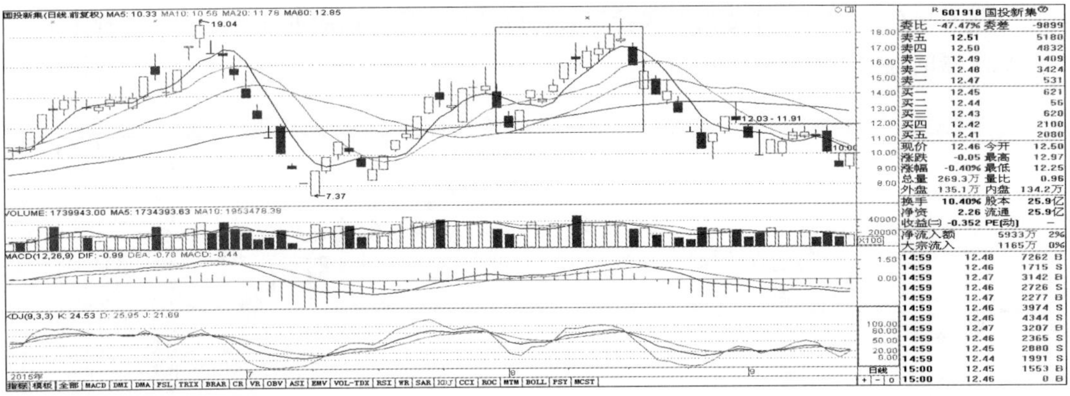

图 1－12　国投新集

实例解析：在图 1－12 中，方框所示波段上升是典型的弱化走势，即股价涨速越来越慢，也就是说阳线的实体越来越短。弱化意味着多头力量越来越小，有可能即将调整或者反转向下，因此需要十分小心。

七、破低反涨和破高反跌

破低反涨指股价跌破低点支撑，意味着进入下降通道，通常会继续下跌，但股价实际并没有下跌，而是上涨，且修复破位 K 线。这说明破低是刻意的洗盘，后市有望继续上涨，至少会突破前高。反之则是破高反跌。

破低反跌是洗盘的信号，即诱空，是强庄的特征之一。

破高反跌则是诱多，后市杀跌往往更为猛烈。

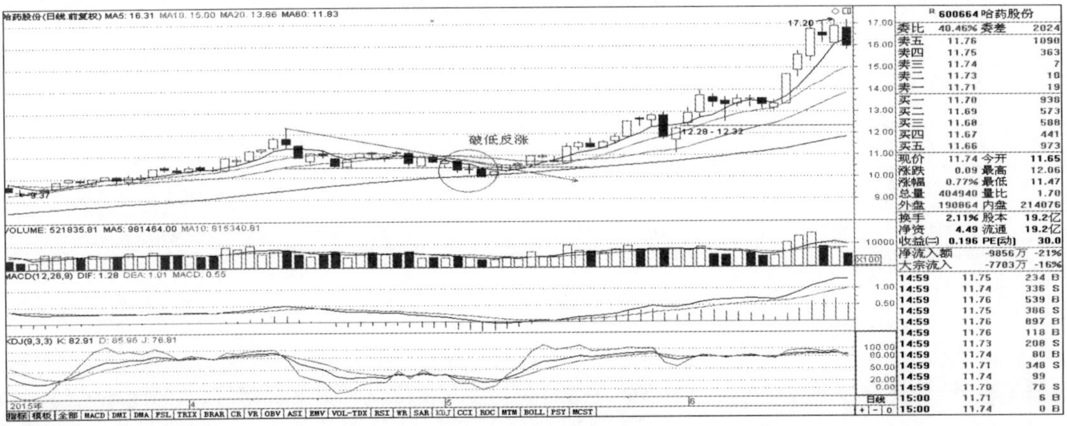

图 1－13　哈药股份

实例解析：在图 1－13 中，圆圈所示股价跌破低点支撑，意味着进入下降趋势，但后市很快回升，且修复破位 K 线，证明前面的破低是刻意的洗盘，即诱空走势，后市往往有出色的表现。修复的时候投资者可以进场，后市该股的涨幅巨大，体现了破低反涨的魅力。

图 1－14　大金重工

实例解析：在图 1－14 中，箭头所示中阳突破，通常可以买入。可是该股此后持续下跌，跌破了关键 K 线，是典型的假突破，是诱多的走势。后市该股加速下跌，跌幅巨大，显示了破高反跌的破坏力有多么恐怖。

第二章

龙头板

打板要点：如何提前发现龙头，这是短线高收益的关键所在。龙头股的前期特征体现在涨停板上，龙头封板的时间一般在早盘，且经历的时间较短。龙头封板当日的成交量一般较小，即消耗的资金不大，抛压较小，是后市强轧空的基础。从板块角度看，龙头板一般是第一个封板的，最差也是前三名。

止损要点：不管是不是龙头板，涨停当日买入就以当日最低价作为止损价。

打板关键词：封板最早　封板迅速　成交量小

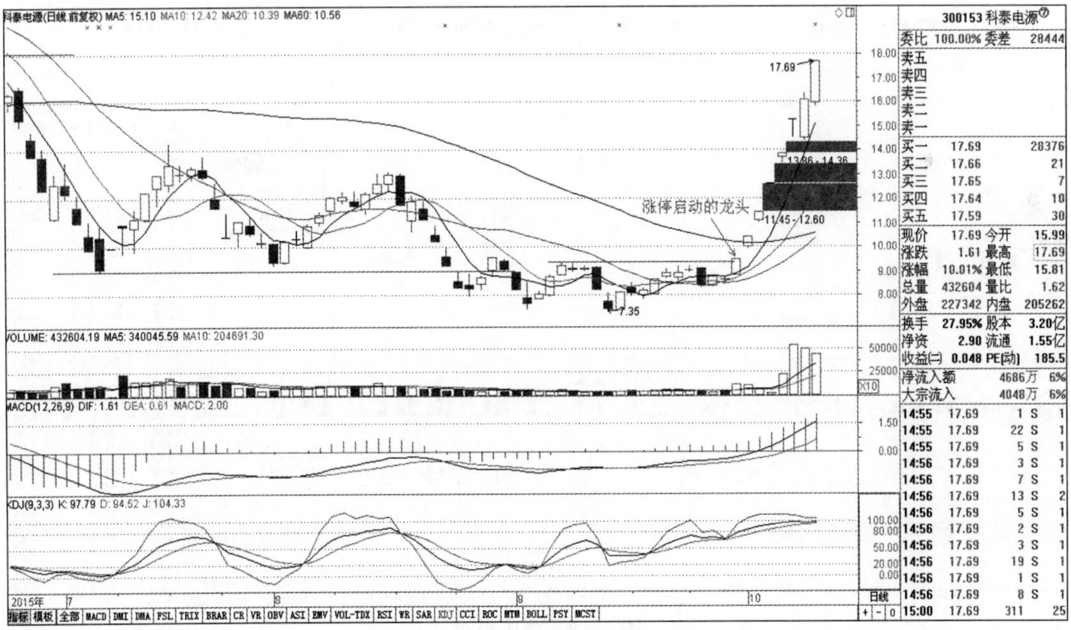

图2－1　科泰电源

实例解析：在没有走出来之前，谁也不敢说图2－1科泰电源是充电桩板块的龙头。该板块在启动的时候，该股迅速涨停，属于最快涨停之一，具备龙头的素质。当日成交量小幅放大，属于缩量涨停的范围，为后市继续封板打下了基础。我们在追击的时候就是要选择启动最快，涨速最快的股票，很可能是龙头。

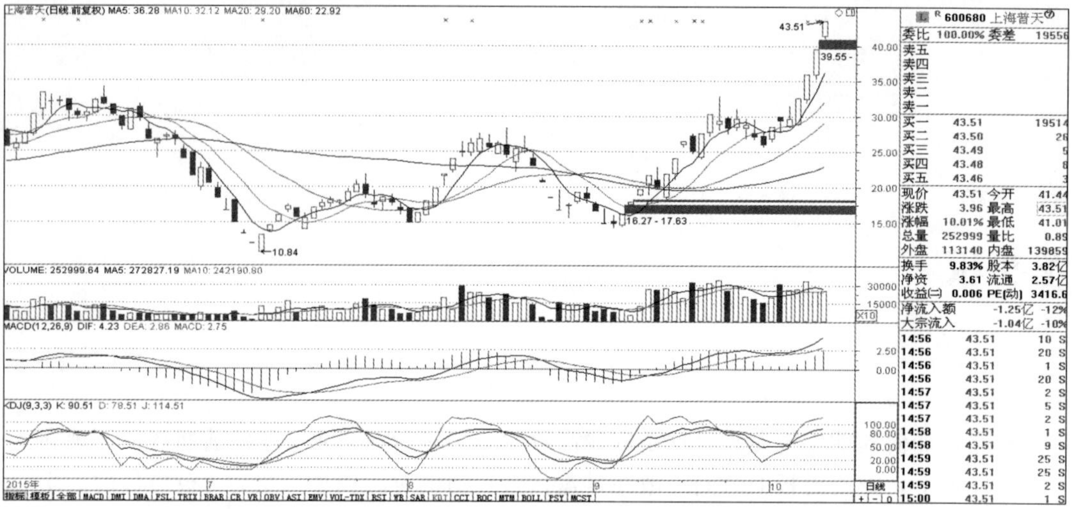

图 2－2　上海普天

实例解析： 图 2－2 上海普天是当时充电桩板块的龙头之一，其龙头特征在板块里首屈一指。整体涨幅大不是前期特征，属于结果，不值分析。该股启动最早，甚至在板块没有集体启动的时候就开始涨停。另外大盘疲软的时候，该股回调的幅度较小，极具抗跌性。同时成交量非常稳定，也是高控盘股票的特征，龙头特质明显。

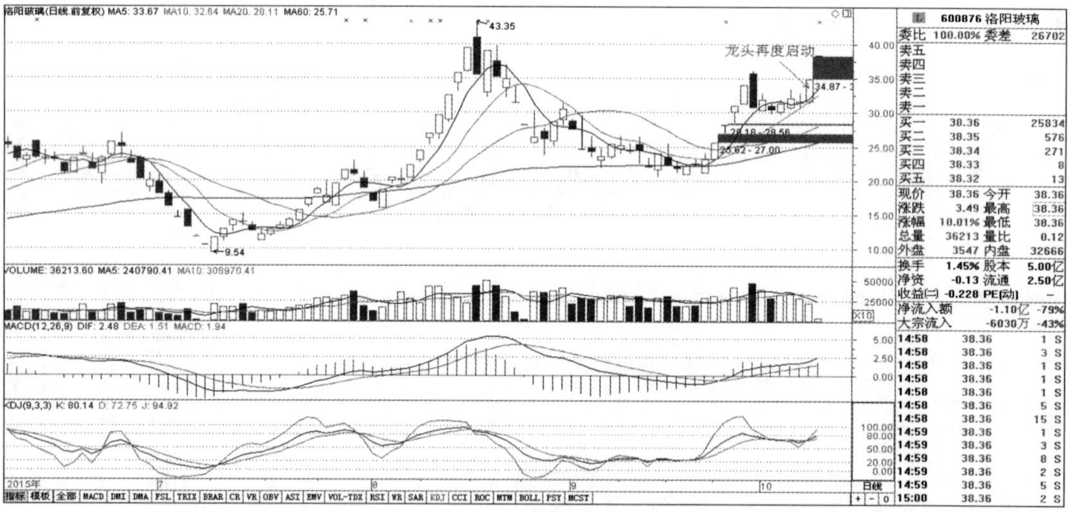

图 2－3　洛阳玻璃

实例解析： 图 2－3 洛阳玻璃是国企改革概念板块的龙头，基本具备了龙头的所有素质。首先是每次波段炒作都涨幅最大，其次启动最快，然后涨速最快。箭头所示涨停启动，次日一字板，这是其他同板块个股不具备的强悍特征。对于这种龙头，我们可以在板块启动的时候直奔目标。

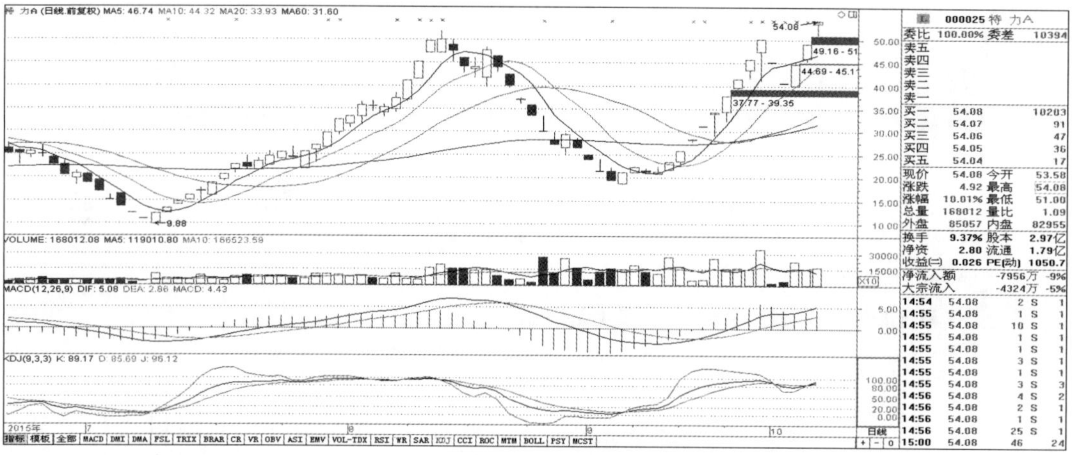

图 2-4 特力 A

实例解析：图 2-4 特力 A 在 2015 年股灾后表现非常炫目，是典型的龙头。在第一波炒作中出现了 8 连板，足见其强悍。不过我们很难有机会在途中追击，结果是 8 个板，但你敢于在第 4 个、第 5 个的时候进场吗？而该股回调的风格也足够彪悍，都是一字板跌停，然后又涨停启动第二波连板。这种除了涨停就是跌停的股票，不仅仅是龙头，而且是疯牛，追击要足够的勇气。

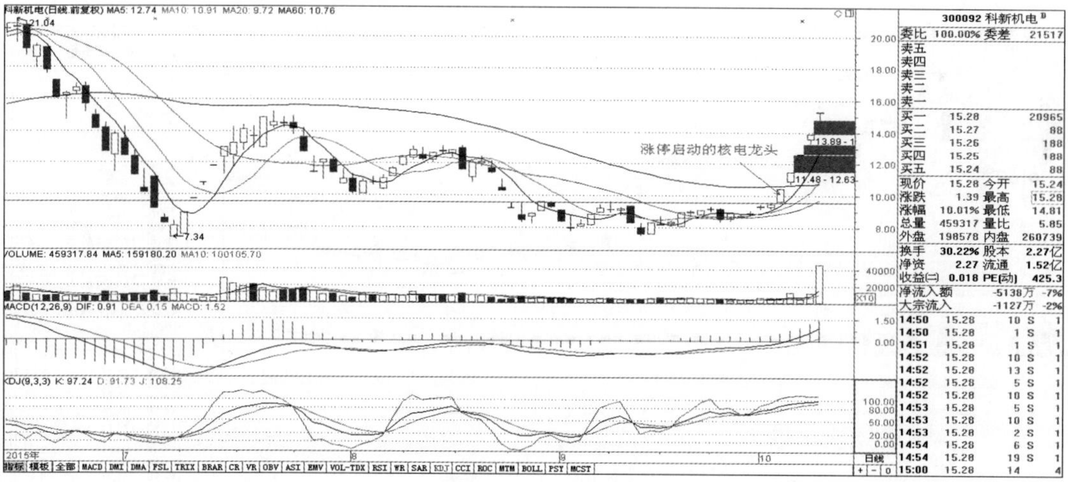

图 2-5 科新机电

实例解析：图 2-5 科新机电是当时炒作核电的唯一龙头，远比其他个股要强。箭头所示为涨停突破底部颈线，是一个启动信号，此时要评估是不是龙头，则可以根据封板的时机和封板经历的时间，以及当日的成交量。这个涨停为早盘 10 分钟内完成，足够迅速，具备龙头的特征，值得追击。后市该股连板，龙头特征明显，可以继续择机跟进。

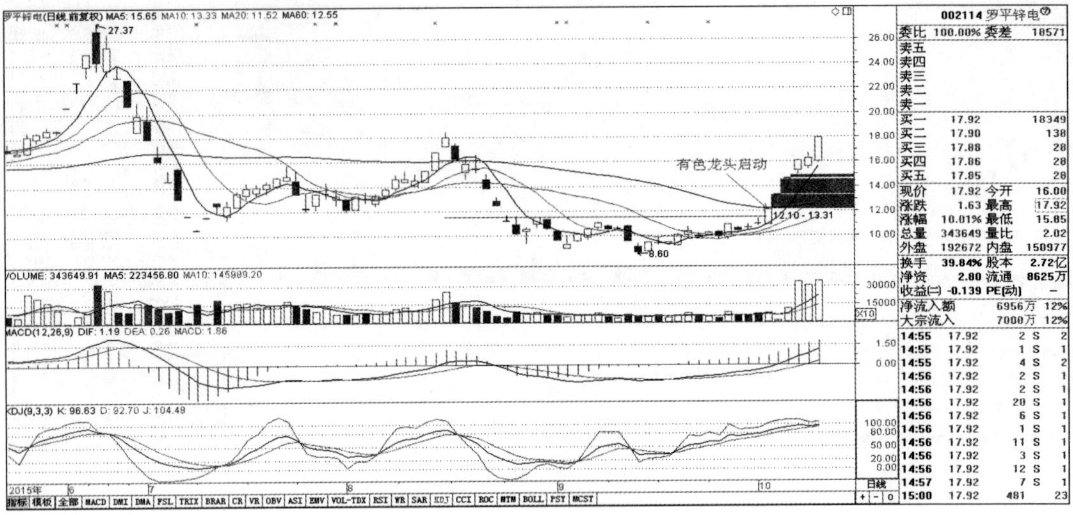

图 2-6　罗平锌电

实例解析： 图 2-6 罗平锌电是有色板块的老龙头，老股民都知道炒有色就直接买这个。箭头所示涨停突破头肩顶颈线，当日有色板块启动，追击这个涨停是理所当然的。涨停速度最快，最早封板，这就是龙头，短线玩家可以高位狙击。后市该股持续暴涨，尽显龙头本色。

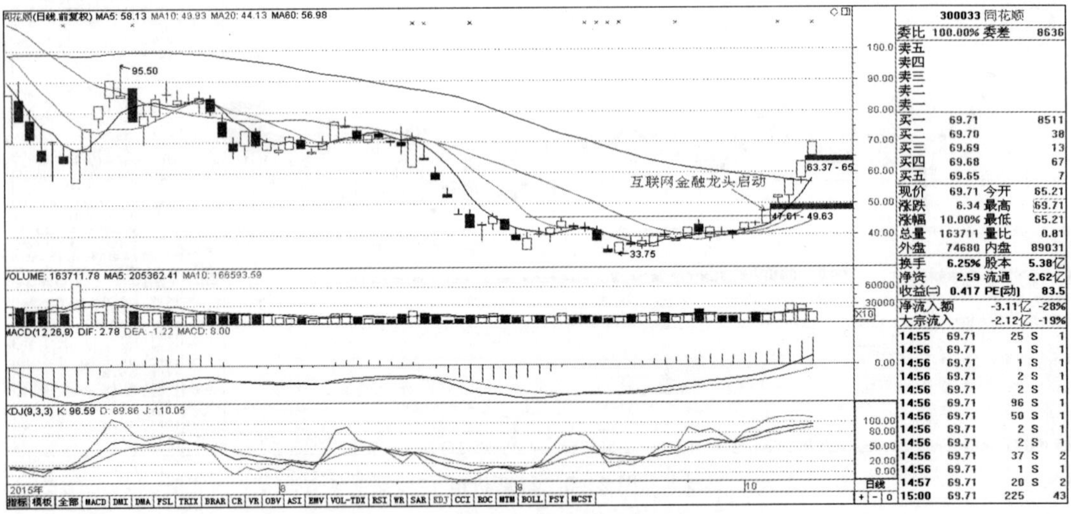

图 2-7　同花顺

实例解析： 图 2-7 同花顺是互联网金融的龙头之一，前期就具备龙头的特质。在该板块启动的时候，该股是最早涨停的股票之一。从整体看，该股前期经过了较长时间的盘底，然后缩量突破，已经展露出龙头的苗头。次日缩量连板，龙头得到验证，可以继续追高进场。

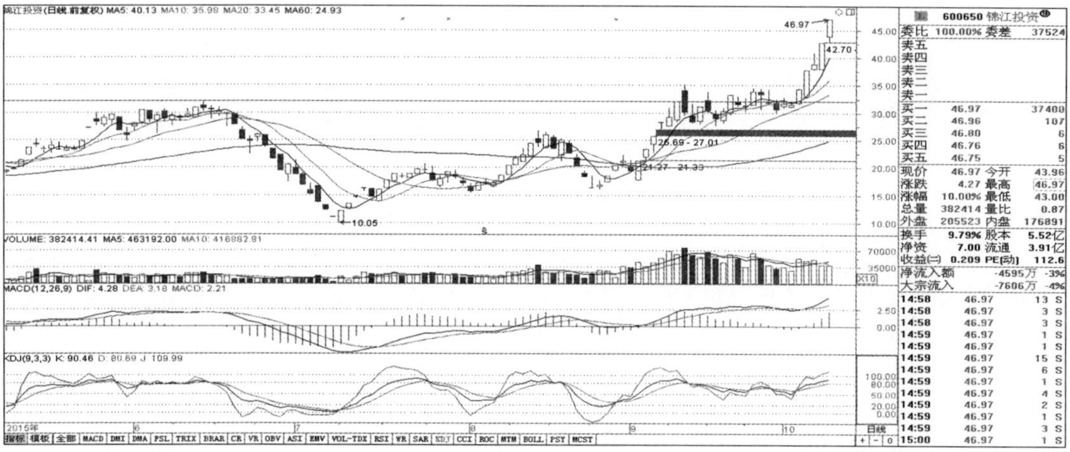

图 2-8　锦江投资

实例解析：图 2-8 锦江投资是众所周知的迪斯尼概念龙头。涨幅最大，这是马后炮，不能作为前期特征。前期特征是该股每次板块启动都是领头羊，也是最快涨停，同时涨停不怎么放量。另外该股在大盘低迷的时候回调的幅度最小，走势非常紧凑，也为二次爆发打下了基础。

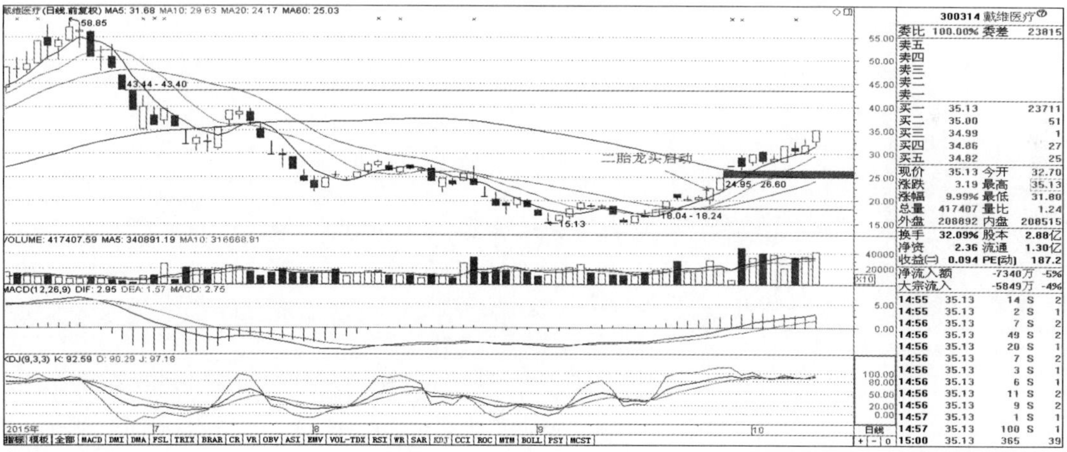

图 2-9　戴维医疗

实例解析：图 2-9 戴维医疗是当时炒作二胎放开的唯一龙头，具备了龙头所有的特征。箭头所示的涨停出现在大盘还比较低迷的时候，也是板块最快封板的涨停之一。当日略微放量即封板，说明主力非常轻松，还有余力，为后市轧空打下了基础。此后连板，继续验证了龙头的特征。后市该股调整，但股价重心越来越高，即跌不下去，这也是强势股的特征。

第三章
缩量板

打板要点： 缩量板是优先考虑的原则，假如能缩量封板，那次日冲高的概率就非常大。缩量封板可以说明抛盘较小，主力可以不费气力即大幅拉高，也反衬出多头强悍。如此提前预判当日缩量封板就变得非常有意义。在盘中可以根据放量的速率来判断当日大致的成交量，也可以参照量比线的数值。另外封板时间早也可以遏制卖盘，因此越早封板往往越缩量。

打板关键词： 成交量萎缩　量比小

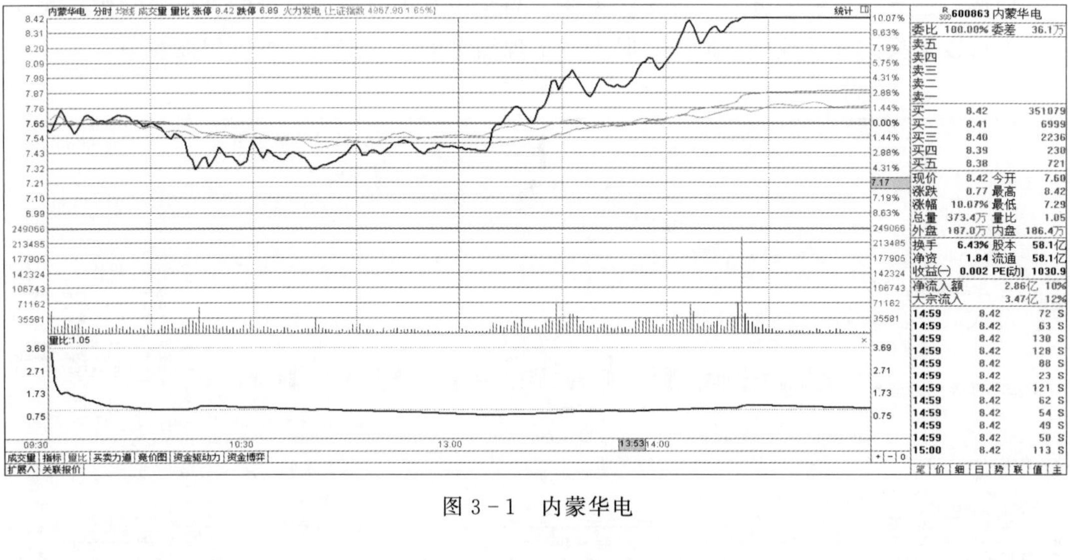

图 3－1　内蒙华电

实例解析： 在图 3－1 中，该股上午没有什么特别表现，甚至很疲软。下午在电力板块的推动下逐浪攀升，有涨停的潜力。此时重点观察量能的变化，分时的量柱随股价的上升而明显升高，说明量价配合较好，通常可以买入。放量是需要的，但量太大了则消耗了大量的资金，就可能导致隔日冲高的力度减弱，甚至低开低走。如此则要判断当日为适度放量，可以观察一下量比。下午该股拉升的过程中，量比 1 点多，说明放量的程度较小，当日累计的量应该不大，甚至是一个缩量涨停的结果。综合研判后，我们可以确定当日至少可以在量不大的背景下封板，因此可以及时追高买入。

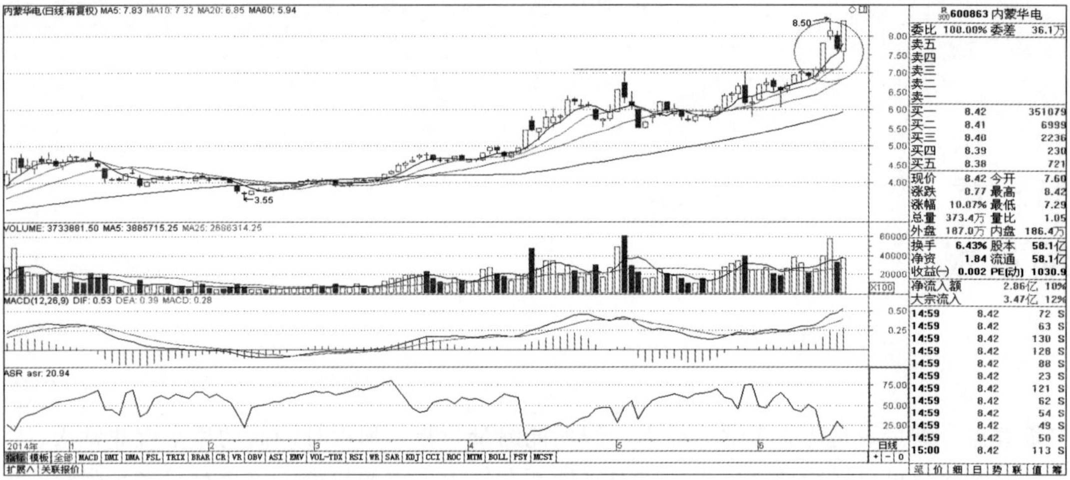

图 3-2　内蒙华电

实例解析：从图 3-2 日线中看，该股前期涨停突破等高点，属于大突破范畴。涨停当日温和放量，比较稳定，隔日放量滞涨，意味着即将调整。大突破后回调是机会，只等回调到位的时机，随时都可以出现。由于前面涨停突破，强势特征明显，因此回调后还有可能涨停启动，可密切关注。当盘中有主力拉动股价的表现的时候，我们可以切换到分时观察。最后该股果然出现缩量涨停的表现，可以积极参与。

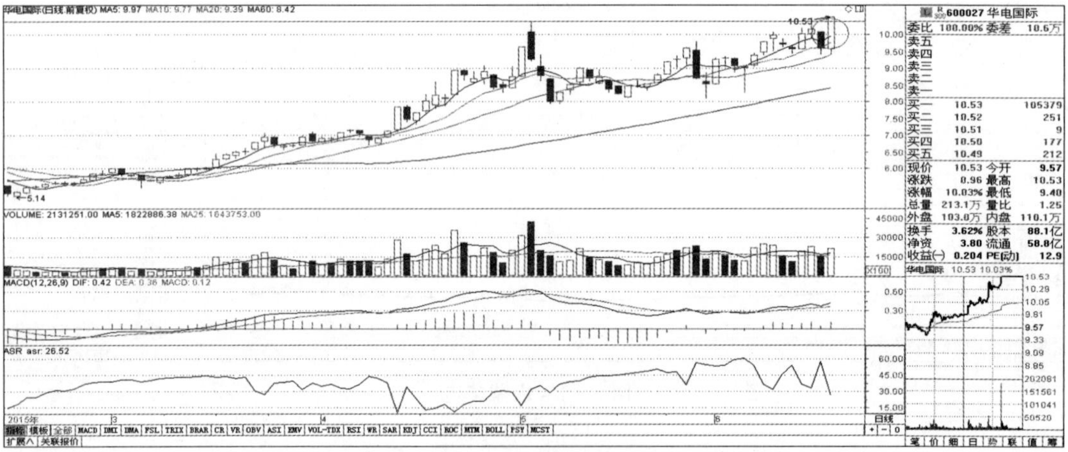

图 3-3　华电国际

实例解析：在图 3-3 中，该股前期有个放量的高点，是阶段性高点，也是未来的压力位。压力不是永远不能消解，当股价突破的时候，压力就顺势消解，反而变成了上升后的支撑了。当股价缓慢回升到前高附近的时候，我们要关注是否能有效突破，一旦突破就是很好的买点。当然并不是任何突破都可以追击，最好是缩量大阳线突破，因此量能是重要的观察对象。

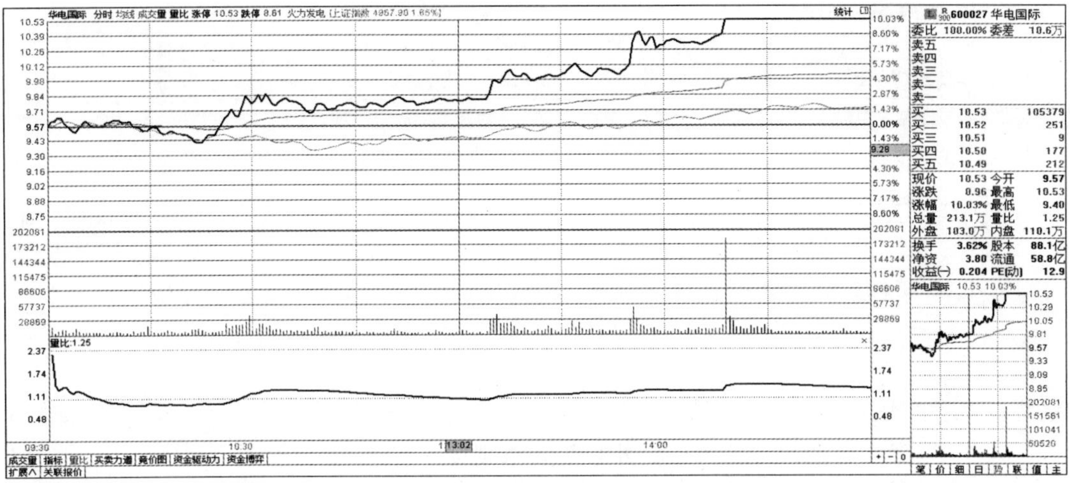

图 3－4 华电国际

实例解析：在图 3－4 中，该股当日呈现台阶式上涨的格局，是最稳健的模式，这种模式也是主力拉动的表现。每次突破盘整区都有成交量放大，量价配合很好。只是我们要防范当日量能过大，因此需要看看量比。该股全天的量比都是 1 多点，放量不明显，基本可以判断当日的成交量不会太大。既然可能缩量涨停，那就必买无疑，结果是成功封板，符合预期。

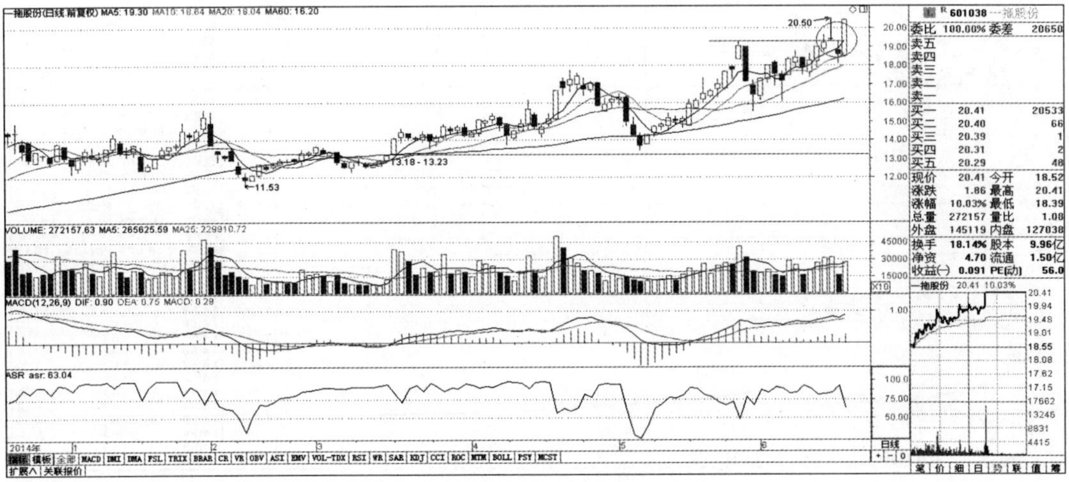

图 3－5 一拖股份

实例解析：在图 3－5 中，该股前期震荡攀升，相比大盘属于严重滞涨的品种，有补涨的潜力。同时该股是央企，属于当时最火爆的题材——央企改革。整体的量能表现较好，涨时放量，跌时缩量，还有上升的潜力。当板块启动的时候，这样的滞涨品种可能会随时爆发，我们可以切换到分时图跟踪。

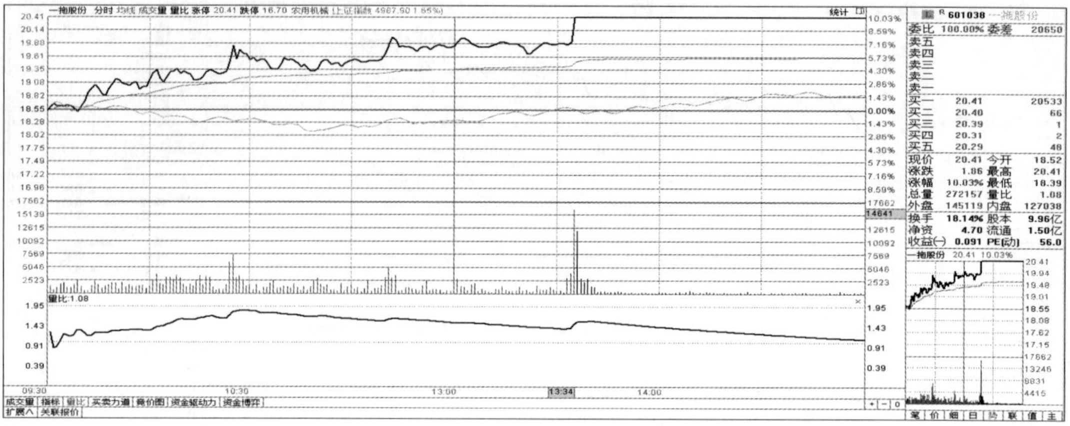

图 3-6　一拖股份

实例解析：在图 3-6 中，该股当日走势明显强于大盘。上午大盘大跌，但该股强势上涨，没有跌破过均价线，不是一般的强悍。量价配合较好，涨时放量，跌时缩量。唯一要担心的是当日整体的量会不会过大，如果过大就不适合买入。观察分时图上的量比线，数值在 1 点多，不到 2，说明放量有限。另外在高位盘整的时候，量比线明显下滑，说明量还在萎缩，可能会导致当日缩量涨停，可果断买入。

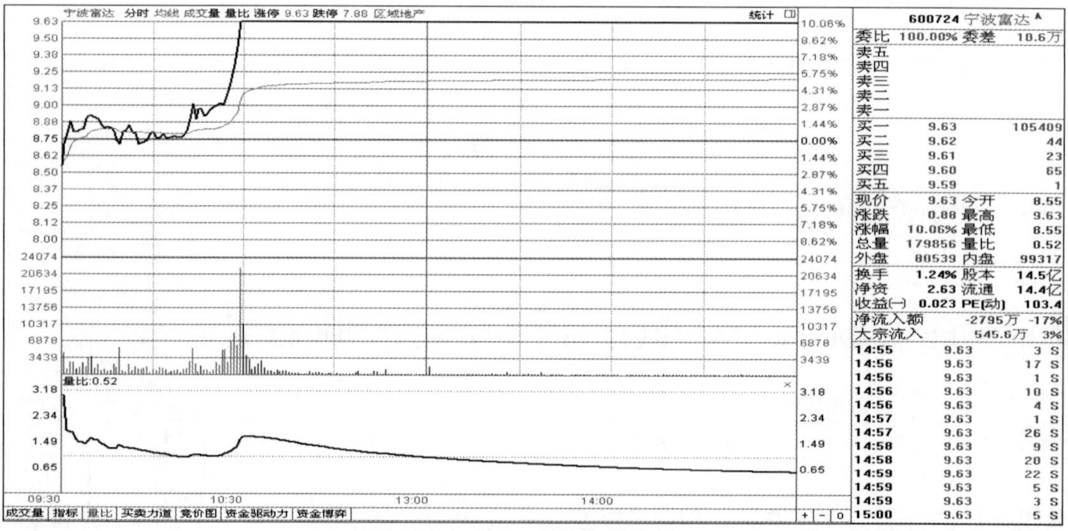

图 3-7　宁波富达

实例解析：在图 3-7 中，该股的涨停速度太快，没有多少前兆，需时刻盯着才可能买到。早盘拉高后震荡，成交量较小，看量比就知道。在一个小型盘整后突击拉升，量能有所放大，量价配合很好，可以追击。由于很快封板，导致全天的成交量极小，那也是涨停之后才能判断。

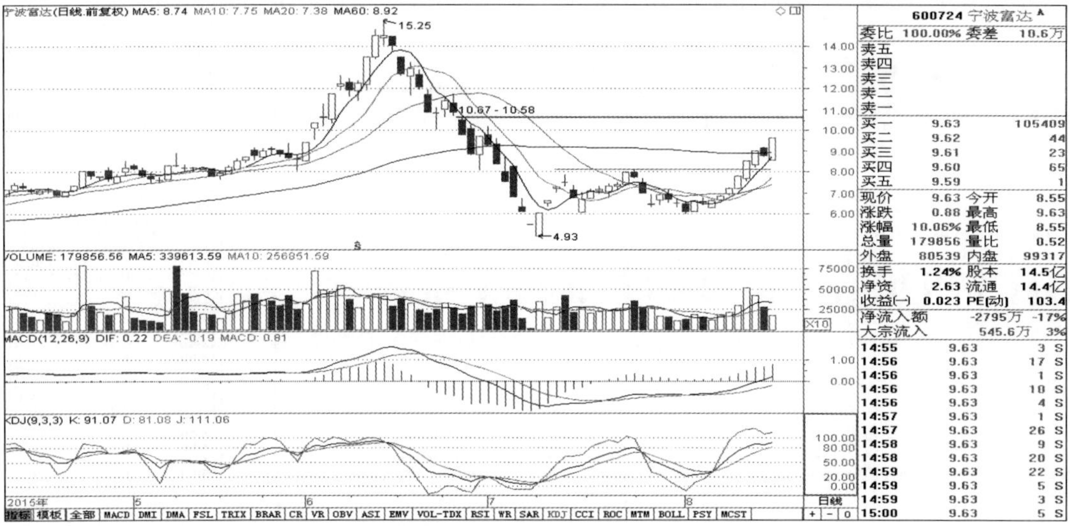

图 3-8　宁波富达

实例解析：在图 3-8 中，该股日线的走势非常流畅，牛股特征明显。前期突破前高，然后突破 60 日线，中线基本走好。成交量比较稳定，K 线紧凑，都是强庄的特征。前日小幅调整，收出小阴线，空头明显无力，有望再度强势上攻。总之具备众多的强势股特征，自然可以在盘中跟进打板，而缩量板是最佳结果。

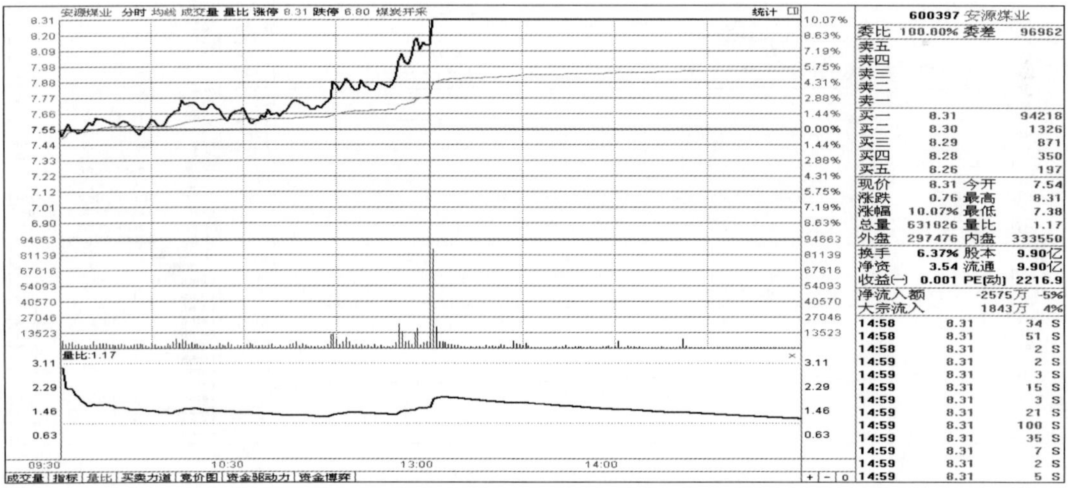

图 3-9　安源煤业

实例解析：在图 3-9 中，该股分时走势为一个台阶式上升的格局，以平台突破的模式拉升。在拉升过程中量能平稳，没有明显的放量，看量比就可以判断。上午收盘前开始强攻，量有所放大，但量比还是属于较小的氛围，因此有望缩量封板。既然当日可能缩量封板，那就可以追高进场。

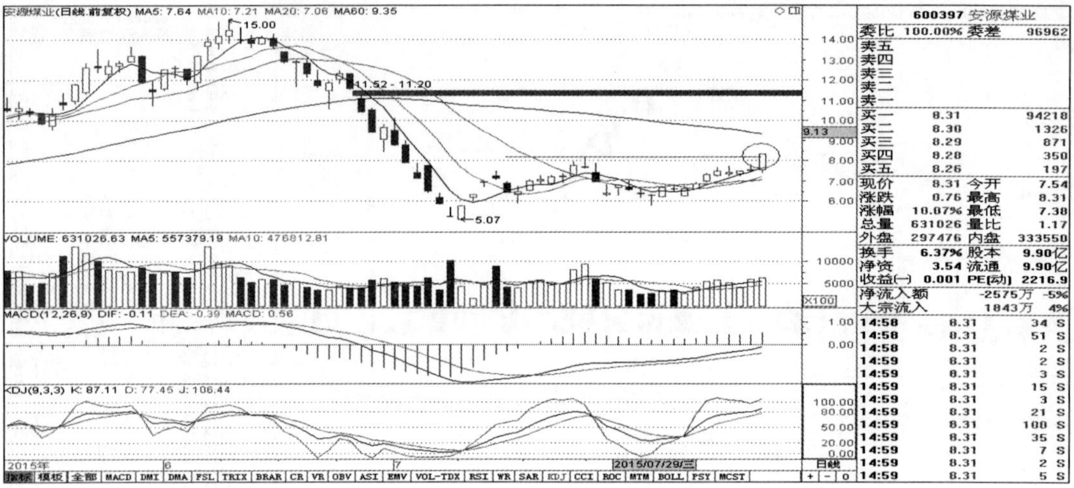

图 3-10　安源煤业

实例解析：图 3-10 该股的日 K 线走势比较有特色，具备强势股的潜质。前面是一个窄幅的盘整，位置在前高下方，无量说明抛压不大，也就是无惧套牢盘出逃。既然承压不跌，则很可能向上突破，甚至有可能是强势突破。至于能不能封板，则可以参考分时走势。

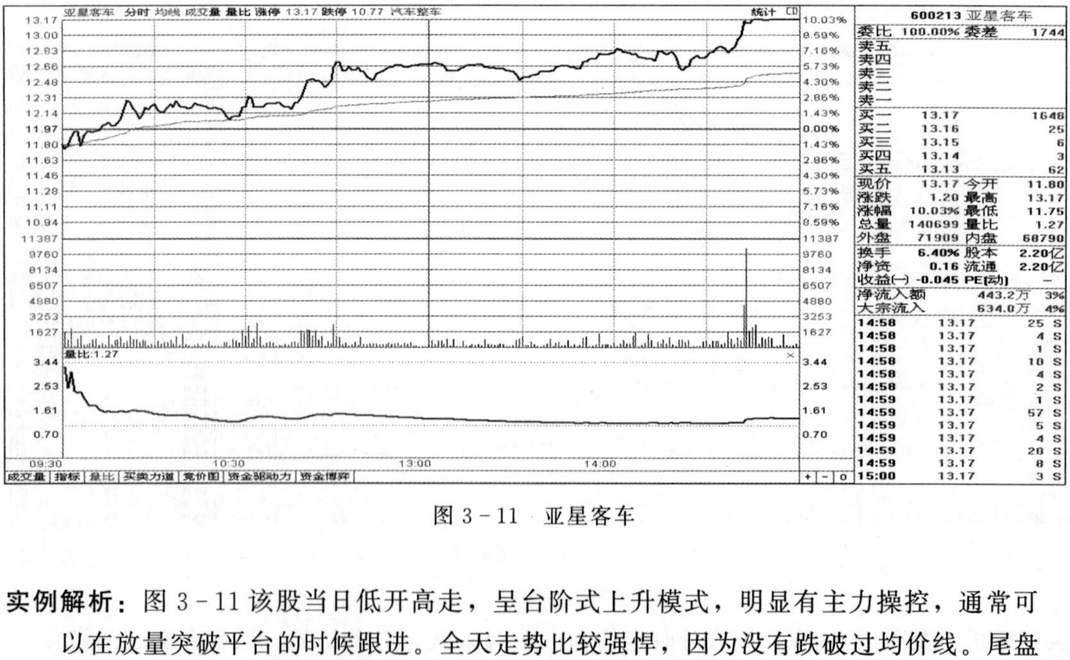

图 3-11　亚星客车

实例解析：图 3-11 该股当日低开高走，呈台阶式上升模式，明显有主力操控，通常可以在放量突破平台的时候跟进。全天走势比较强悍，因为没有跌破过均价线。尾盘放量突破平台，直奔涨停板，我们可以追击打板。由于接近收盘，此时我们大约会知道当日是多大的成交量，如果可以判断是缩量板，更可以高挂追击。

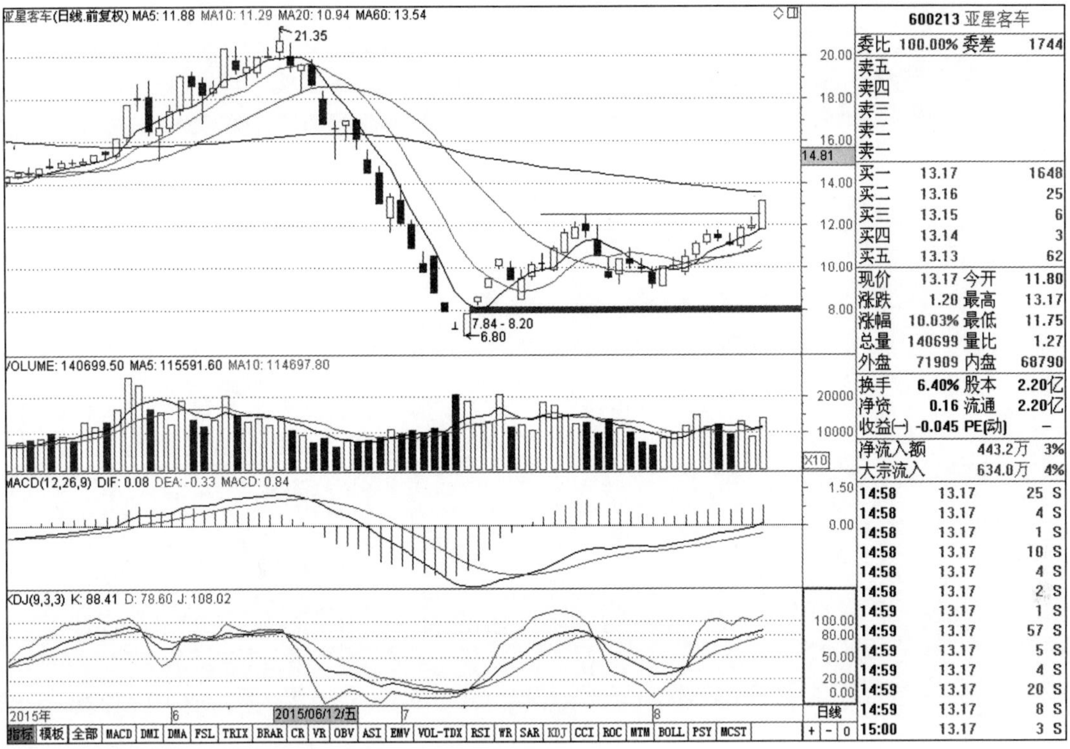

图 3-12 亚星客车

实例解析：从图 3-11 的分时走势上可以判断当日是缩量上涨，基本确定可以打板。日线的走势则决定打板的价值，需要评估一下。

在图 3-12 中，该股此前在前高下面，没有突破显然不敢跟进，一旦突破则打开了上升空间，有中线的投资价值。前一天是一根上影线，有再次见顶的风险，隔日却强势上攻，证明这上影线是洗盘的性质。综合而言，这个缩量板是值得追击的。

第四章

首板

打板要点：首板是打板的一个原则，即尽量追击第一个板，而避免在涨停之后追第二个板。首板可以避免较大的乖离，即获利盘过大造成的下跌压力。首板如果缩量的话后市冲高的潜力更大，甚至可能连板。

止损要点：不管首板与否，涨停当日买入就以当日的最低价作为止损价。

打板关键词：首板　缩量

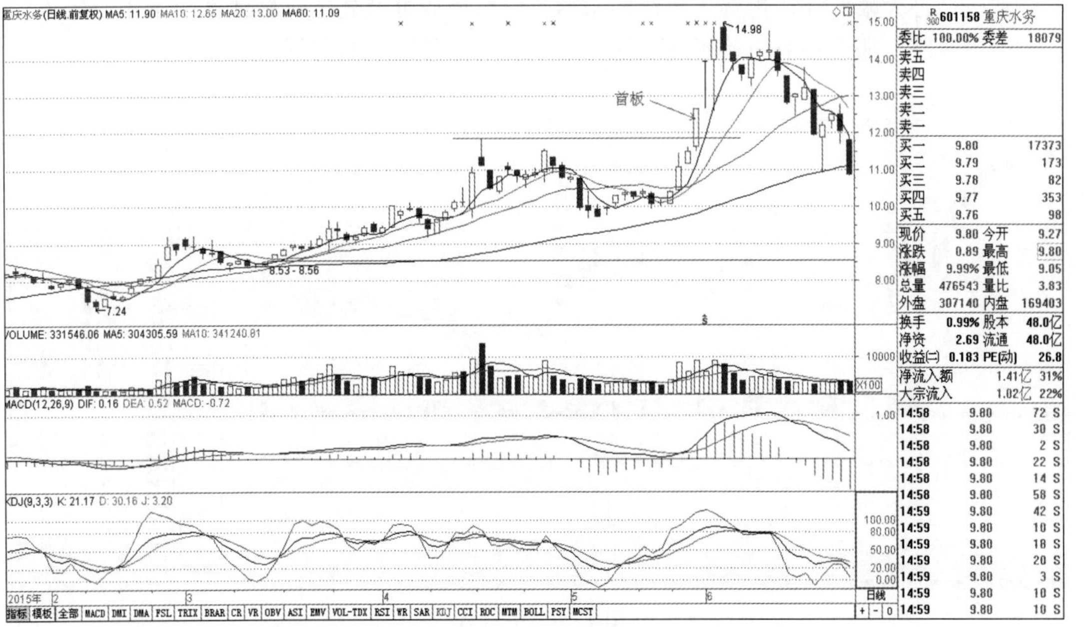

图 4－1　重庆水务

实例解析：在图 4－1 中，箭头所示涨停是一个典型的突破板，突破了前高的压力。这个涨停也是首板，前面三连阳，但没有涨停，是阶段以来的首板。追击这个涨停是短线买入的较好时机，因为前期调整比较充分，有继续轧空的可能性。该股次日继续涨停，然后才滞涨，短线涨幅较大，可考虑止盈。

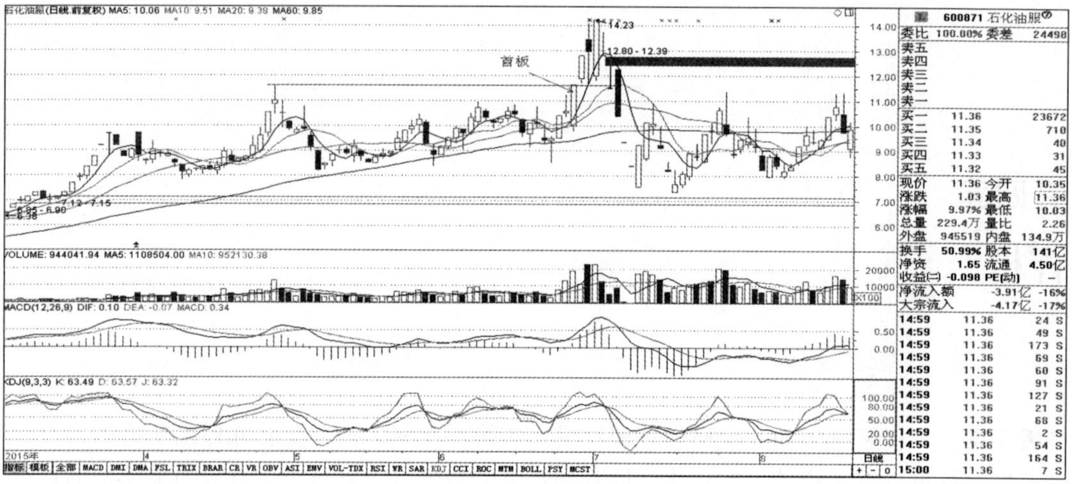

图 4-2 石化油服

实例解析：在图 4-2 中，箭头所示的涨停是一个突破板，即突破了前高，且规模较大，因此波段看涨。短线能不能追往往在于是不是有很大的乖离，而这个涨停板是一个首板，且大幅低开，化解了短线的乖离。此后该股继续轧空，短线涨幅不小。后市该股暴跌，那不是前面首板的问题，以波段上涨的眼光看待即可。

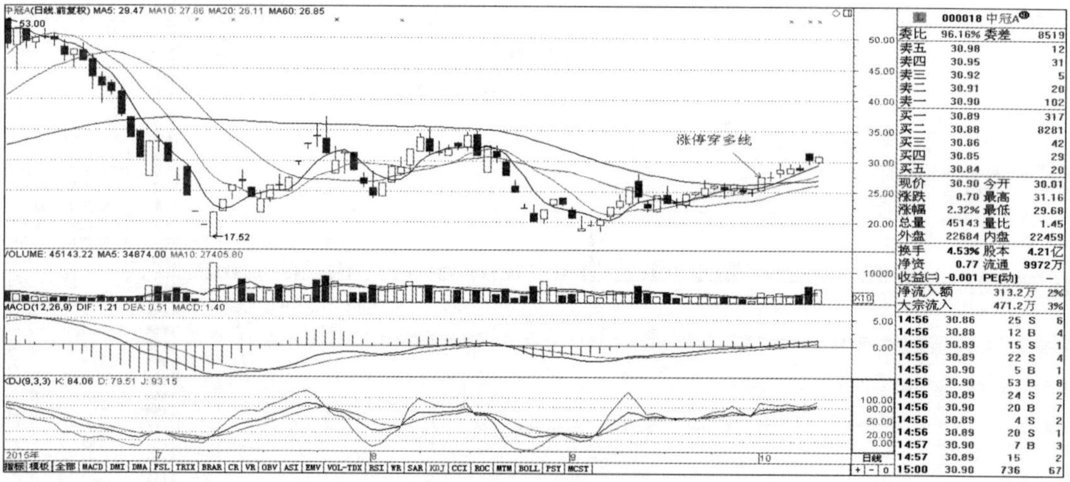

图 4-3 中冠 A

实例解析：在图 4-3 中，箭头所示的涨停出现在小平台上，起到了一阳穿多线的效果，即股价突破了多根均线的压制，是一个标准的启动信号，可以买入。在此之前，该股一直是极短线盘整，不瘟不火，没有快速的走势。在盘整后强势上行，走出首板，那是肯定可以追买的。后市该股没有延续强势，但进入了中线向好的格局，可以继续持股。

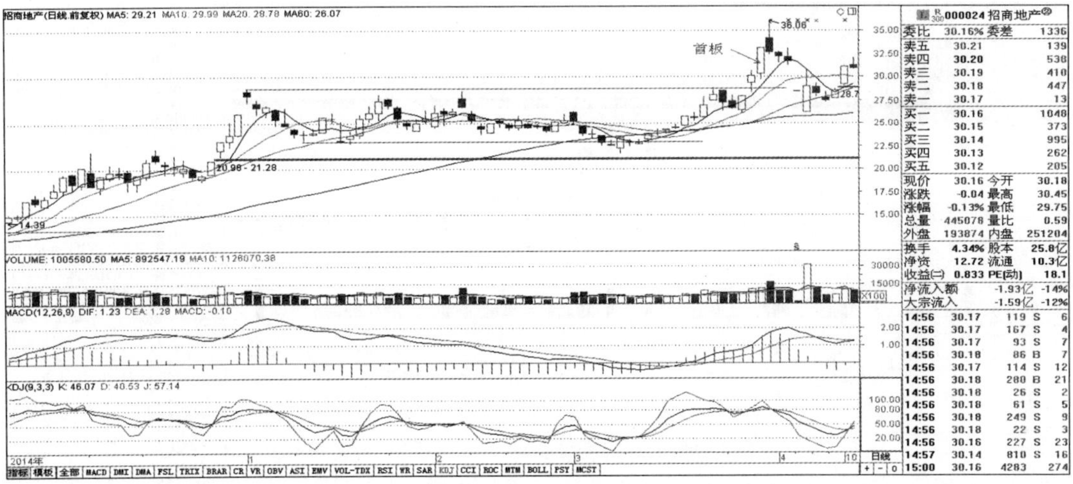

图 4-4 招商地产

实例解析：在图 4-4 中，箭头所示的涨停出现在大突破之后，理论上后市有较大空间，中线买入是相当安全的。需要考虑的就是短线的风险大不大了。短线的风险多半在于获利盘多少，因此要避免在乖离较大的位置买入股票。这个涨停是个首板，买入相对是安全的。次日冲高回落，可以先短线止盈，再观察后市有没有回补的机会。后市该股快速下跌，是当时股灾的结果，另当别论。

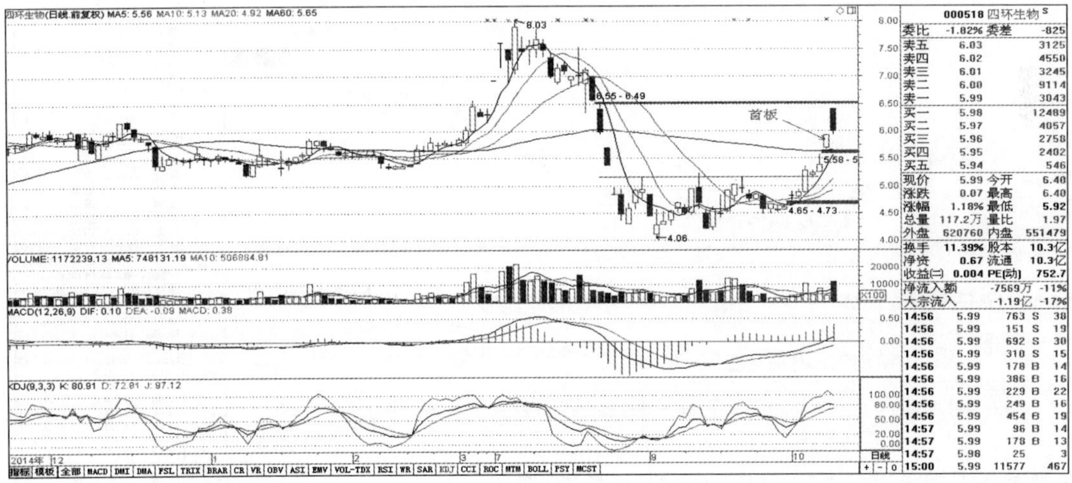

图 4-5 四环生物

实例解析：在图 4-5 中，箭头所示的涨停值不值得追击？这是一个首板，前面连续阳线，涨幅并不大，也就是乖离不大。同时这个涨停成交量极小，也证明抛压不重，可以坚定信心追高进场。次日该股高开低走，只能短线找高点止盈，收获还是不小。由于该股 60 日线没走好，这个板的追击要速战速决，后市一旦弱化立即止盈。

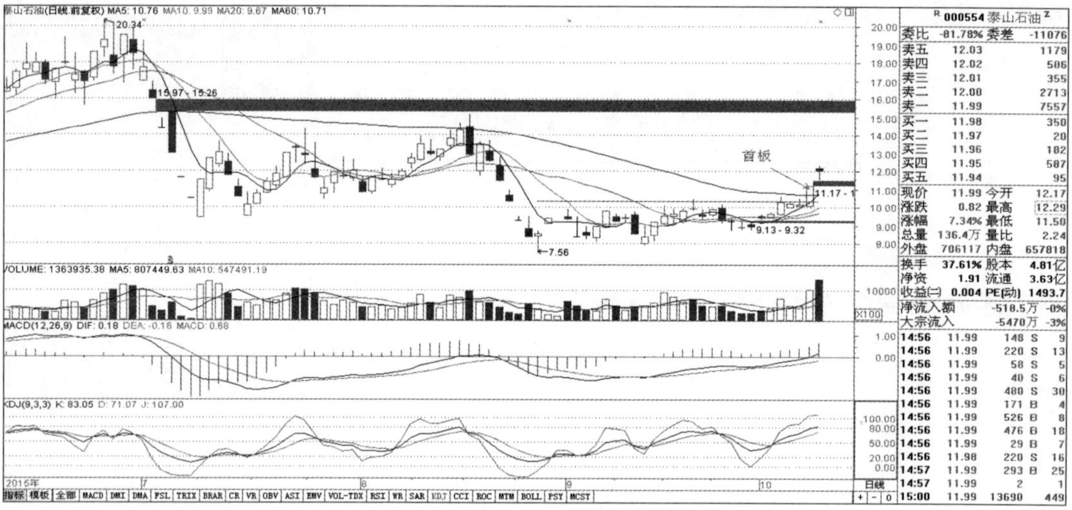

图 4－6　泰山石油

实例解析：在图 4－6 中，箭头所示为首板，同时突破底部形态颈线，是标准的买点。由于是首板，所以短线的乖离不大，追高买入的风险不是很大。当日成交量略微放大，说明主力还有余力。该股次日高开后滞涨，短线可以先止盈。这就是首板的好处，次日获利出局的成功率很高。

图 4－7　恒立实业

实例解析：在图 4－7 中，箭头所示为一个涨停突破，是经过一段快速洗盘后的二次加速上涨，也是标准的首板，前面没有涨停，是短线加速后的第一个板，值得追击。次日该股继续冲高，没有再板，短线可以考虑止盈。首板的价值在于还有后市的惯性冲击力，至少可以有机会逢高卖出。

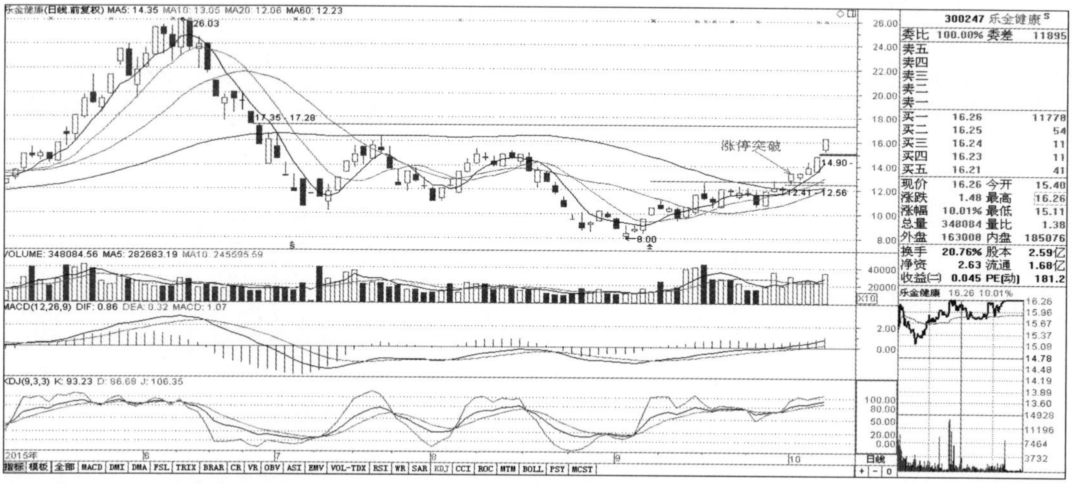

图 4-8 乐金健康

实例解析：在图 4-8 中，箭头所示为一个跳空的涨停，突破了前面的盘整区，又是典型的首板，值得追高买入。因为是盘整后第一个板，不存在乖离的问题。当日成交量较小，属于缩量板，有利于后市上涨，更值得打板。

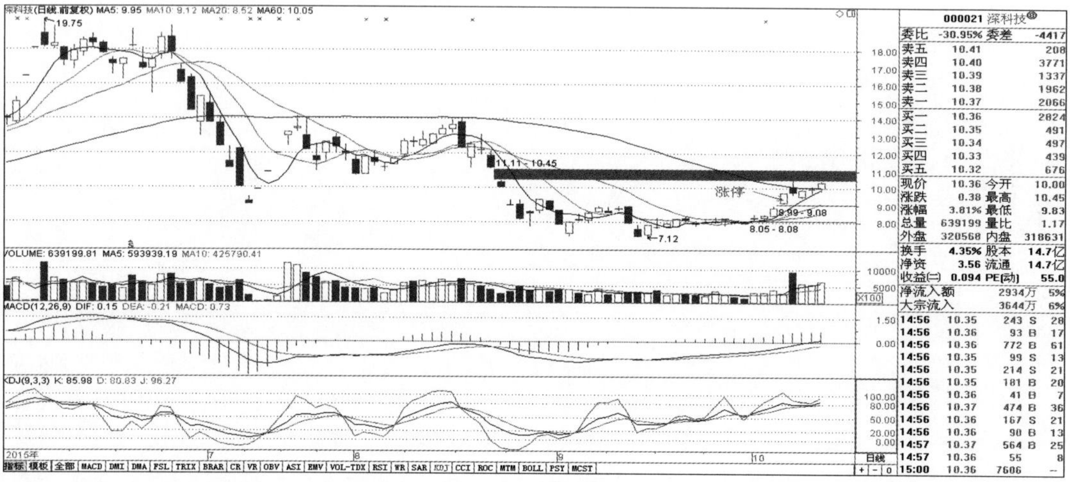

图 4-9 深科技

实例解析：在图 4-9 中，箭头所示涨停出现在大幅下跌后，经过较长时间盘底后出现的第一个涨停板。这是典型的首板，值得买入。由于前期盘底，主力蛰伏，一旦出现涨停，说明主力开始启动拉升，自然是买入良机。次日该股放量滞涨，这也正常，因为碰到了 60 日线的压制，有调整需要，可以短线高抛，再择机回补。

第五章

中高位横盘突破板

打板要点：分时图上放量强攻一段到中高位，然后盘整。盘整期间量能明显萎缩，没有明显的抛盘，价格线走势平滑，有主力操控的特征。盘整区间最好悬浮在均价线上方，有一定距离，显示多头强势特征。在盘整期间可以逢低潜伏，也可以等放量突破的时候挂高价追击。高位的盘整离涨停非常近，有可能封板，可以参照日线果断出击。

止损要点：就地止损，以当日最低价作为止损价。

打板关键词：中高位盘整　量能萎缩　放量突破

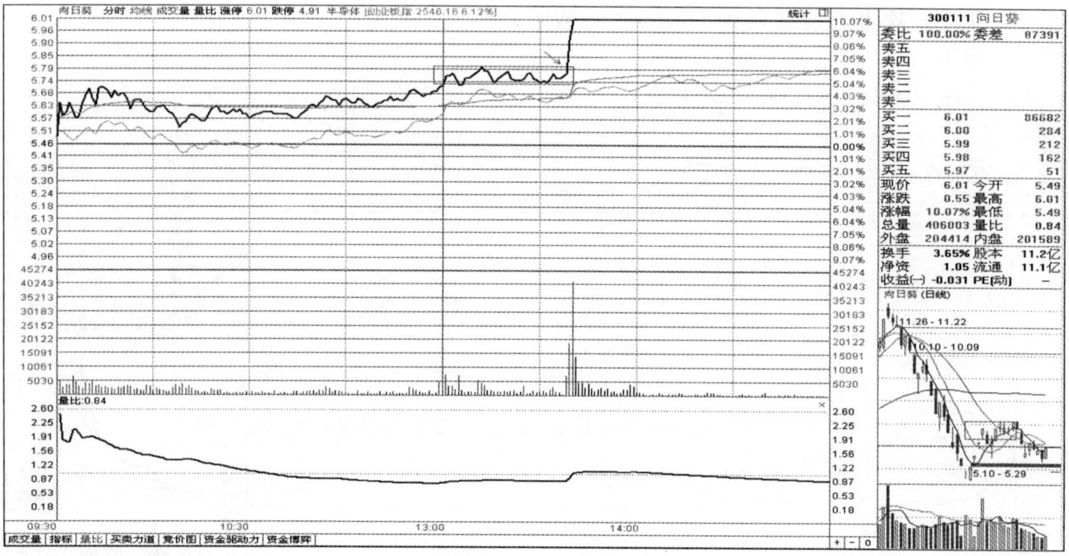

图 5－1　向日葵

实例解析：图 5－1 该股下午在 6 个点左右的中位做窄幅的盘整，振幅极小，可以看出是控盘的走势。只有主力实力强劲才可能把股价控制在窄幅的平台内波动，因此后市上涨的可能性大。此后放量飙升，突破盘整区，是短线跟进的绝佳时机。由于离涨停板不远，可以挂涨停价追击，以确保成交。

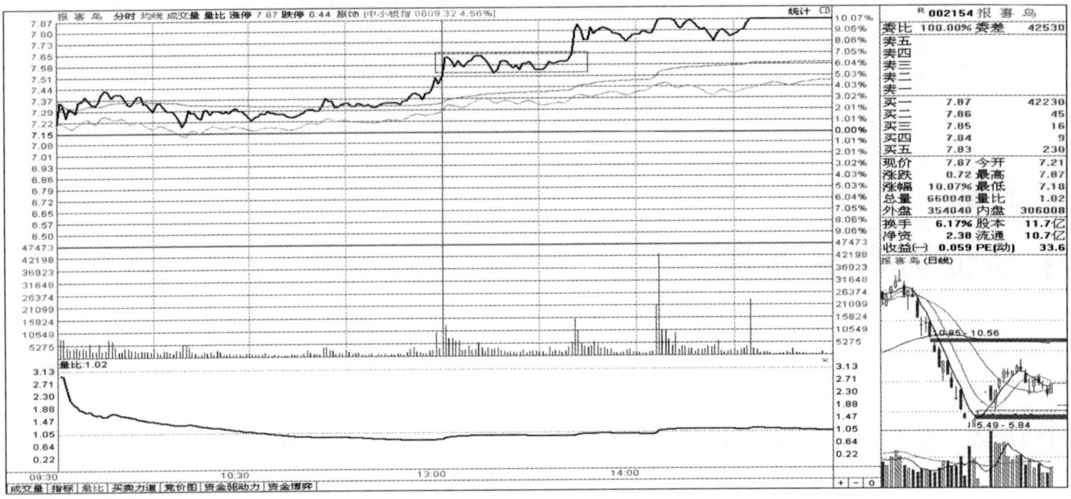

图 5－2　报喜鸟

实例解析：在图 5－2 中，该股下午开盘后在 7 个点左右的高位盘整，振幅较小，明显有主力在控盘。盘整区离均价线有较大距离，按常规会回归均价线，但该股并没有主动下跌，说明多头强势。盘整过程中成交量萎缩，没有主力出逃的特征，明显有洗盘特征。此后该股放量拔高，突破盘整区，自然是短线跟进的良机。该股尾盘封死涨停，这也是前期强势走势的必然结果。

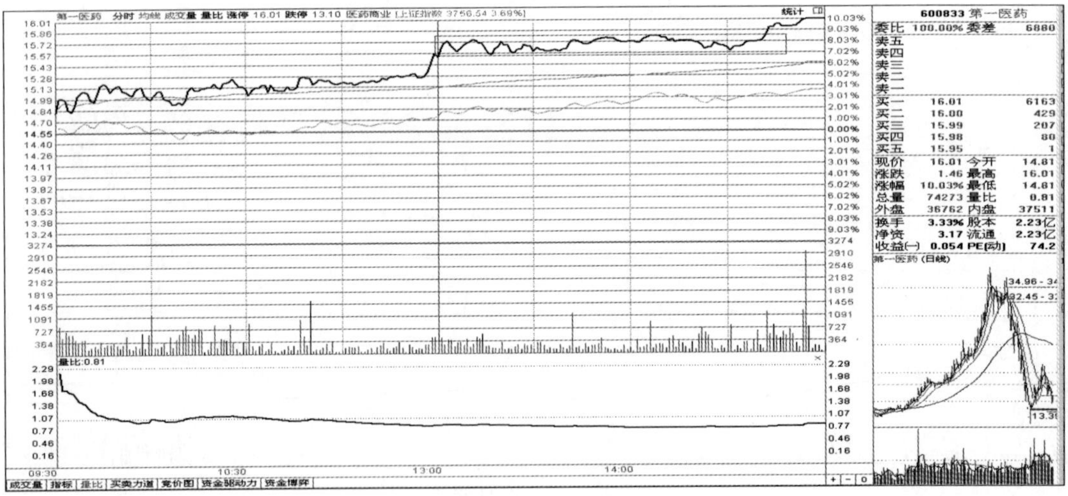

图 5－3　第一医药

实例解析：在图 5－3 中，该股当日下午大部分时间都在高位盘整，振幅较小，量萎缩，是控盘的走势。高位盘整且缩量，不存在出货的可能性，因此封板的可能性大。临近收盘 20 分钟，该股终于启动，略微放量即轻松封板，是追击的好时机。在高位盘整的时候，如量能控制较好，走势平滑，可以考虑提前介入。

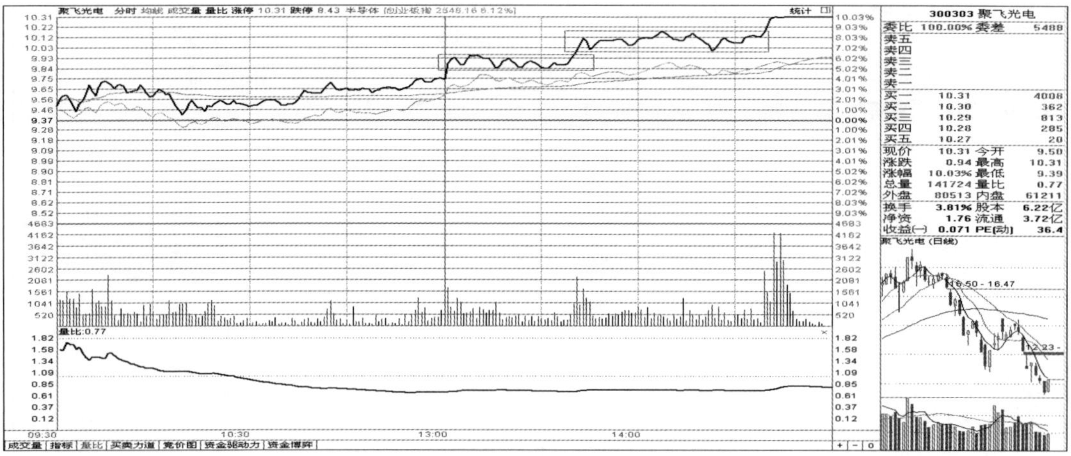

图 5－4　聚飞光电

实例解析：在图 5－4 中，该股上午比较疲软，但也没有很强的下跌力道，没有多少关注的价值。下午开盘后开始发力上攻，但量能持续性不强，陷入中位盘整。盘整过程中明显缩量，有洗盘整固的特征，可等再度放量上攻。40 分钟后如期放量上攻，可以积极跟进。还是量能不足，再度陷入盘整，直到尾盘才大幅放量攻击，此时可以判断必将封板，可以追击打板。

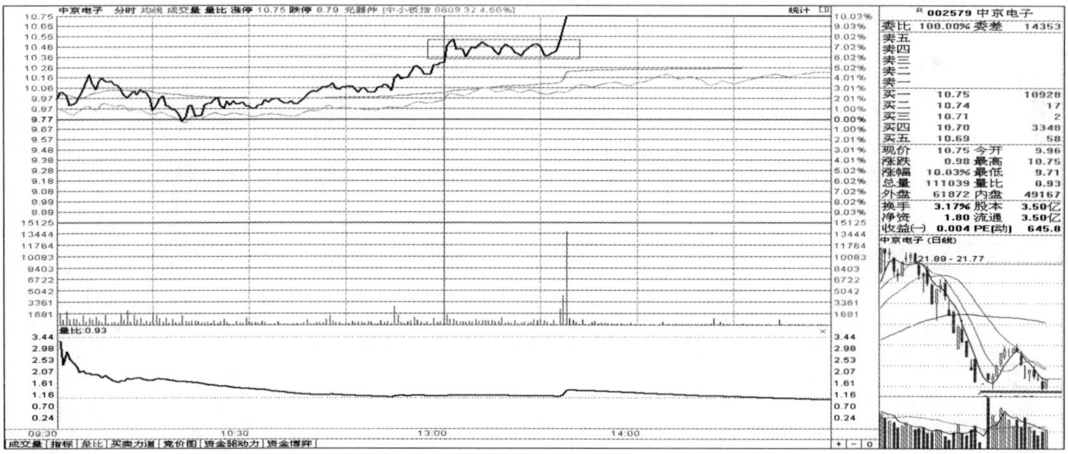

图 5－5　中京电子

实例解析：在图 5－5 中，该股上午尾盘开始上攻，但量能不足，走势比较勉强，不好太高追击。下午开盘后在 7 个点左右盘整，成交量极度萎缩，相当稳定，有望攻击涨停板。高位盘整时可以查看一下大盘，如果没有大问题，当日该股应该会封板。超短线投资者可以等再度放量上攻，那时更为安全。下午开盘 35 分钟后该股如期放量强攻，投资者可以直接挂涨停价追击打板。

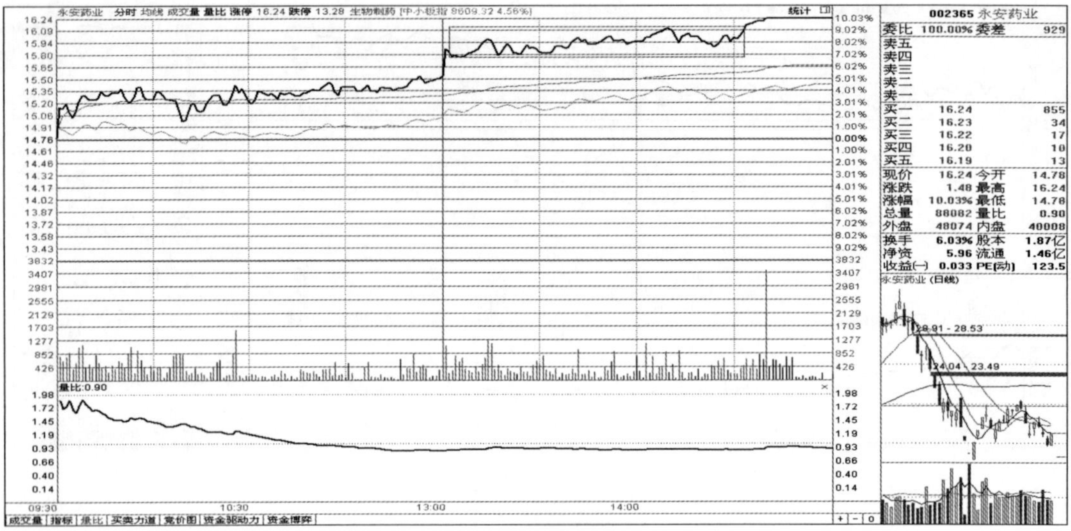

图 5-6 永安药业

实例解析：在图 5-6 中，该股全天走势较强，也非常稳健，是封板的潜力品种。下午拉高到 8 个点左右盘整，封板已经变得非常容易，可以提前进场。在盘整过程中，股价重心上移，越来越接近涨停板。尾盘终于放量封板，可以挂涨停价跟进。

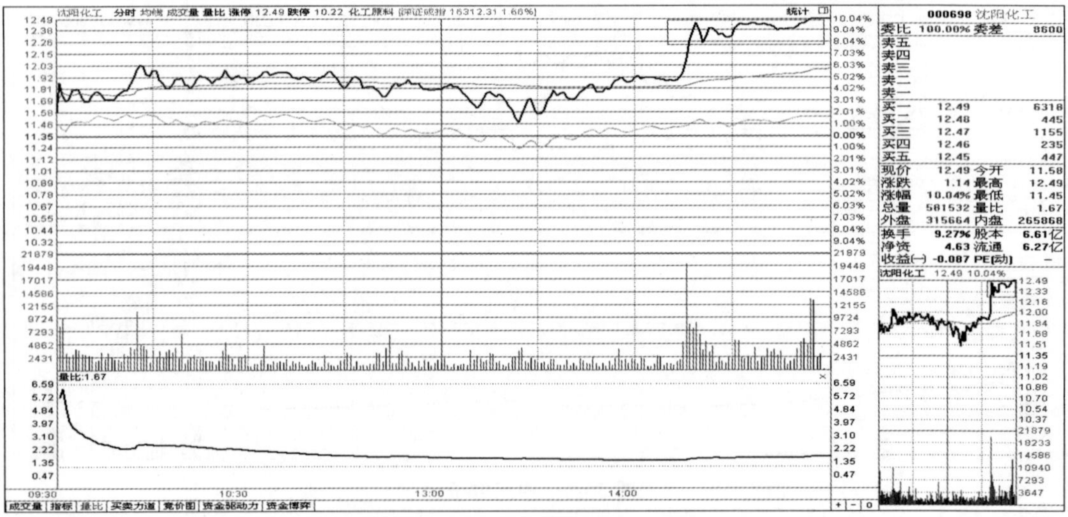

图 5-7 沈阳化工

实例解析：在图 5-7 中，该股上午稳健，下午开盘后走弱，但没有量，不用着急。尾盘在题材催化下上攻，一波拉到涨停位置，但没有封板，可以观察此后的走势。接着该股在高位盘整，成交量萎缩，空头力度显然不够，有望封板。高位无量盘整可以先期进场，也可以等放量上攻的瞬间挂涨停价追击。

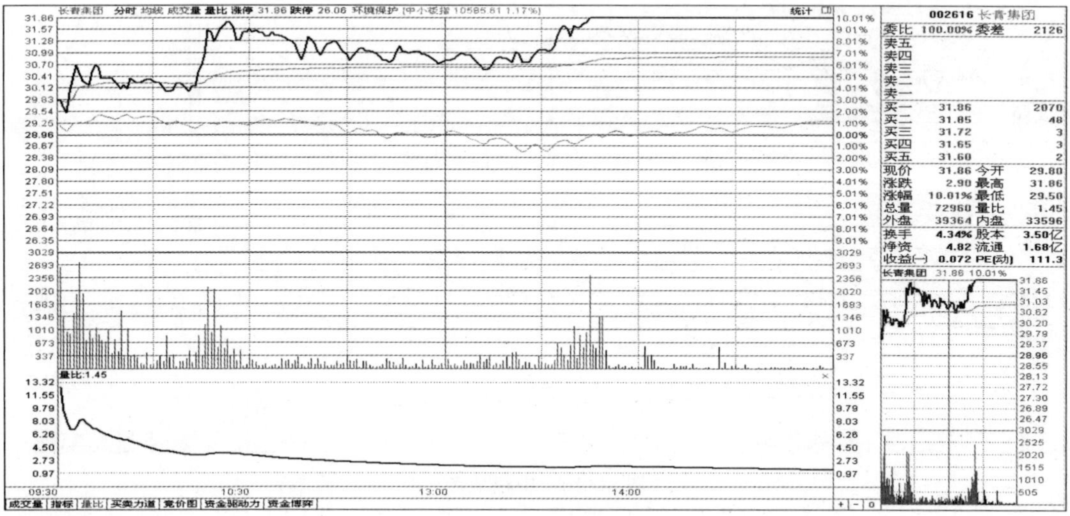

图 5-8 长青股份

实例解析：在图 5-8 中，该股高开高走，但大单卖出，导致股价回落。第二波上攻量能不够，也不适合追高。此后回落，在均价线上方盘整，成交量极度萎缩，有洗盘的特征。在高位盘整的时候可以密切关注，一旦放量强攻，可以挂高价追击打板。下午该股成功封板，走势变得非常利索有力。

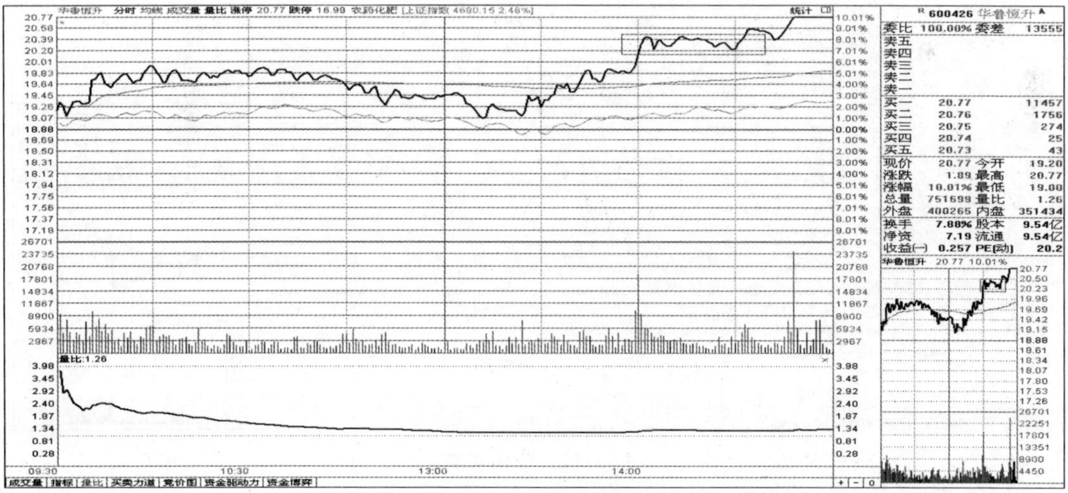

图 5-9 华鲁恒升

实例解析：在图 5-9 中，方框内的走势是一个典型的高位盘整走势，成交量萎缩，是洗盘的特征。前面上攻放量，接着盘整缩量，显然有继续上攻的潜力。尾盘该股终于放量强攻，成功封板，可以择机跟进。由于股价在高位，要确保买入成功，需要直接挂涨停价追击。

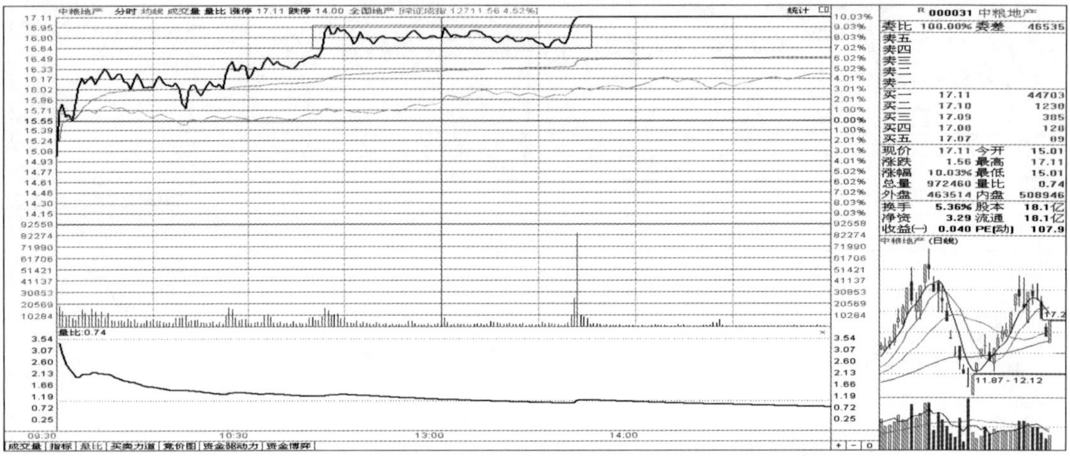

图 5－10　中粮地产

实例解析：在图 5－10 中，该股是当时的热门题材股，是重点关注对象。方框内的走势是典型的窄幅盘整，价格线也比较平滑，是主力控盘的走势。距离涨停一步之遥，封板的可能性极大，可以逢低介入。为了安全起见，也可以在放量上攻的瞬间紧急跟进，此时需挂涨停价才稳妥。

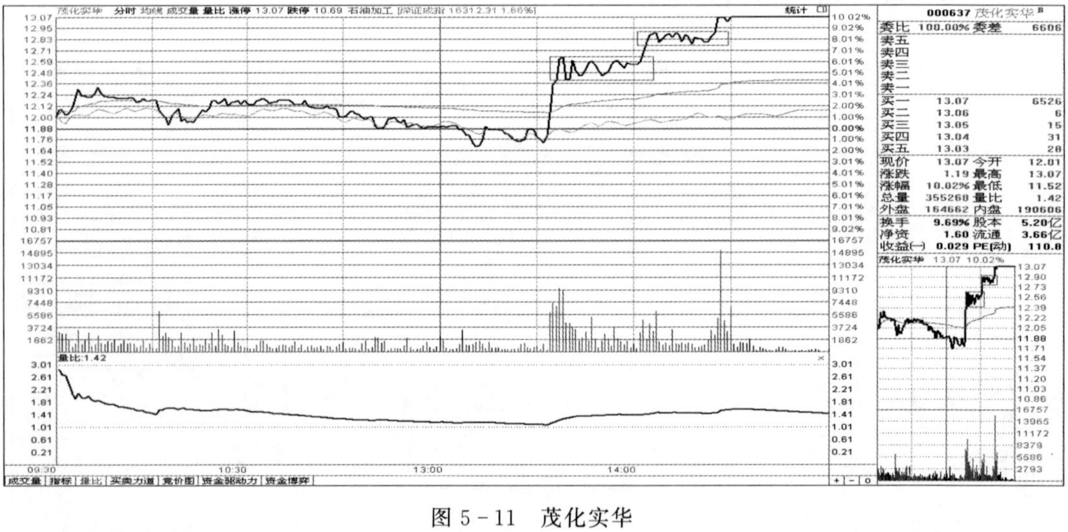

图 5－11　茂化实华

实例解析：在图 5－11 中，该股上午高开低走，走势越来越疲软，但量能萎缩，下跌力道也不足。下午盘中突然逆转，开始强势上攻，量能密集放大，显然是主力行为。第一波拉升到 6 个点左右调整，陷入窄幅盘整中，成交量萎缩，空头下杀力道不够。接着再度放量上攻，突破盘整区，但量能不够，因此上升幅度有限，再度盘整。尾盘该股才真正发力，量能大幅放大，有望封板，可以追击打板。

第六章

分时加速板

打板要点：分时图上判断多头攻击力度是跟进的重要依据。如何判断攻击力度呢？从走势的速度变化可以判断。假如第二波拉升的角度变大，则是加速的表现，即攻击力度增强，自然可以跟进。加速的同时我们可以关注一下量能的变化，如果量能放大则加速更为真实。波浪明显加速的股票有望封板，我们可以择机追高打板。

止损要点：就地止损，以当日最低价为止损价。

打板关键词：波浪加速　量能放大

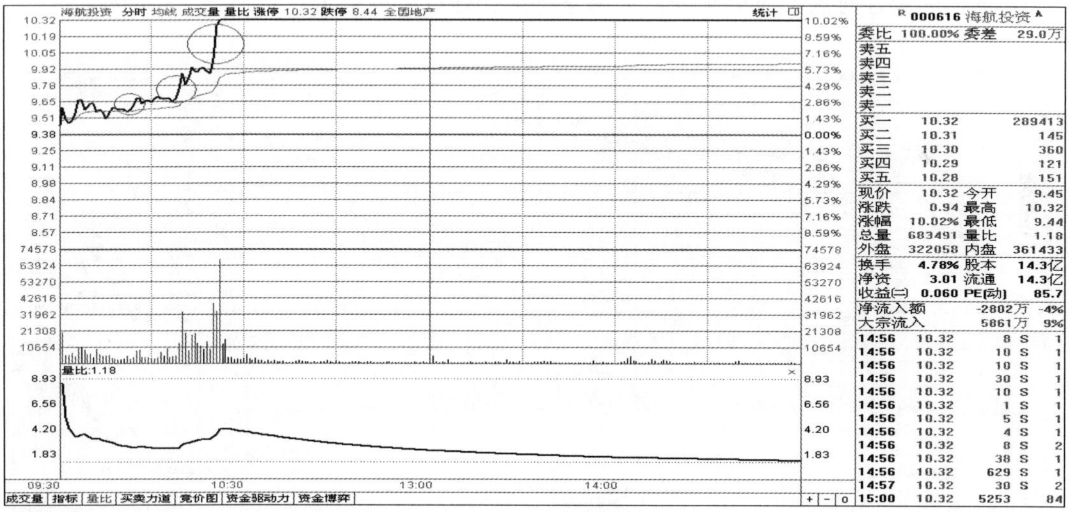

图 6－1　海航投资

实例解析：在图 6－1 中，该股当日高开，但没有直接上攻，而是震荡了 20 分钟。第一波上攻角度较为平缓，也没有量能支持，因此上涨高度有限，场外投资者追击的兴趣也不大。第二波开始放量，且上升角度明显放大，更为陡峭，走势有加速迹象，也说明多头的攻击力增强了，是追击的好时机。第三波攻击角度更为陡峭，由于接近涨停板，只能直接挂涨停价追击了。后市成功封板，也是前面股价加速拉升的必然结果。

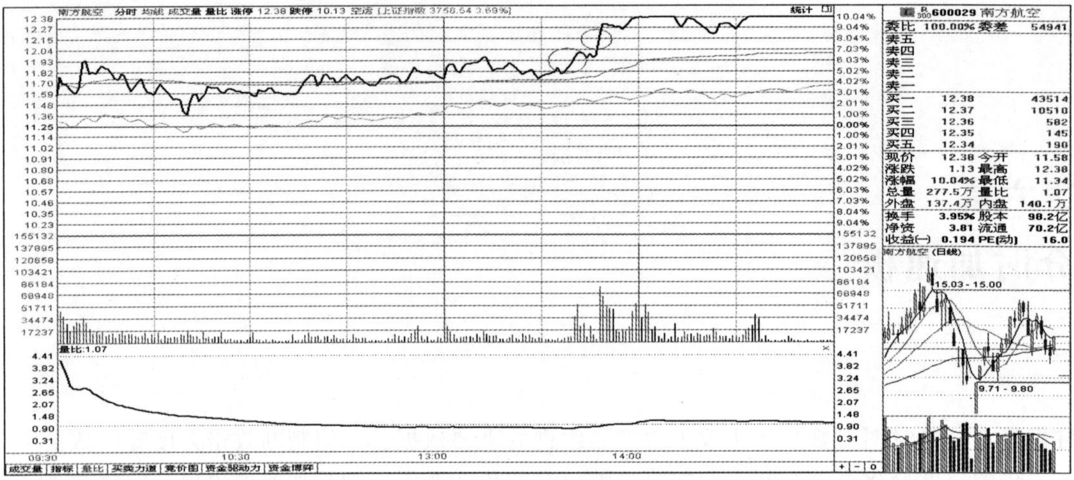

图 6-2　南方航空

实例解析：在图 6-2 中，该股下午盘中的两段走势比较鲜明，我们可以对比分析。第二段上涨不仅量能放大，而且角度更为陡峭，说明速度加快。这种加速的走势说明多头在加大攻击力度，很有可能涨停，因此可以在第二段的行进间追高进场。在加速的同时要注意成交量的配合，如果量价配合好更可以追击。

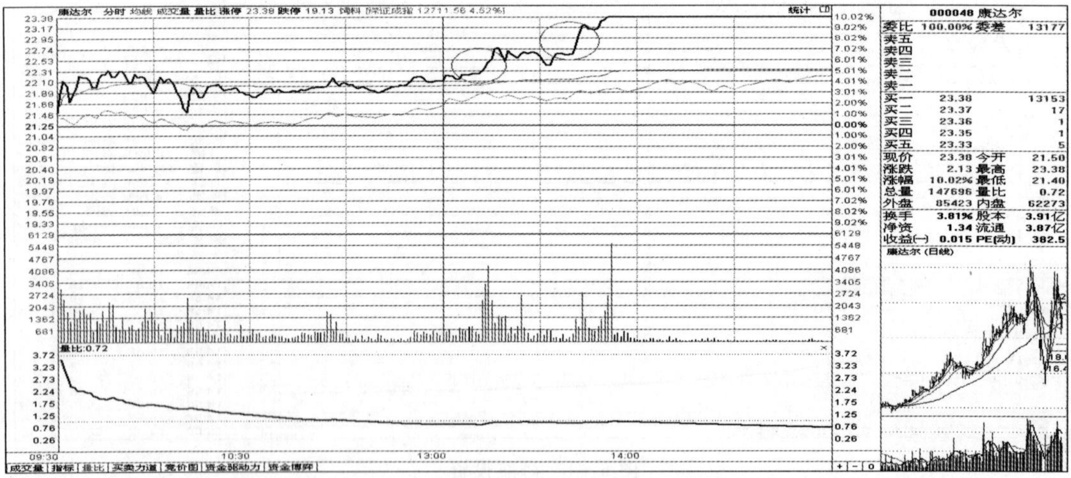

图 6-3　康达尔

实例解析：在图 6-3 中，该股下午走势加速，一波上涨到 7 个点附近，然后陷入震荡。震荡过程中明显缩量，有洗盘的特征。由于无法预判调整的时间和低点，只能等放量再攻的时机。半个小时后如期再攻，量能不够，但速度明显加快。速度加快体现在上涨波段的角度上，角度更陡峭，可以判断多头在加强攻击力，是跟进的好时机。当日成功封板，结果甚佳。

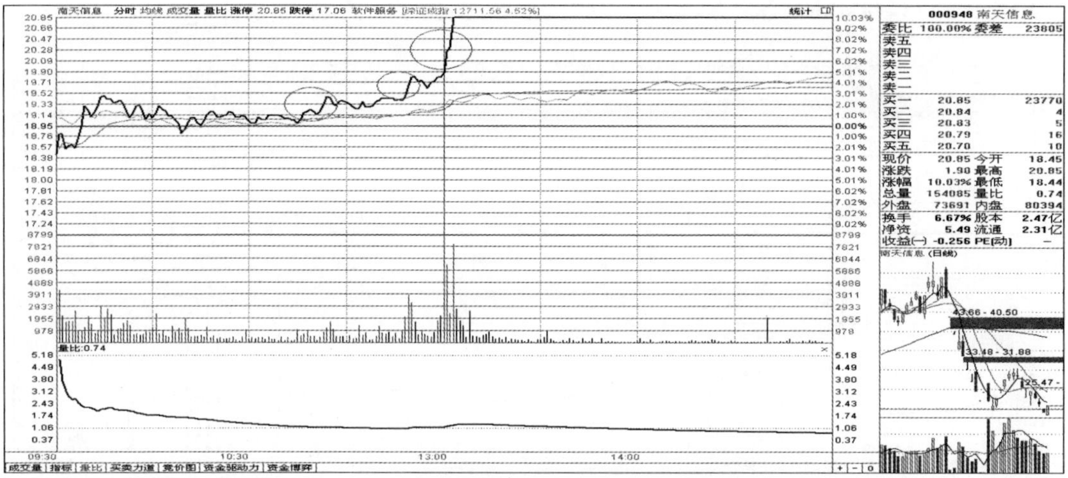

图 6-4　南天信息

实例解析：在图 6-4 中，圆圈内的走势呈逐渐加速的状态，有望强势封板，可以择机追击。第一个圆圈的拉升出现在均价线上方，走势较为平缓，且缺乏量能支持，不宜追高。第二波上攻则明显加速，量能能上来了，可以追击。下午第三波走势更为强悍，只能直接挂涨停价追击了。三波走势角度越来越陡峭，是明显的加速走势，可以择机买入。

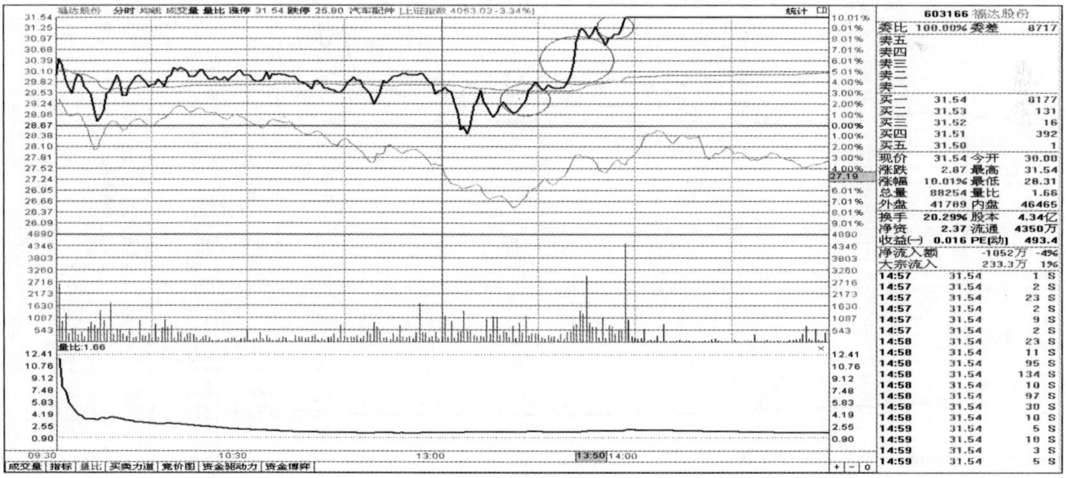

图 6-5　瑞达股份

实例解析：在图 6-5 中，该股上午的走势震荡下跌，下午则震荡走高，完全逆转。下午逆转的第一波成功突破均价线，但没有量能的支持，不能勉强买入。在均价线上调整后再度启动，此时成交量密集放大，攻击角度陡峭，是主力强攻的信号，可以积极跟进。最后在涨停板前稍做休息后即成功封板，投资者也可以择机打板。

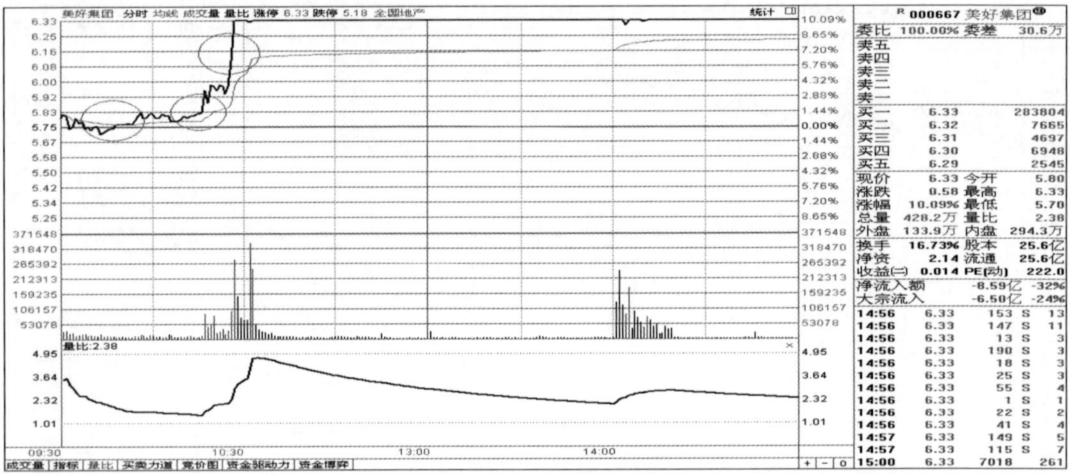

图 6－6　美好集团

实例解析：在图 6－6 中，该股早盘高开低走，走势疲软。15 分钟后开始走强，股价回到均价线之上，但没有量能的支持，还是不能跟进。经过十几分钟调整后，该股再度上攻，此时量能放大，上升角度也变大，说明走势加速，也体现了主力的攻击力度增强，是追击的好时机。第三波上攻则更为强悍，几乎是直线拉升，且量能大幅放量，主力势在必得，投资者可以追高打板。

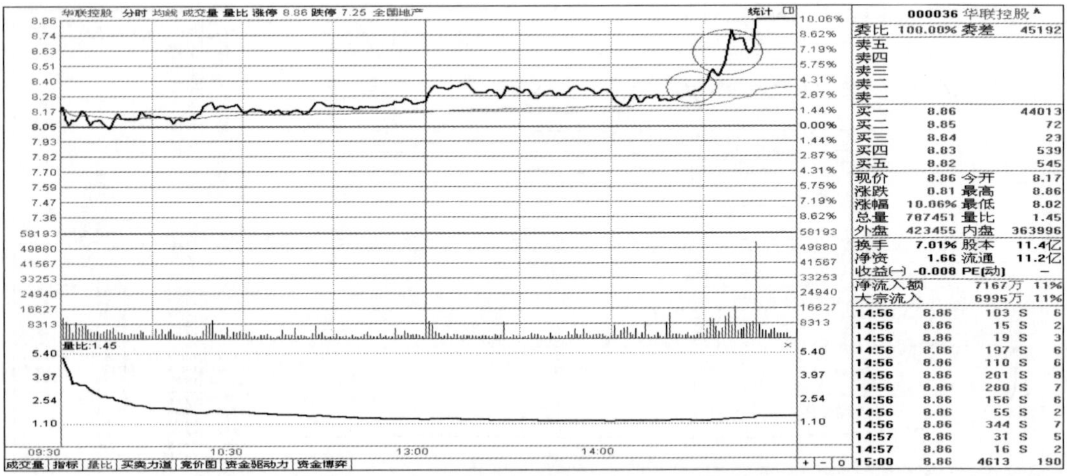

图 6－7　华联控股

实例解析：在图 6－7 中，该股全天走势都比较平静，但还算稳健。尾盘开始攻击，第一波从均价线上起始，量能不足，所以上升角度较为平缓。经过短暂调整后开始加速，因为此时的拉升角度更为陡峭，多头显然加强了攻击力度，可以追击。最后爆量封板，此时只能挂涨停价追击了。

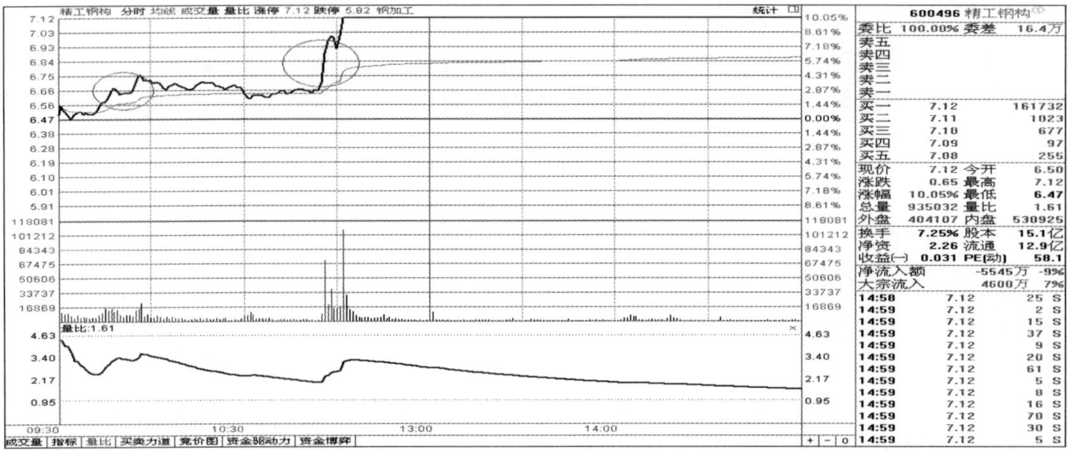

图 6－8 精工钢构

实例解析：在图 6－8 中，该股上午有两波攻击，但第一波明显弱化，上升高度不够，后面自然会有所调整。此后地量回落，在均价线上获得有效支撑，没有破坏上升结构，还有上攻可能。11 点前，该股突然启动，量能急剧放大，股价直线拉升，攻击角度变大，是多头加强攻势的表现，投资者可以短线跟进。最后该股成功封板，走势简洁有力，也可以择机打板。

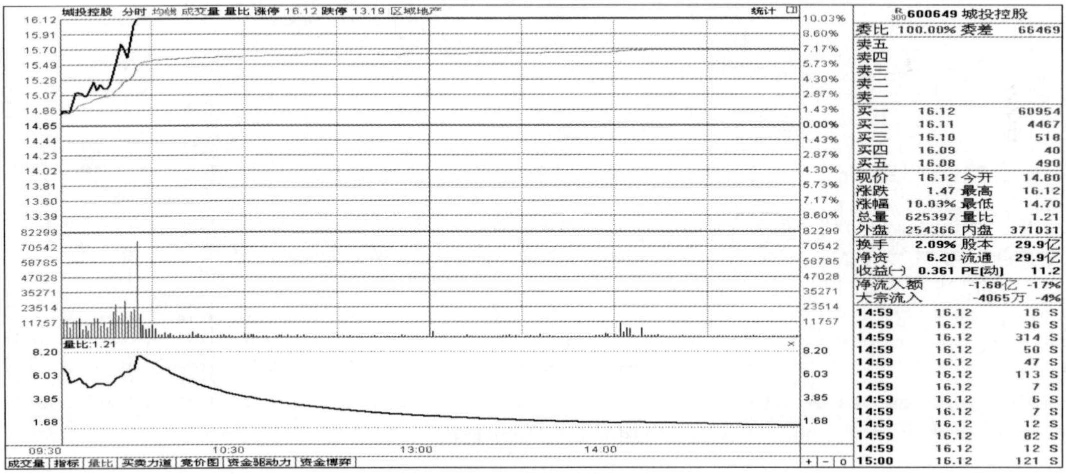

图 6－9 城投控股

实例解析：在图 6－9 中，该股早盘高开高走，且有加速的表现，很可能封板。高开已经是强势的特征，此后波浪不断上升，上升的角度越来越陡峭，说明多头攻击力度强劲，是追击的好品种。在波浪上攻的过程中，也可以比较波段的上升高度，如果越来越高也能说明多头的力道在增强，可以择机跟进。最后该股迅速封板，是典型的强势走势，值得高位追击。

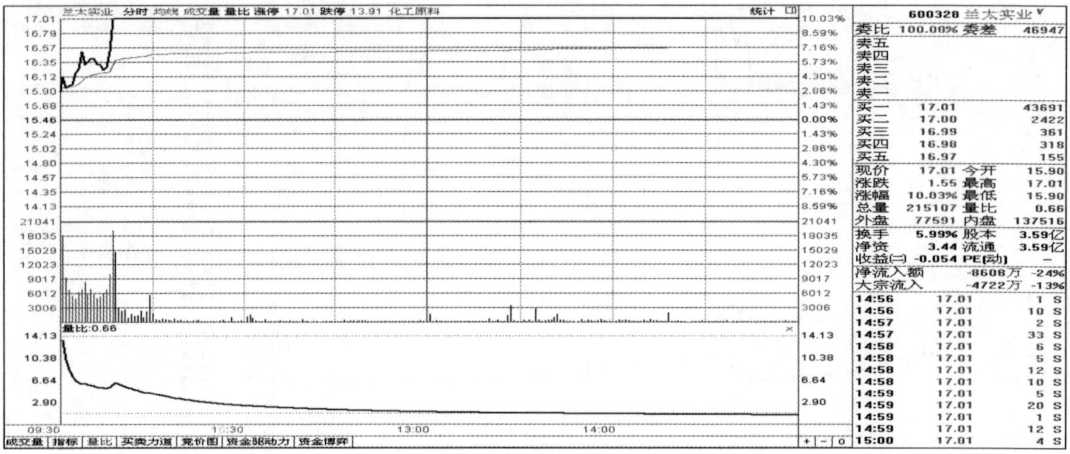

图 6－10　兰太实业

实例解析：在图 6－10 中，该股早盘三波攻击即封板，强悍非凡，是打板的好标的。能不能追击事实上还要看多头的力度，否则高位追击很可能被诱多。该股高开，第一波略微无力，走势不明。第二波则明显加速，但量不够，还是不好追击，怕诱多。第三波则明显放量，可以直接挂涨停价追击。

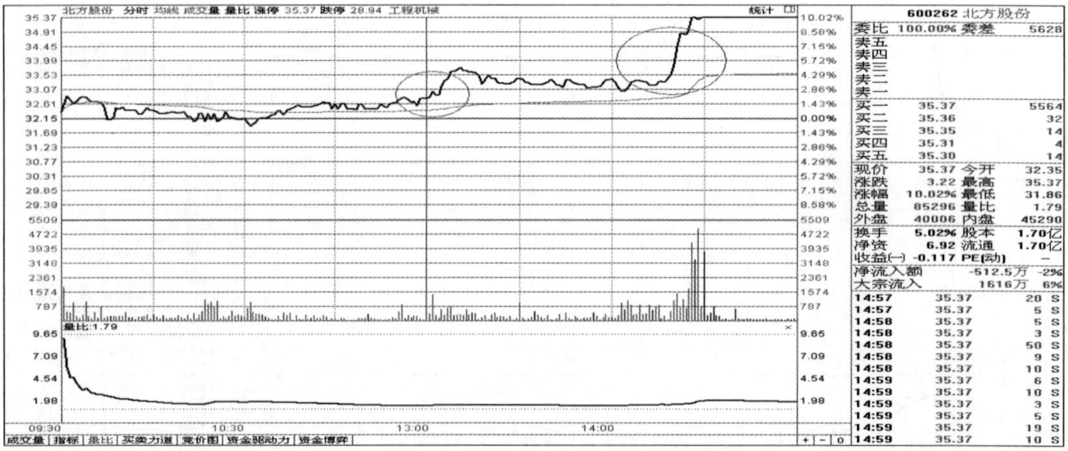

图 6－11　北方股份

实例解析：在图 6－11 中，该股上午走势平稳，下午开盘开始上攻，但量能不够，因此后面陷入了长久的调整中。调整过程依然缩量，走势比较稳健，有望再度上攻。尾盘如期上攻，此时能不能追击呢？关键看多头的力度。这一波的上攻不仅量能大幅放大，而且上升角度更为陡峭，是加速的表现，即多头攻击力度增强，自然可以追高进场。最后该股成功封板，也是水到渠成。

第七章
分时开闸板

打板要点：有些强势股封板后并不坚决，可能会打开涨停板，这是逃跑的机会还是追击的机会呢？假如开板时成交量不大，卖单不积极，则可以判断空头虚弱，可以追击。假如开板后回落的幅度极小，也可以认为空头力道不足，再度封板的机会很大。有时候受大盘跳水影响，一些强势封板的股票也会开板，正好趁机进场。开闸放水是主力刻意为之，目的是消解部分卖压或者吸筹，因此要观察个股整体的走势研判。

打板关键词：强势封板　开板量小　回落幅度小

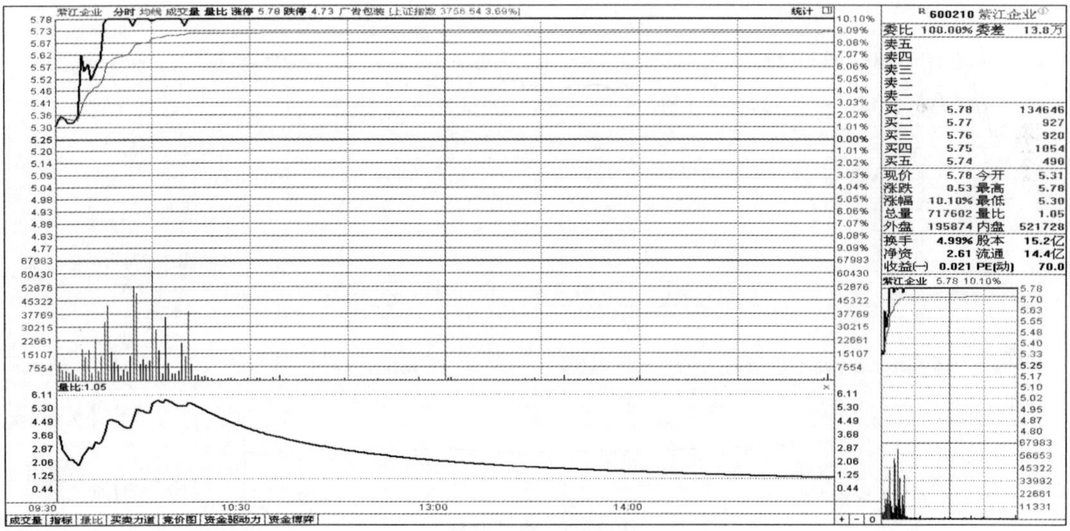

图 7－1　紫江企业

实例解析：在图 7－1 中，早盘两波快速拉升后封板，足见主力实力强劲，是短线投资者比较心仪的对象。强劲封板不一定就没有机会买到了，也有开闸的时候。该股盘中有几次短暂的开板，但时间短暂，下探的幅度极小，要一直跟踪才有机会。下探幅度小也说明追高盘比较积极，很可能再度封板，因此可以根据走势适当买入。当日该股后市还是牢牢封板，结果甚好。

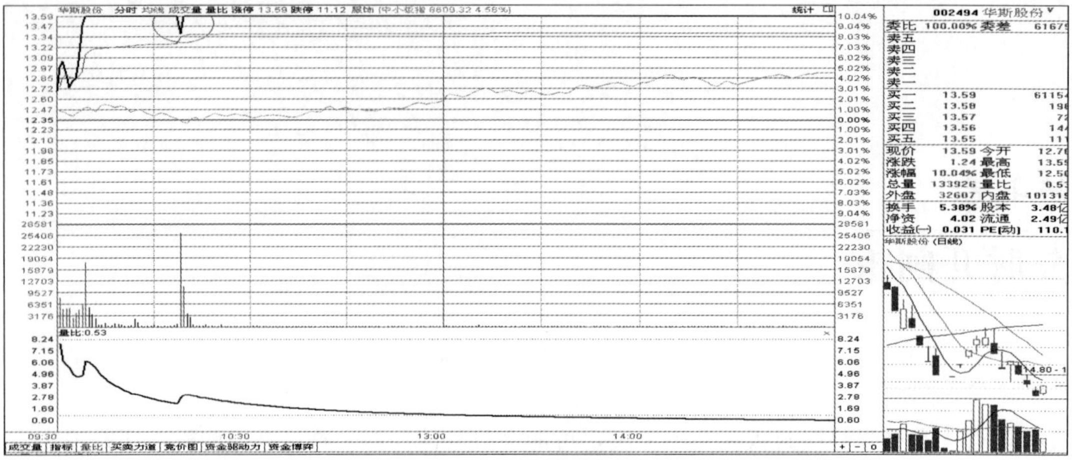

图 7-2 华斯股份

实例解析：在图 7-2 中，该股早盘高开，两波拉升即涨停，成交量较小，说明多头非常强悍，空头也无意出货。这种板一般比较牢靠，通常不会开板。可是半个小时后该股还是放量开板，好像空头突然醒悟了。事实上当时是因为大盘持续跳水，造成了市场的恐慌，但很可能是我们切入该股的好时机。在个股因为大盘因素开板的时候，我们可以关注一下，准备随时打板。

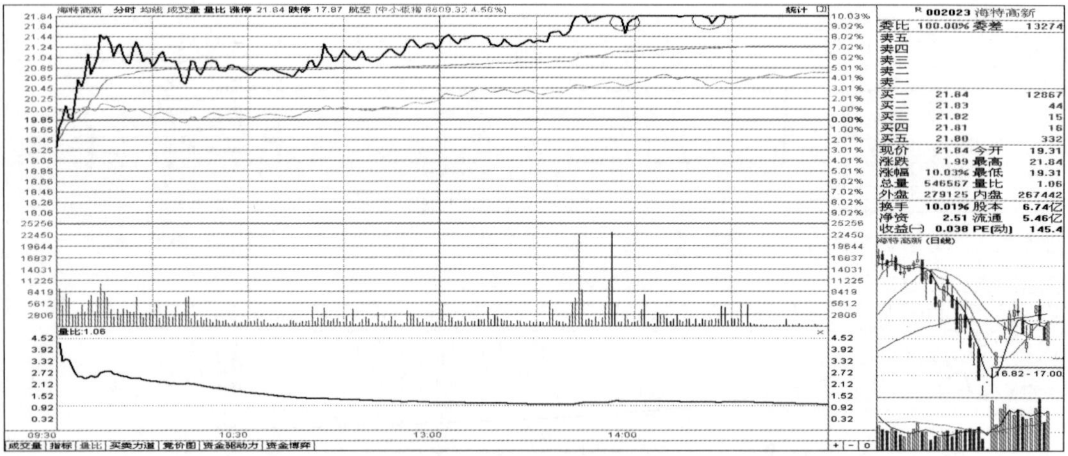

图 7-3 海特高新

实例解析：在图 7-3 中，该股早盘拉高，但量能不足，也就无意封板。此后回落，但大部分时间都在高位盘整，且缩量，有震荡洗盘的意图。下午 2 点封板，但不坚决，涨停板时不时打开，这时候是否可以跟进呢？开板的时候卖盘不是很大，且没有持续性，那就可以跟进。开板后下跌的幅度较小，也可以跟进，因为空头力度不够。

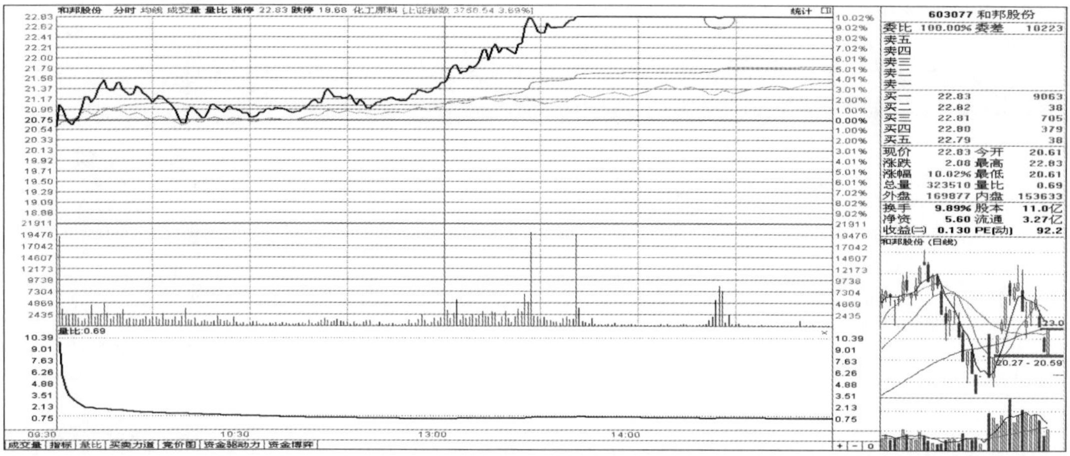

图 7－4　和邦股份

实例解析：在图 7－4 中，该股早盘一个无量的续涨走势，不能追击。此后如期下跌，到前日收盘价附近止跌回升，算是没有真正走坏。上午尾盘开始上攻，还是没有量的配合，并不适合追击。下午才逐渐放量，且明显加速，很快封板。下午收盘前有个放量的开板，是不是意味着多头倒戈出逃？此时我们可以观察成交量和股价回落的幅度，如没有太大问题还可打板跟进。

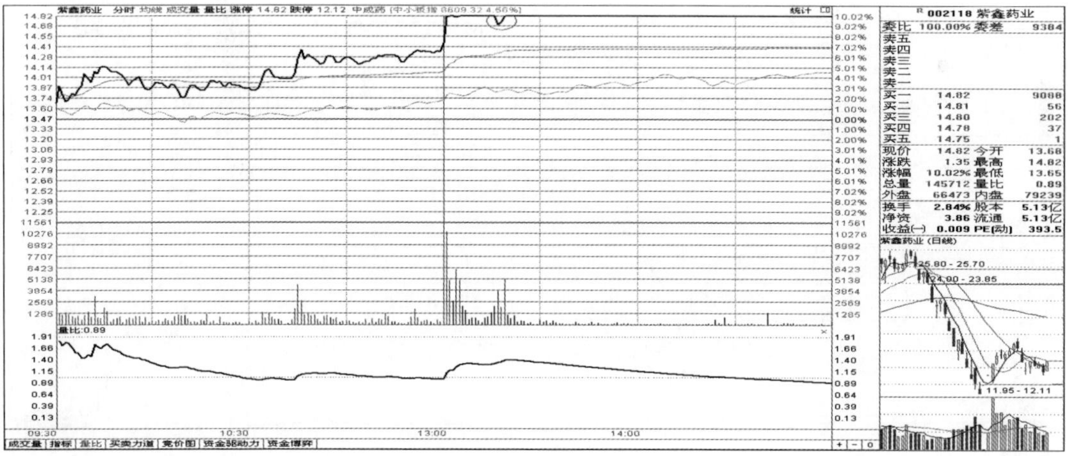

图 7－5　紫鑫药业

实例解析：在图 7－5 中，该股上午在高位横盘，走势强悍，下午直接封板，说明多头有备而来。下午开盘即封板，主力显然已经准备好了接受高位的卖盘，也自然看好后市。既然主力信心十足，那投资者也可以跟进。十几分钟后该股开板，成交量略微放大，卖盘较小，可以直接买入。开板后的下跌幅度也极小，说明空头无力，我们可以根据盘口火速进场。

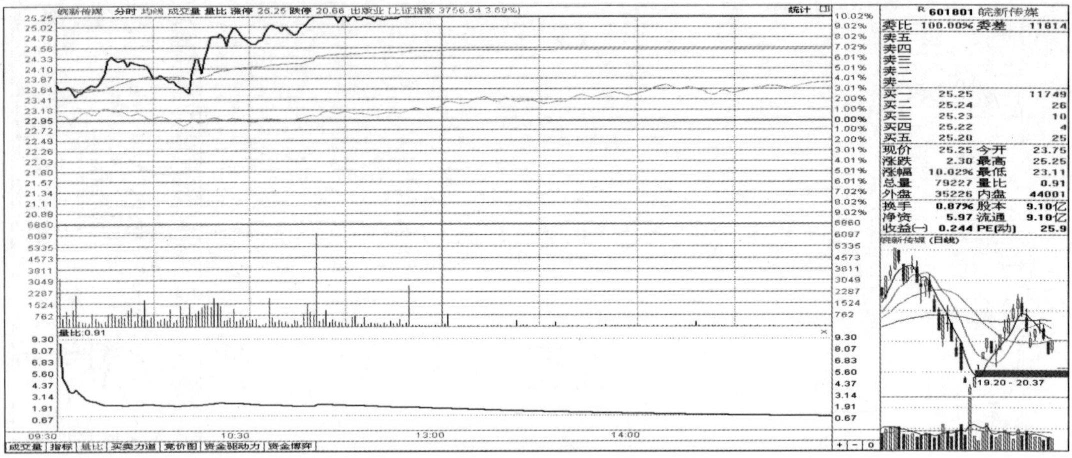

图 7 - 6　皖新传媒

实例解析： 在图 7 - 6 中，该股在早盘的走势有点大起大落，不过成交量稳定，没多少真正的卖盘，因此无忧。一个多小时后封板，但不久开板，看似主力并不坚决。仔细察看，事实上当时的成交量极小，也就是卖盘并不大，不是出货的走势。既然不是出货，那就很可能会再度封板，投资者正好可以进场。从当时开板后股价回落的幅度看也可以判断空头无力，强化了打板的信心。

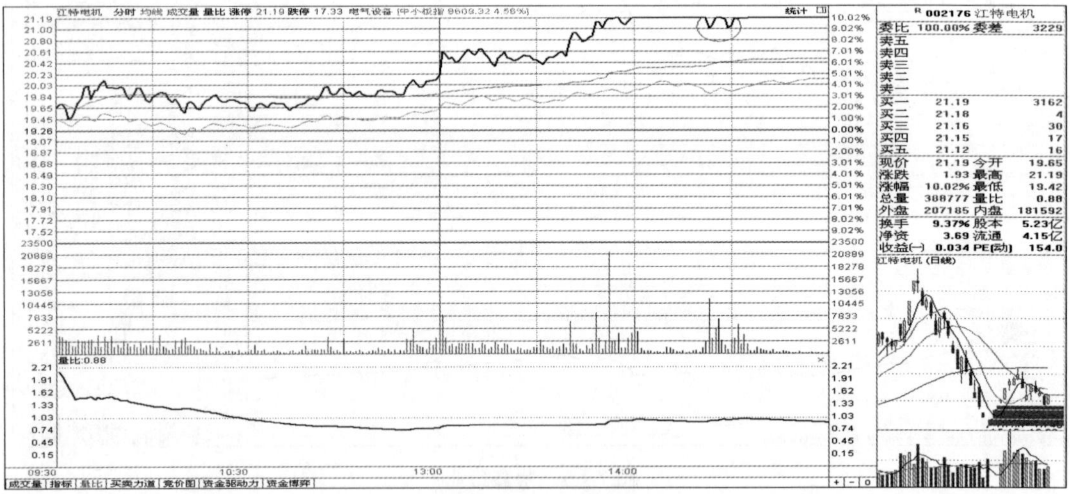

图 7 - 7　江特电机

实例解析： 在图 7 - 7 中，该股全天走势稳健，下午 2 点封板，比较轻松，因为抛盘不大。20 多分钟后该股还是打开了涨停板，有少量的大卖单出现，但不是很持续，因此有故意开板的嫌疑。开板后下跌的幅度极小，也说明空头力度极小，可以择机买入。短暂开板后该股再度封板，直到收盘。

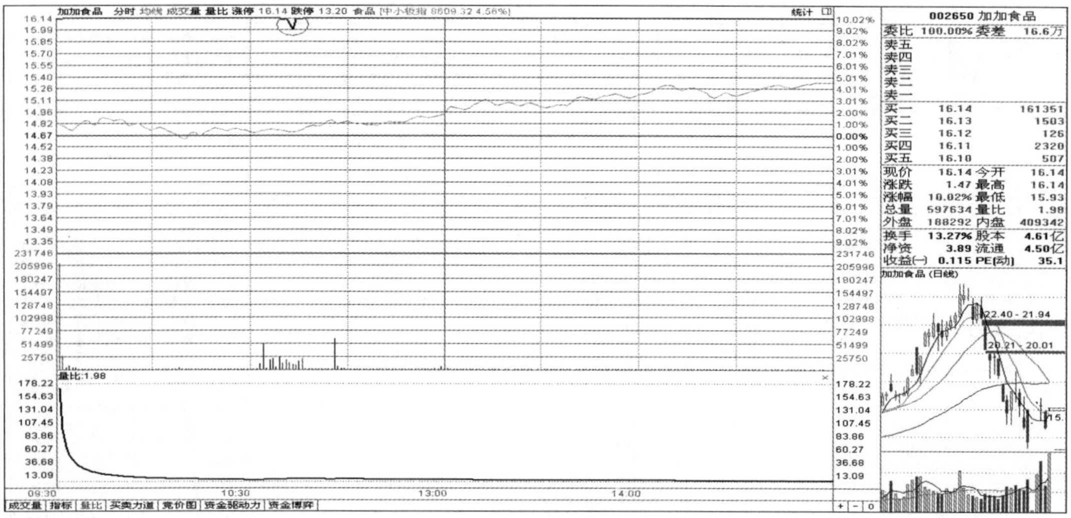

图 7-8 洽洽食品

实例解析：在图 7-8 中，该股因为利好涨停开盘，即一字板，是最彪悍的走势类型。没想到的是该股还是在盘中开板了，此时可以跟进吗？开板的时候成交量并不大，也没有巨大的卖单持续出现，因此很可能再度封板，投资者可以适当买入。能不能买入开闸放水的股票，事实上还是有很多东西需要参考，尽量综合考虑。

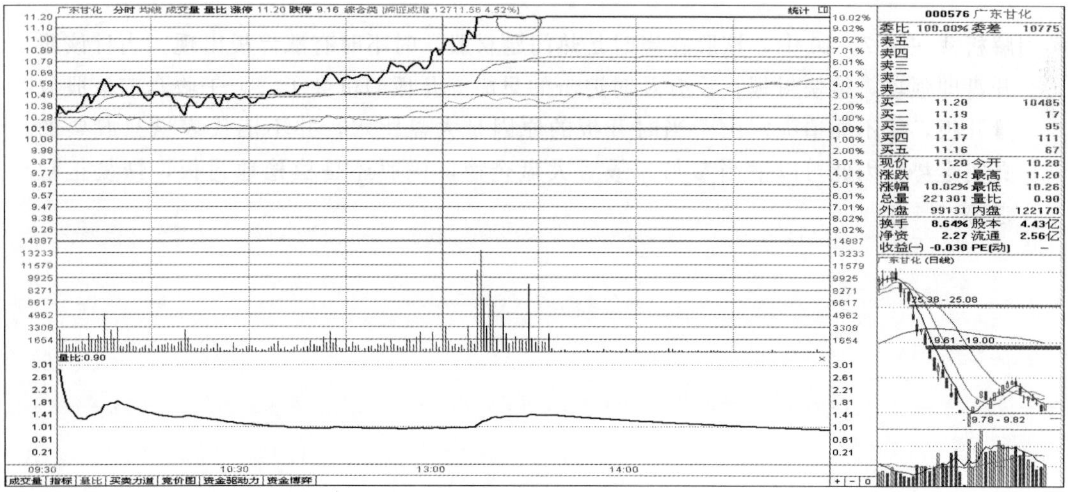

图 7-9 广东甘化

实例解析：在图 7-9 中，该股上午走势较强，下午开盘后很快放量封板，是比较真实的多头走势。可是封板并不严实，时不时会打开，是不是诱多出货的走势呢？此时我们可以观察成交量的情况，如卖盘较为稀疏，则应该无忧。该股在开板的时候既无较大的成交量，也没有大幅的回落，因此投资者可以趁机进场。

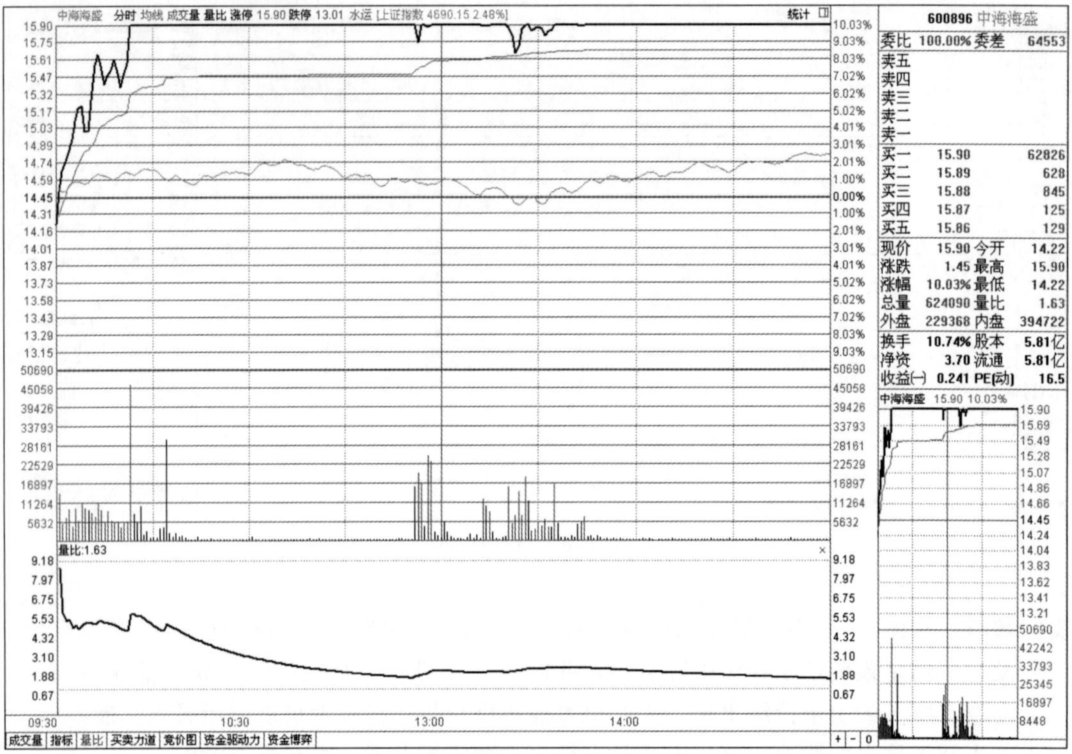

图 7－10　中海海盛

实例解析：在图 7－10 中，该股在当时是热门题材股，时不时有涨停板出现。当日该股开盘即强攻，很快封板，没有及时追击的只能等开板的机会了。上午收盘前该股放量开板，能不能追呢？由于当时开板的原因是大盘跳水，并不能代表这只股票的真实走势。因此可以适当参与。最后大盘企稳，该股还是稳稳地封板，恢复正常走势。

第八章

大突破板

打板要点：大突破是指主力集中建仓完毕后洗盘，最后突破建仓高点。大突破在盘面上体现为突破等高点或者放量的阶段高点。大突破意味着主升浪开始，是跟进的绝佳时机。强庄控制的大突破往往是以涨停的方式体现，可以放心追击打板。

止损要点：以大突破当日最低价作为止损价。

打板关键词：等高点　放量高点　强势突破

图 8-1　国瓷材料

实例解析：在图 8-1 中，箭头所示涨停突破等高点，是典型的大突破。等高点多半是主力建仓洗盘留下的，离 60 日线不远。涨停大突破时需果断进场，追高也在所不惜，以防后市直接轧空。该股后市直接轧空，涨幅巨大，显示了大突破的威力。

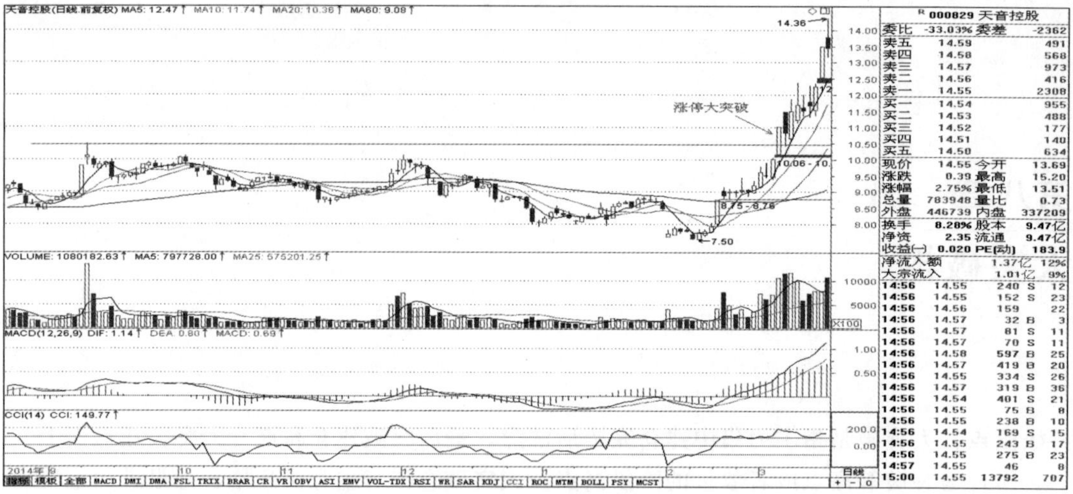

图 8-2 天音控股

实例解析：在图 8-2 中，箭头所示涨停突破一个重要高点，是大突破的类型。前高当时带着巨量，此后基本是地量的下跌，有拉高建仓后洗盘的特征。经过漫长的下跌，当股价再度突破的时候，所有的压力都消解了，进入明确的上升趋势。大突破可以做中线买入，收获主升浪的果实。涨停大突破必须跟上，此后也还有波折，但可以坚定持股。

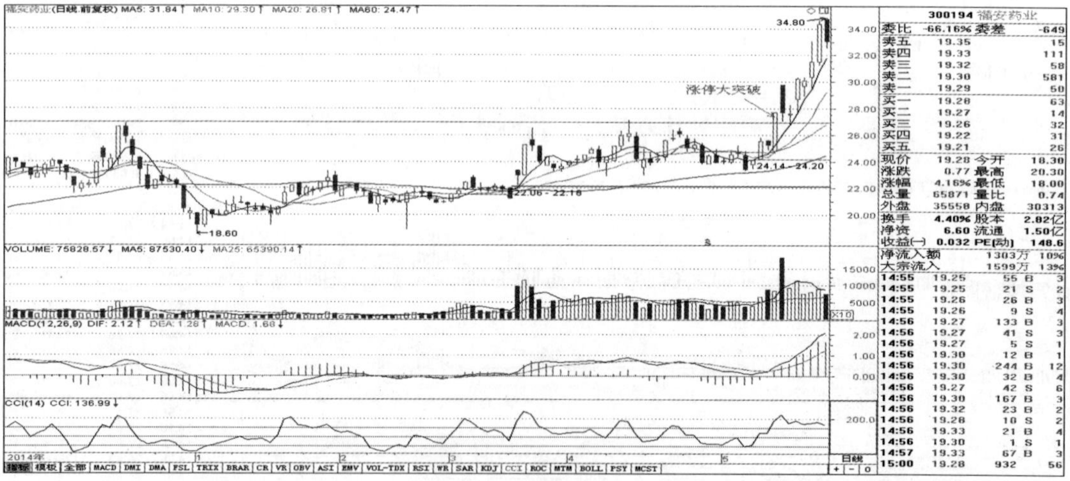

图 8-3 福安药业

实例解析：在图 8-3 中，箭头所示为涨停大突破，通常可以追击进场。突破当日平量，即缩量，说明拉升并不费劲，更加可以放心买入。涨停大突破不代表就一直强轧空，事实上该股次日爆量高开低走。大突破回调也是正常的走势，可以高抛低吸，也可以耐心持股。后市回踩支撑线，投资者可以继续加仓。

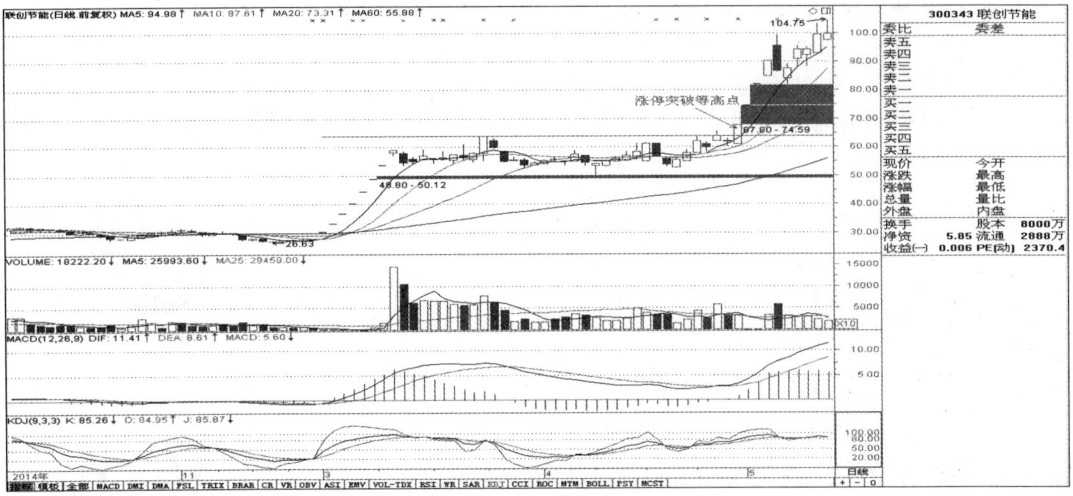

图 8－4　联创节能

实例解析： 在图 8－4 中，该股在大幅上涨后并没有形成反转走势，而是横盘震荡。这个横盘不能判断性质，要潜伏不具备条件。最后该股突破横盘区域，可以确认这个高位横盘是洗盘，是跟进的好机会。由于横盘时间漫长，此突破可以确定为大突破，且是涨停突破，可以打板跟进。

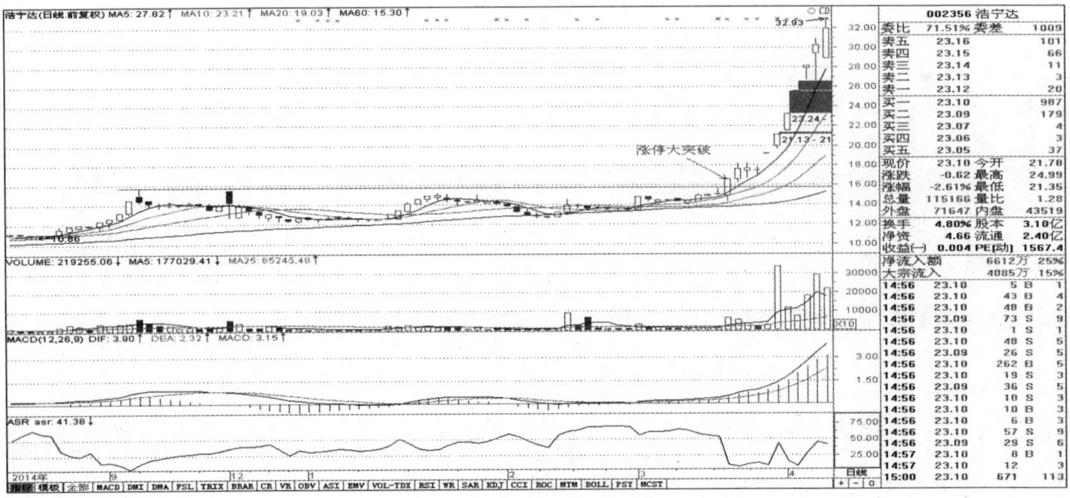

图 8－5　浩宁达

实例解析： 在图 8－5 中，该股前期在 60 日线上震荡，可以看出明显的等高点，是压力的表现。最后该股强势突破，当日涨停，投资者可以在盘中择机追击。这个大突破非常有价值，因为时间跨度很大，也就是说蓄势非常充分。突破后虽然还有些震荡，但后市涨幅巨大，足见大突破的价值。

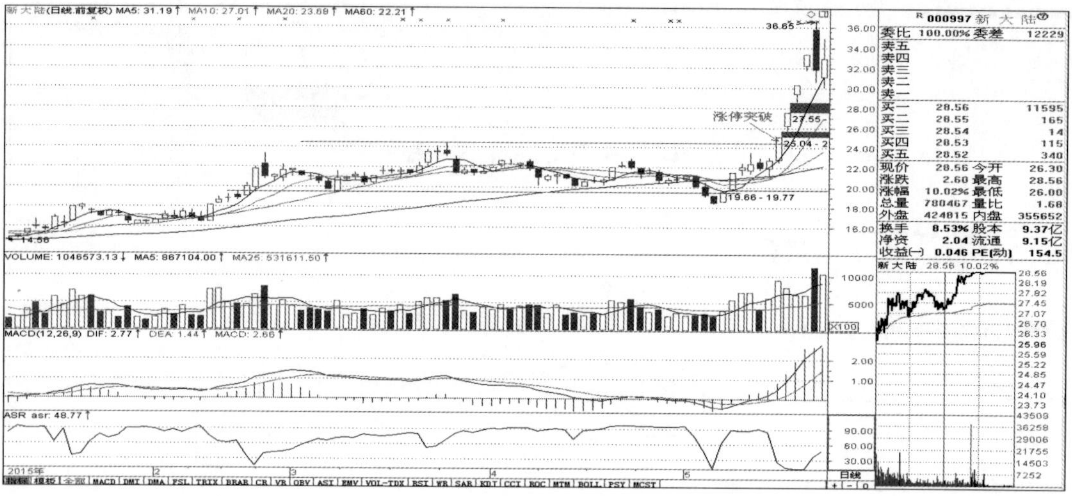

图 8-6　新大陆

实例解析：在图 8-6 中，该股前期为震荡的走势，高点不一，低点也不一，但可以作为一个大箱体。箭头所示当日强势起跳，可以在盘中跟进，最后成功封板。哪天突破很难预测，只能跟踪观察。这也是追击打板的优点，只有确认突破才是好的买点。由于该股盘整格局大，突破后的涨幅也如期巨大，是跟进的好标的。

图 8-7　大华股份

实例解析：在图 8-7 中，箭头所示的涨停突破非常有价值，因为它突破了一个时间跨度很大的等高点，是典型的大突破。突破之前的走势实为一个超大的箱体，高点一致，有利于洗盘。在箱体运行过程中，60 日线贯穿其中，说明接近主力成本。最后强势突破等高点，即突破箱体，是大行情的启动信号，自然可以追高进场。

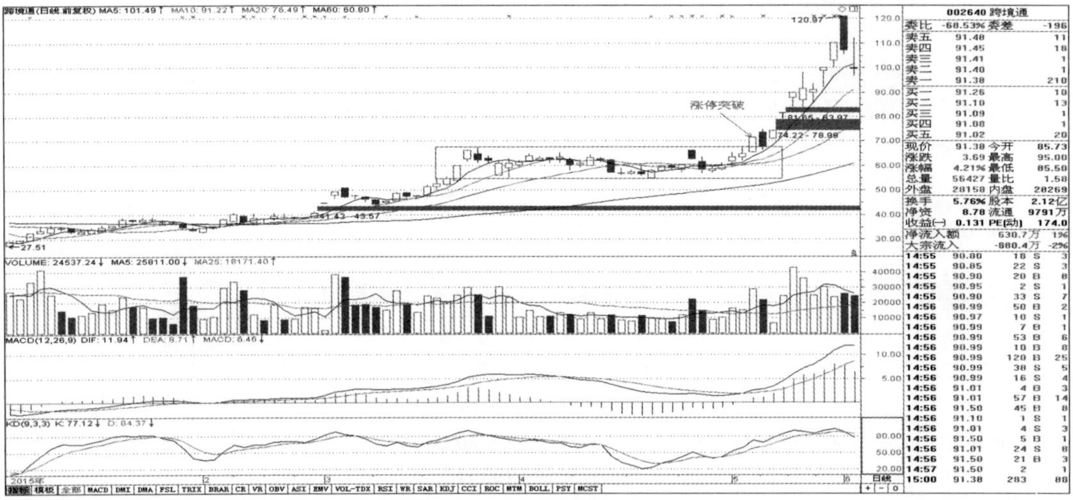

图 8-8　跨境通

实例解析： 在图 8-8 中，方框内为一个扁平箱体，时间跨度比较长，如果突破可以认为是大突破。这个箱体出现在相对高位，是出货还是洗盘不好判断，需后市验证。最后该股强势起跳，突破箱体，当日涨停，进入新的上升趋势。强势起跳当日可以根据分时走势择机介入，至于封板则并不重要。

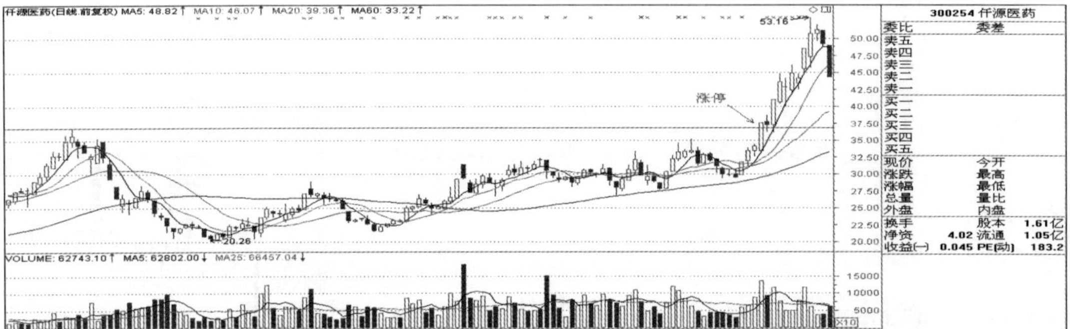

图 8-9　仟源医药

实例解析： 在图 8-8 中，箭头所示涨停突破一个重要的高点，是典型的大突破。这个高点相距遥远，时间跨度大，是历史的压力位，一旦突破意义非凡。突破长时间以前的最高点意味着长线的压力彻底解除，上升空间打开，有追击的价值。涨停突破是一种强势的姿态，说明主力实力强大，后市将有大前途，理应打板跟进。

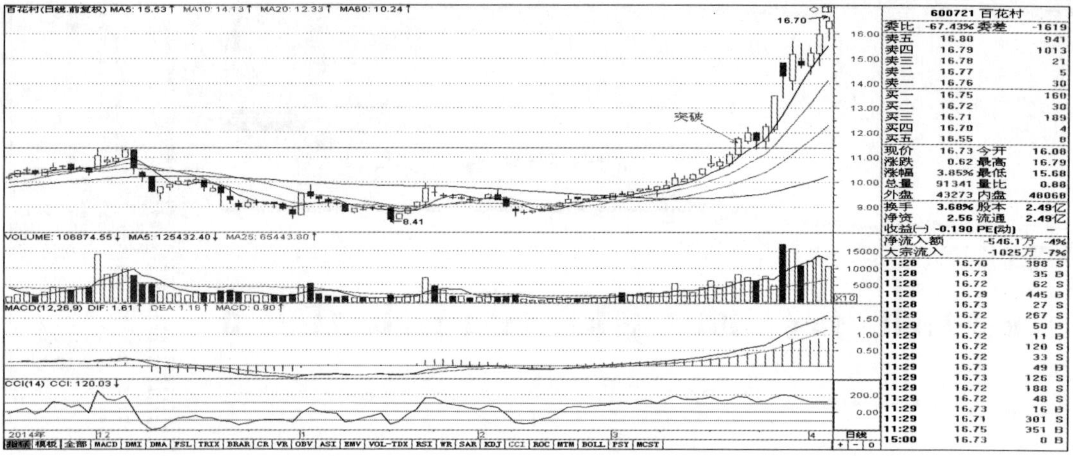

图 8－10　百花村

实例解析： 在图 8－10 中，箭头所示当日股价走势强劲，收出大阳线，是跟进的好时机。这个突破不是一般的突破，是真正的大突破。该股前期一个放量的波段高点形成后长期下跌，成交量低迷，有典型的拉高建仓后缩量洗盘的特征。前期的走势明显是主力运作走势，只差一个突破，因此一旦有效突破就是绝佳的买点。比较遗憾的是当日追高并没有收获一个涨停，但无碍大局。

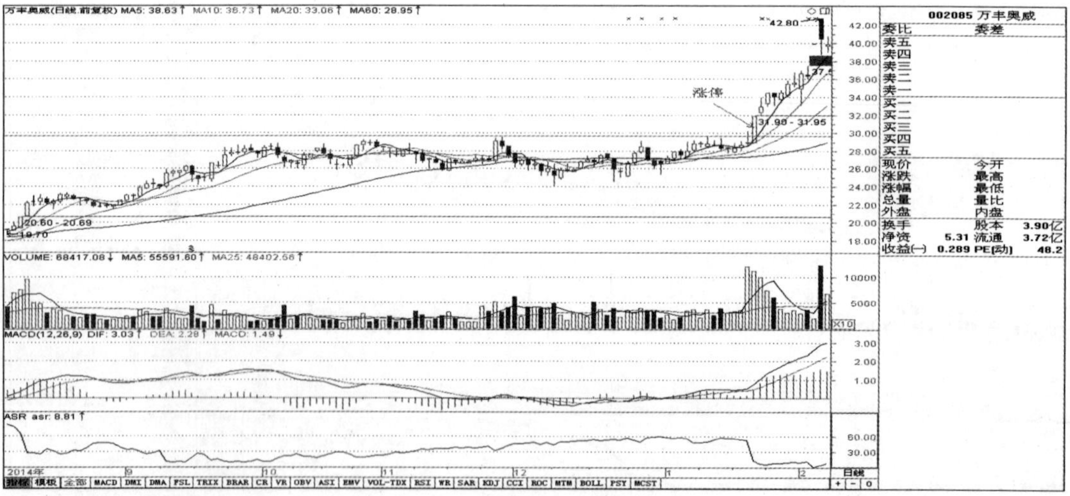

图 8－11　万丰奥威

实例解析： 在图 8－11 中，该股在相对高位形成箱体走势，高点非常接近，看不清后市的方向。在箱体盘整的时候不适合潜伏，因为无法预测盘整的时间，也不能判断最后是向上还是向下突破。最后该股强势上攻，突破等高点，形成大突破，可以积极跟进。当日强势封板，投资者也可以在高位打板进场，非常有价值。

第九章

突破慢轨板

打板要点：股价开始沿着慢速轨道震荡上升，突然有一天股价加速上行，突破原有轨道上轨，进入加速阶段，是短线跟进的绝佳时机。在突破当日，主力往往会强势拉出涨停，投资者可以根据分时走势积极跟进，追击涨停板。突破慢速轨道当日最好量能稳定，缩量或温和放量，明显放量则要防范随后调整。慢速轨道要求角度平缓，成交量平稳，最好是缩量的，轨道内 K 线则最好是振幅较小的极短线，显示控盘的特征。轨道本身上下振幅要尽量小，不给短线投资者高抛低吸的机会。

打板关键词：慢速轨道　量平稳　强势突破

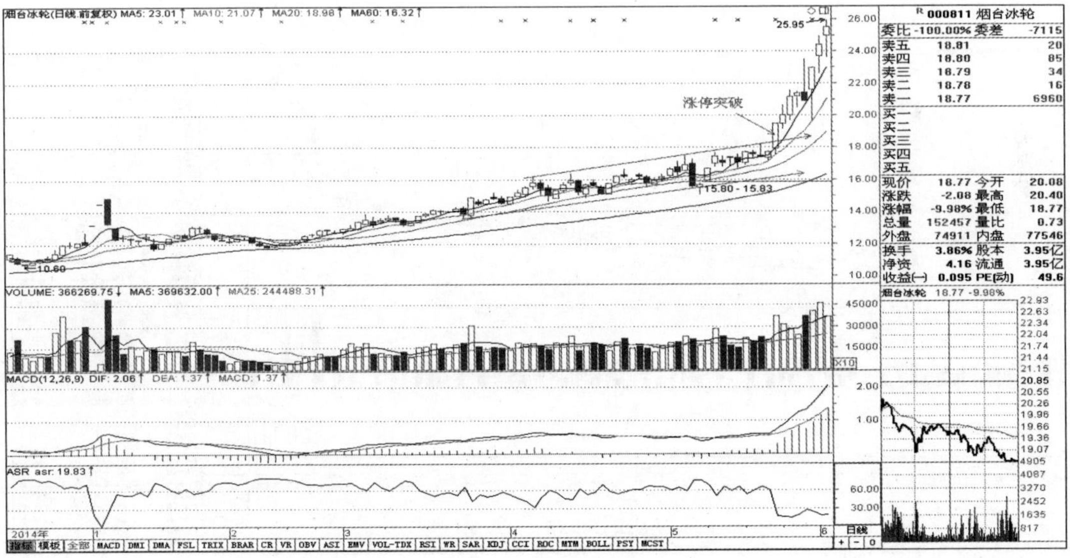

图 9-1　烟台冰轮

实例解析：在图 9-1 中，该股前期震荡上升，形成一个慢速轨道，量极为平稳，属于控盘的走势。箭头所示当日股价强势启动，主力拉动特征明显，投资者可以积极跟进。当日涨停，量略微放大，说明主力能轻松掌控股价，跟进无忧。涨停突破慢轨，加速态势明显，是短线跟进的绝佳时机。

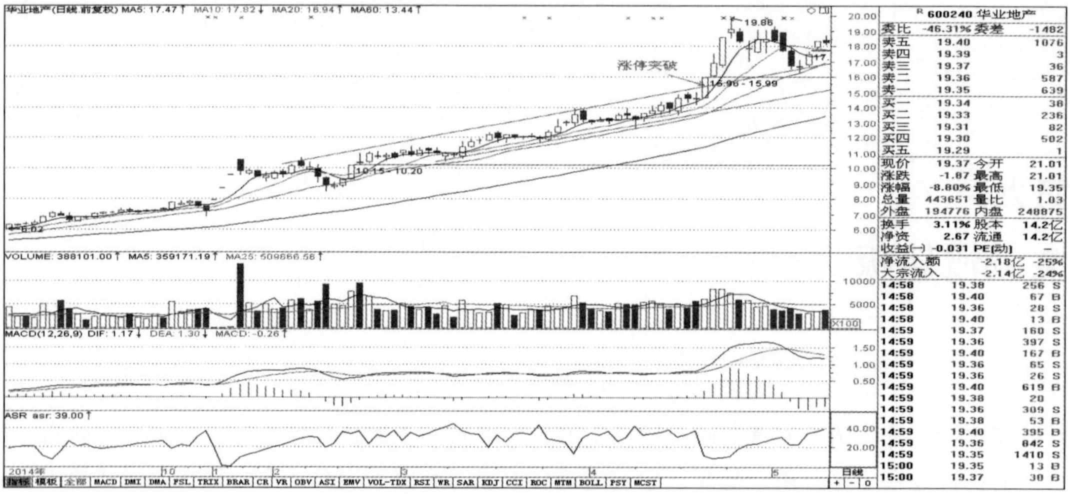

图 9-2　华业地产

实例解析：在图 9-2 中，该股在三个一字板后震荡上升，走出一个缩量的慢速轨道。慢轨基本由极短线组成，成交量明显萎缩，且上下振幅较小，是高度控盘的特征。箭头所示当日强势突破慢轨，是加速的信号，短线投资者可以积极跟进。由于该股涨幅本身已经巨大，因此有加速赶顶的可能，要做好速战速决的准备。

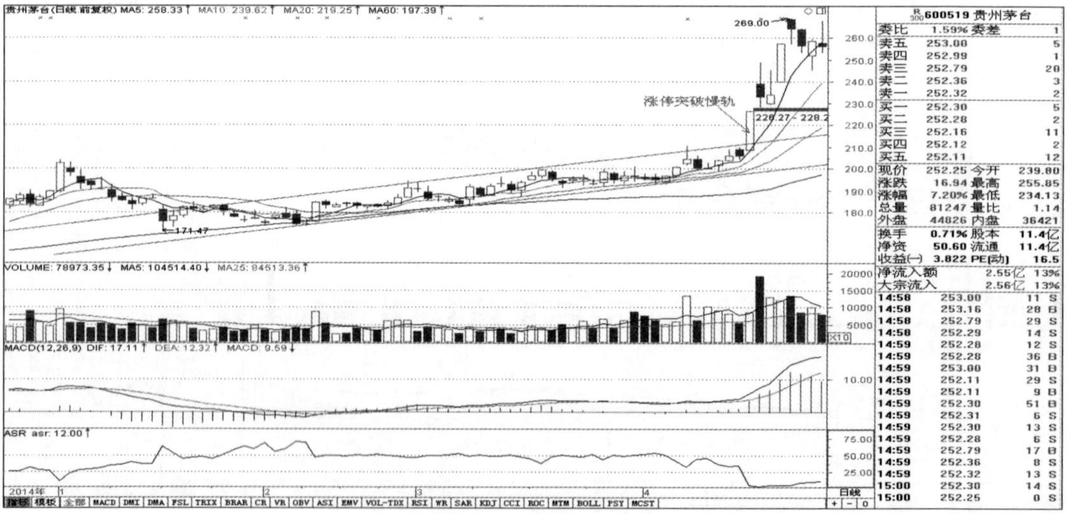

图 9-3　贵州茅台

实例解析：在图 9-3 中，该股沿着 60 日线震荡上升，走出一个极为整齐的上升轨道，规律性较强。该轨道角度平缓，有加速的潜力，可密切关注突破的机会。箭头所示当日股价强势启动，轻松突破慢轨，投资者可以放心跟进。当日股价缩量封住涨停，说明拉升比较轻松，可以追高打板买入。

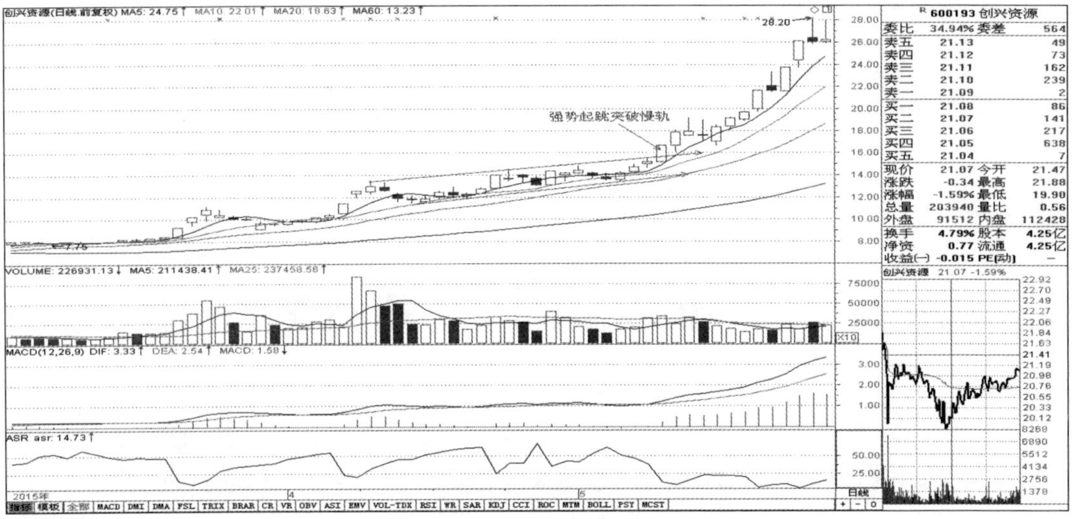

图 9-4 创兴资源

实例解析：在图 9-4 中，该股的走势比较有特色，前期有两波放量拉升，然后变成缩量的震荡上升，形成一个慢速轨道。缩量盘升是高度控盘的特征，可以随机参与。最后该股强势突破慢轨，短线投资者可以积极追高买入。当日该股封板，是理想的结局，后市还有潜力，可以坚定持股的信心。

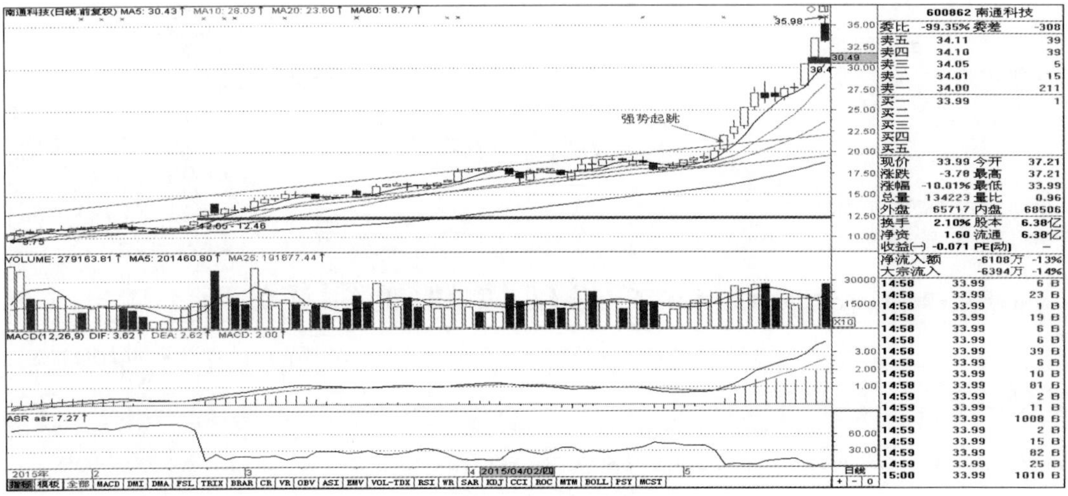

图 9-5 南通科技

实例解析：在图 9-5 中，该股具有市场火热的题材，技术上窄幅震荡慢速上升，是典型的高度控盘走势。在慢速上升过程中，成交量低迷，也是控盘的特征。最后该股强势起跳，突破慢轨，短线可积极跟进。当日缩量涨停，是极度强势的特征，后市极具潜力。

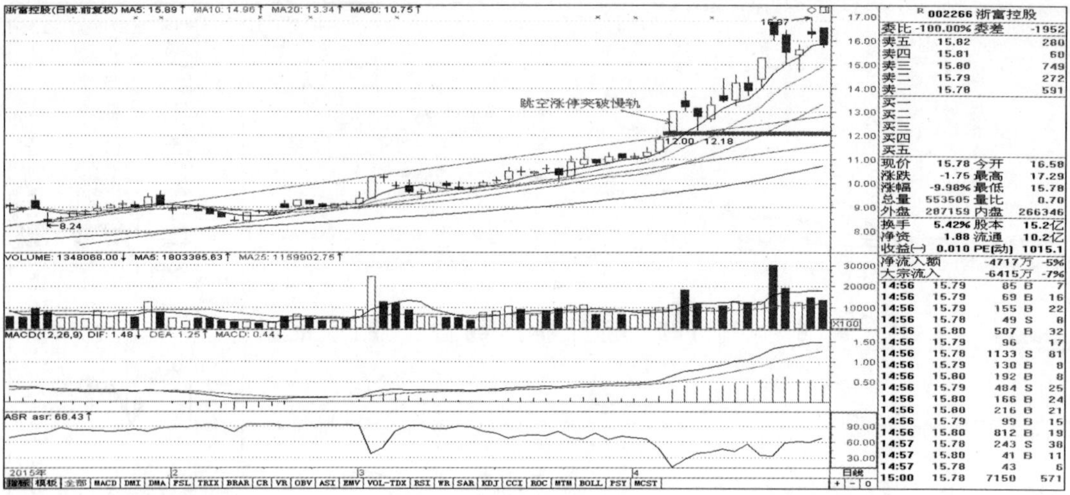

图 9－6　浙富控股

实例解析： 在图 9－6 中，该股在一根巨量长阳后涨速减缓，看起来力度不够，有点疲软。此后该股缓慢震荡上升，形成一个极为整齐的慢速轨道，量则高度萎缩，是典型的控盘特征。投资者可以在慢轨运行的时候潜伏，也可以等突破。最后该股跳空突破慢轨，当日缩量封板，可果断跟进。

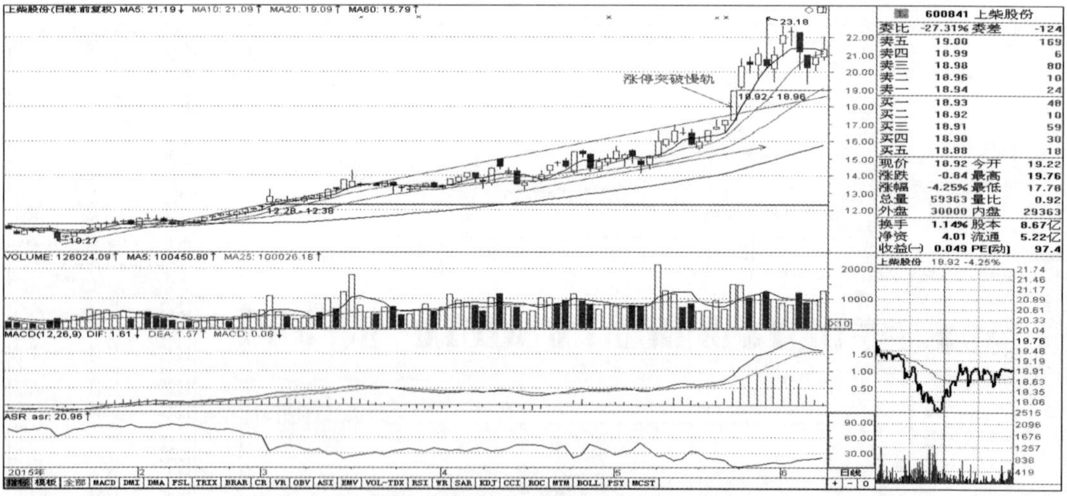

图 9－7　上柴股份

实例解析： 在图 9－7 中，该股前期小阳线攀升，然后变成宽幅震荡上升，但量较为平稳，走势很有特色。在震荡上升的过程中，投资者可以看出一个明显的慢速通道，值得关注。最后该股强势突破慢轨，是短线追击的极佳时机。当日成功封板，且量能稳定，是理想的结局。

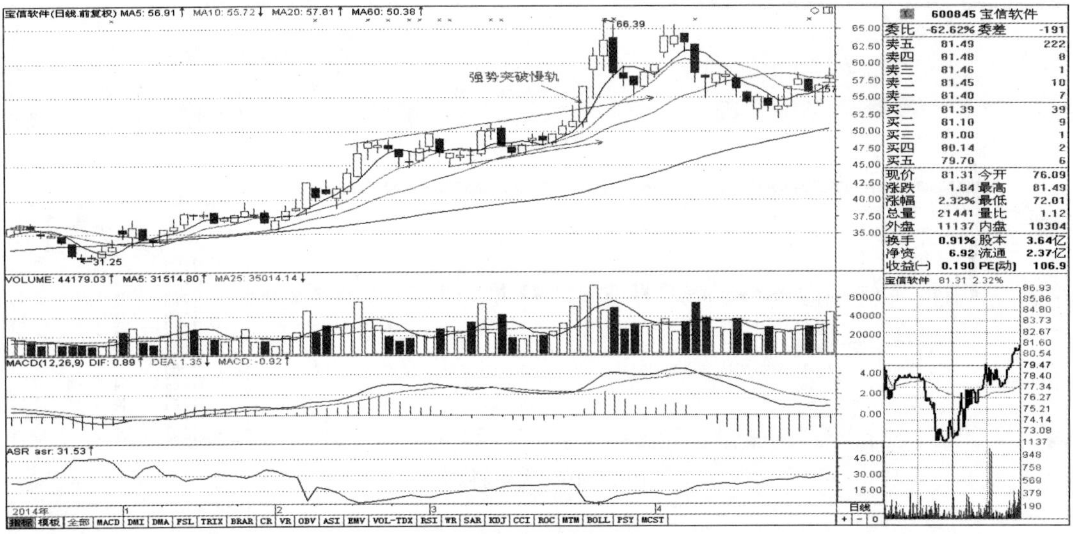

图 9－8　宝信软件

实例解析： 在图 9－8 中，该股在一波较强势的上涨后速度变缓，进入慢速上升轨道。这样的慢速轨道伴随着背离，通常并不适合买入。最后该股强势突破慢轨，投资者可以临时跟进，甚至可以追高买入。该股当日封板，是极为理想的结果，确保后市还有冲高的机会。

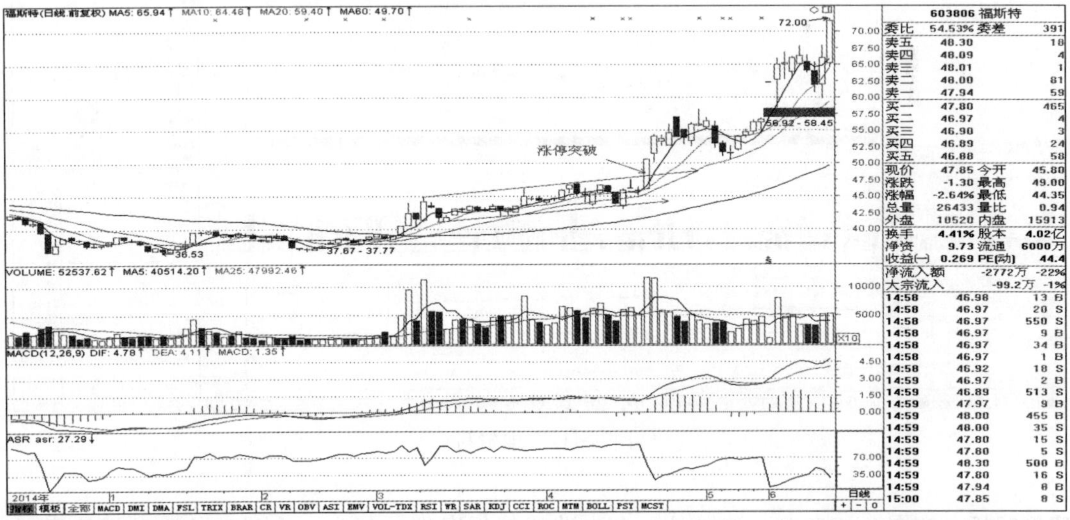

图 9－9　福斯特

实例解析： 在图 9－9 中，自低位突破 60 日线，随后减速上行，可以看出一个慢速轨道。慢速轨道有洗盘的作用，消耗持股的耐心。后市该股强势突破慢速轨道，是短线跟进的良机。当日能否涨停要观察分时走势，可随机介入。

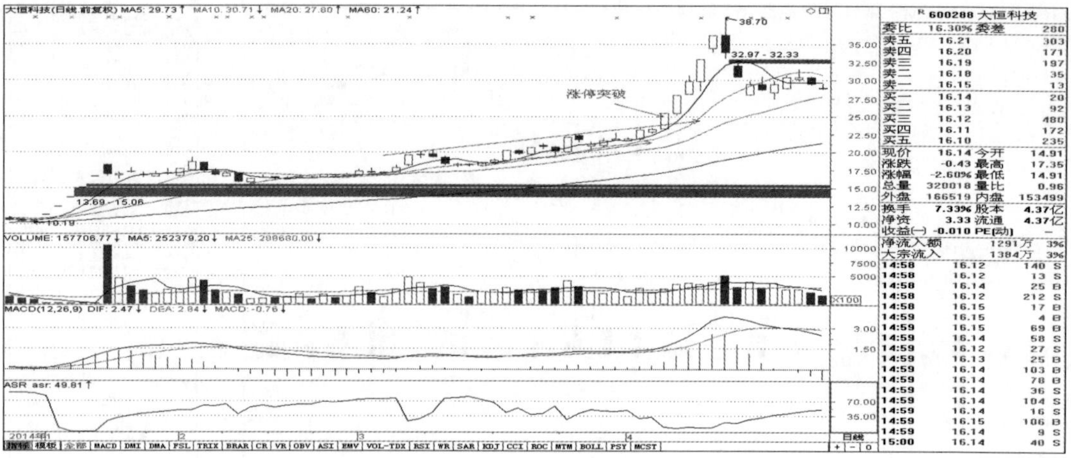

图 9-10　大恒科技

实例解析：在图 9-10 中，该股在相对高位震荡上行，可以看出是一个慢速的轨道。这个慢轨的上升一直处于背离状态中，因此买入有一定的风险。最后该股强势突破慢轨，进入加速阶段，短线可以追击进场。当日该股涨停，同时也修正了背离，是买入的良机。

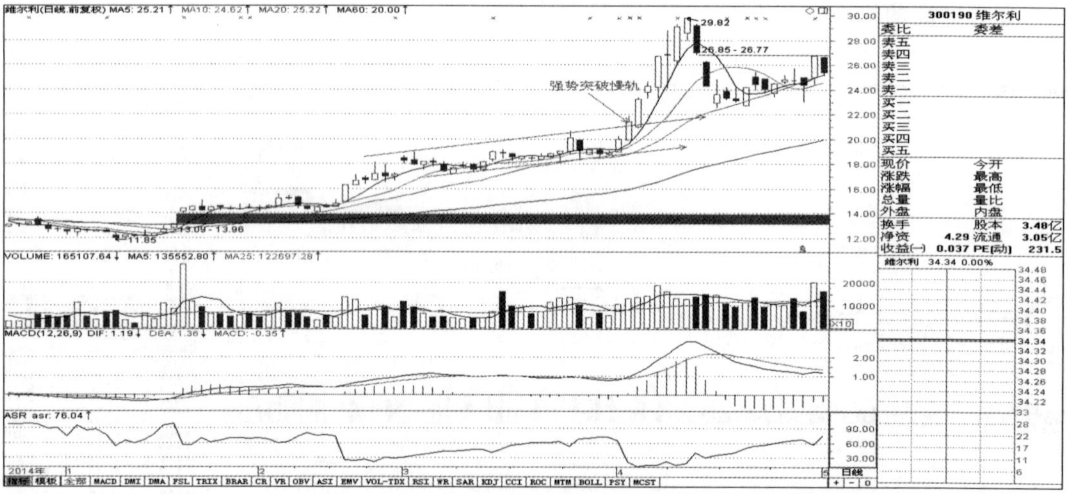

图 9-11　维尔利

实例解析：在图 9-11 中，该股是一个失败的打板案例，却是一个成功的突破慢轨案例。该股前期涨幅较大，然后震荡上行，可以看出一个慢速轨道，但有明显的背离，一般并不适合买入。箭头所示当日该股强势启动，轻松突破慢轨，量较为平稳，是跟进的好时机。只是该股当日并未封板，倒是后市的强轧空极为炫目，因此关键在突破，不一定要涨停。

图 9-12　上海机电

实例解析：在图 9-12 中，该股在一段快速上涨后减速，但并没有反转下跌，形成了一个慢速的上升通道。慢速通道内可以买入，但不适合短线玩家。后市该股强势起跳，突破慢速轨道，可以跟进。突破当日成功封板，投资者可以在盘中择机打板。

第十章

强轧空板

打板要点：所谓强轧空指突破后没有按正常走势回调，而是直接出阳线。强轧空后未必出涨停，需要有附加的条件。突破需要中长阳线，显示主力足够的攻击力度。强势突破后不能继续大涨，继续大涨就有乖离，往往不适合追高。突破后最好出较短的小阳线，不能是长十字星，如此可以显示似弱实强。小阳线必须是缩量的，放量则是滞涨的表现，不适合买入。强轧空后盘中有封板的迹象，则可以追高打板。

打板关键词：强势突破　小阳线　缩量

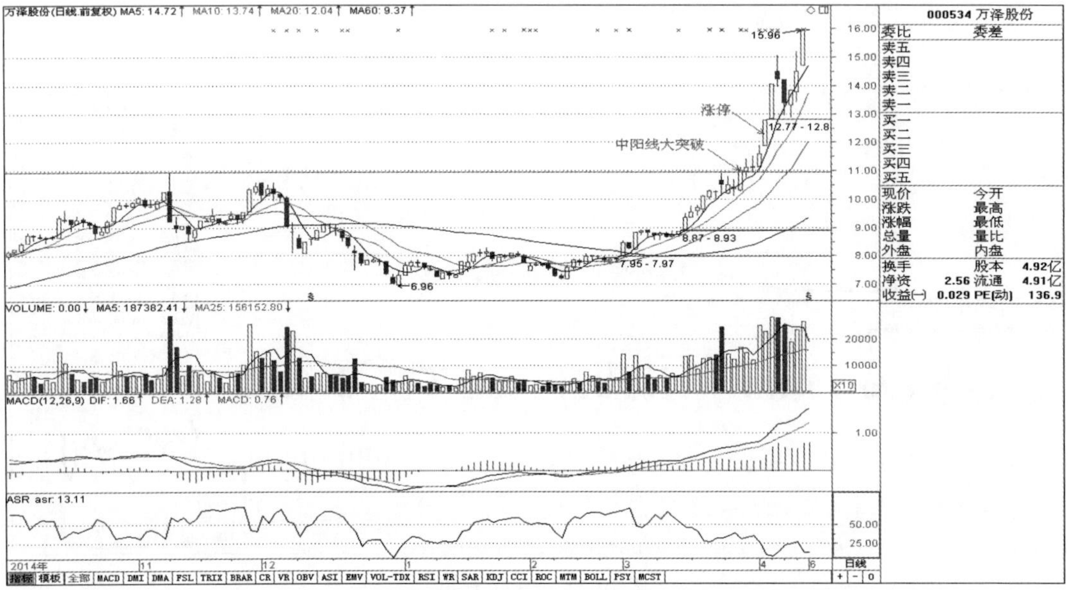

图 10－1

实例解析：在图 10－1 中，箭头所示该股中阳线大突破，且缩量，攻击力度很强，是高控盘股票的特征，值得关注，也可以直接买入。突破后没有按预期回调，而是连续出小阳线，股价明显打压不下去，说明空头虚弱。连出三根小阳线时基本可以确认走势的超强特征，可以果断买入。随后高开冲击涨停，可以积极追击打板。

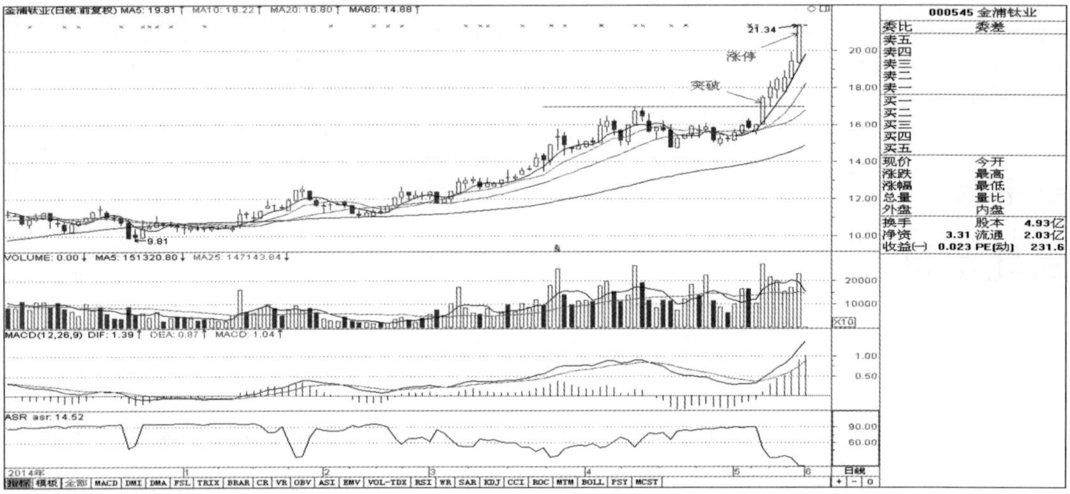

图 10－2　金浦钛业

实例解析：在图 10－2 中，该股长阳突破盘整区，足够强势，可以直接买入。此后连出小阳线，成交量萎缩，是强轧空的格局，可以随机买入。最后股价加速上行，短线玩家可以追击涨停板。强轧空为后市的涨停打下了坚实的基础，是空头崩溃的必然结果，追击涨停的可靠性较高。

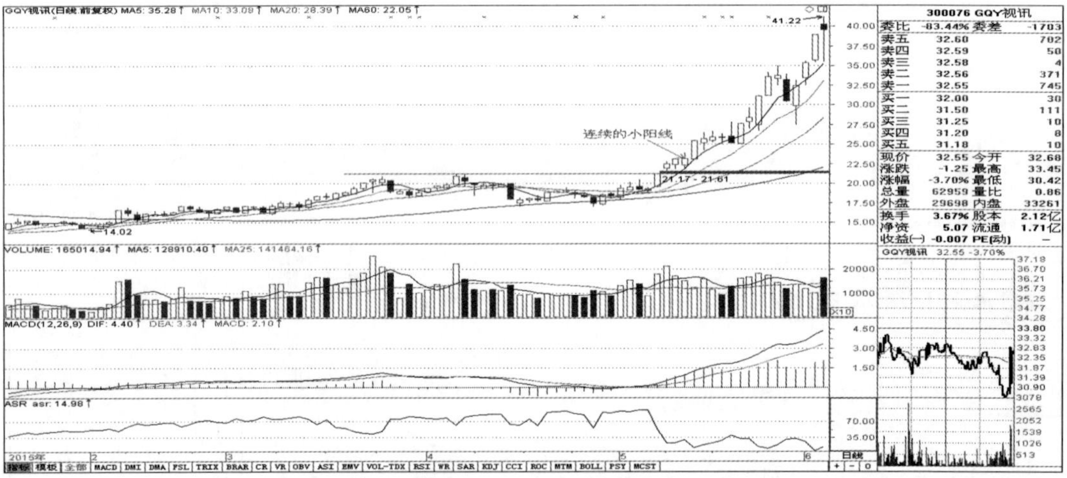

图 10－3　GQY 视讯

实例解析：在图 10－3 中，该股跳空突破前高，是所谓的大突破，通常可以做中线买入。由于前日涨停，继续上攻就凸显了较大的乖离，有调整的需要。既然已经突破，那上升空间打开了，后市即使调整也是买入的机会，就看如何调整了。随后两天没有预料中的下跌调整，而是收出小阳线，量能平稳，是典型的强轧空走势，可以跟进。最后该股再度强势启动，可以跟进打板。

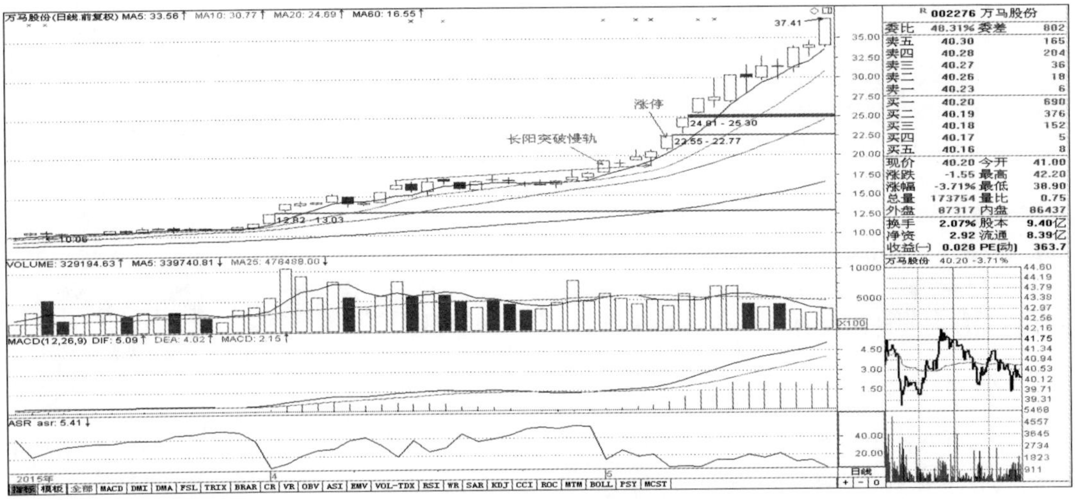

图 10－4 万马股份

实例解析：在图 10－4 中，箭头所示涨停突破原来的慢速上升轨道，进入新的加速上升阶段，可以跟进。次日回调，也属于正常走势，当日收阳，说明空头疲软。后面两天继续收出小阳线，股价重心上移，是强轧空的节奏，可以继续买进。最后跳空上攻，再度恢复强攻走势，很可能封板，可以积极参与。

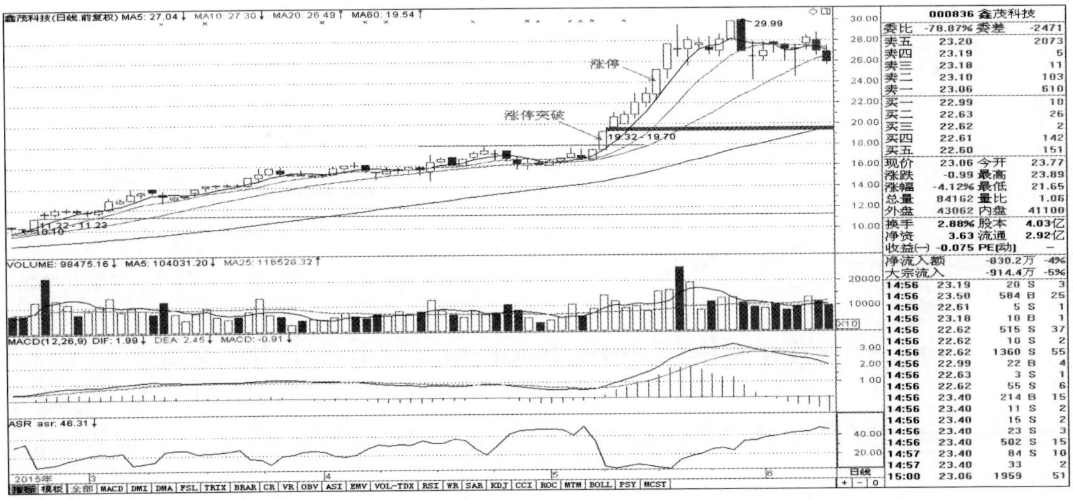

图 10－5 鑫茂科技

实例解析：在图 10－5 中，箭头所示涨停突破盘整区，进入新的上涨波段，可以跟进。次日滞涨，但量能萎缩，是强轧空的格局。后市的调整都在盘中完成，都无一例外地收出阳线。连续的强轧空已经让空头彻底崩溃了，多头可以随心所欲了。最后该股继续强攻，收出涨停，也是水到渠成，投资者可以追高进场。

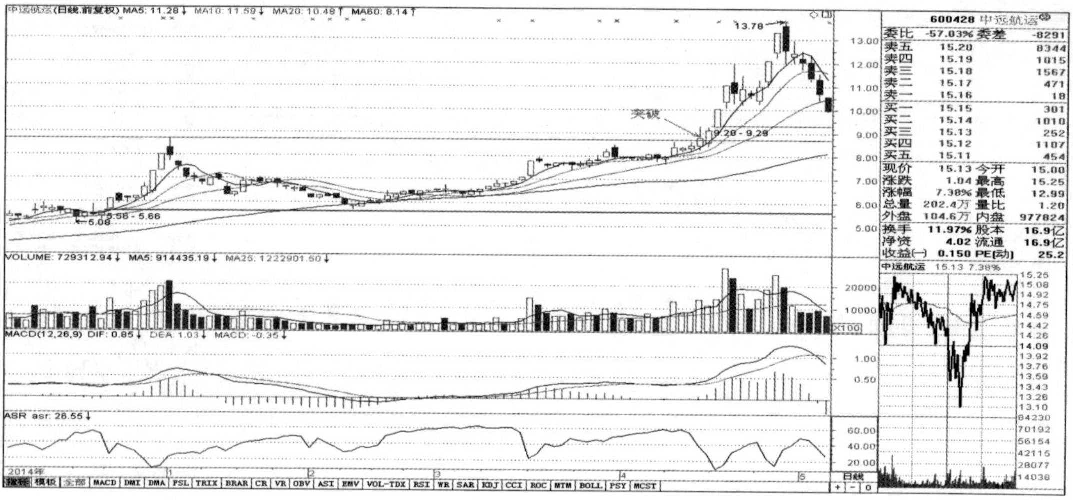

图 10-6 中远航运

实例解析：在图 10-6 中，箭头所示一根超长的上影十字星突破，而且是一个大突破，让投资者非常矛盾，是买还是不买呢？理论上收盘价突破了就可以买，只是考虑多头不够强劲，可以暂缓，观察一下。次日低开高走，空头失去了止损的机会，呈强轧空的格局，可以买入。第三天跳空开盘，走势进一步增强，有望封板，投资者可以继续追击。

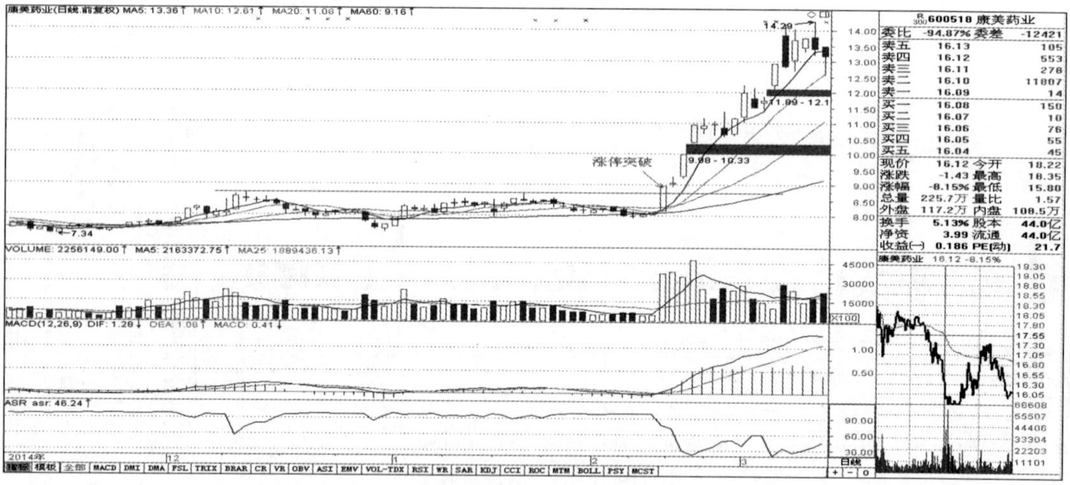

图 10-7 康美药业

实例解析：在图 10-7 中，箭头所示涨停突破，是典型的大突破，可以跟进。突破当日量能过大，意味着后市可能调整。次日如期调整，但收出小阳线，上攻无力，可也没出现低点，是典型的强轧空走势。强轧空后往往有超强的表现，可以择机跟进。之后该股大幅跳空上行，需第一时间跟进，很可能封板。

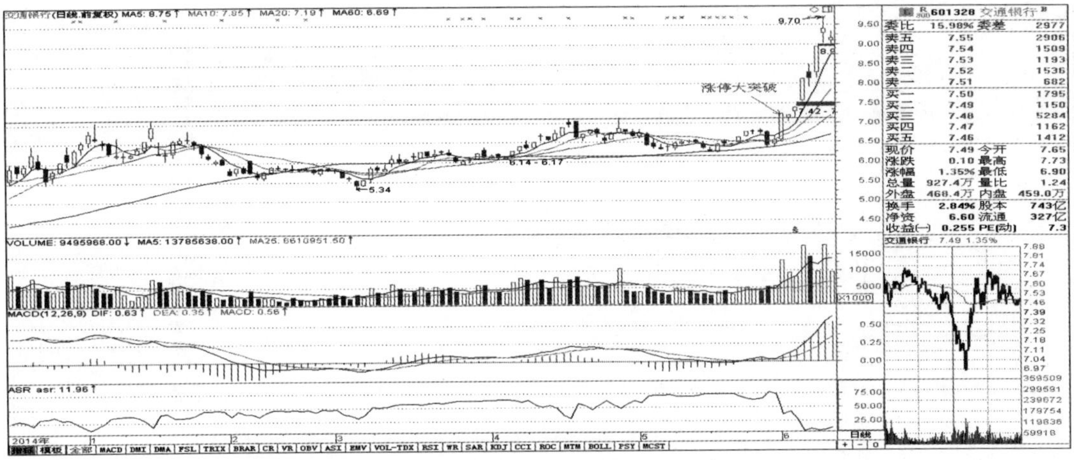

图 10-8　交通银行

实例解析：在图 10-8 中，箭头所示该股涨停大突破，是绝佳的买入时机。次日调整，是常见的走势，当日收小阳，虽然是伪阴线，但也可以看出空头非常虚弱，可以买入。第三天小幅上升，继续轧空，空头亏损已经不可避免。第四天跳空高开，更加强悍，短线投资者可以最高进场，当日封板。强轧空后很容易出涨停板，因此可以追高买入，相对也是安全的。

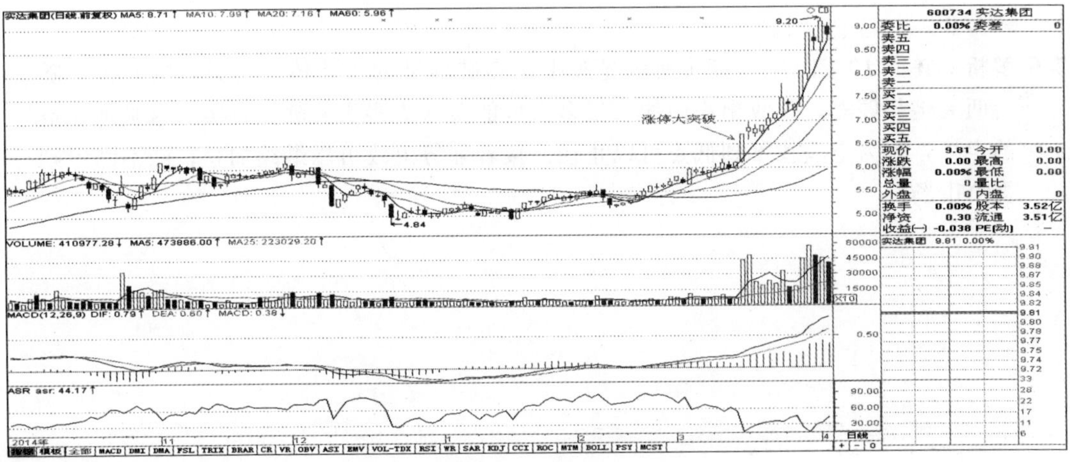

图 10-9　实达集团

实例解析：在图 10-9 中，箭头所示涨停大突破，是中线买入的好时机。突破当日成交量巨大，说明主力消耗资金较大，往往有调整，但大方向已经确定。次日滞涨，但依然是轧空的格局，空头已经找不到低点止损了。随后继续调整多日，但都是收出小阳线，看似走势不是很强悍，实际还是强轧空的格局。最后该股还是拉出涨停，是连续强轧空的必然结果。

图 10－10　宝诚股份

实例解析：在图 10－10 中，箭头所示光头中阳突破扁平的小箱体，是买入的时机。随后两天走势停滞，仅收出小阳线，很多人可能会认为多头疲软。事实上这是强轧空的走势，因为空头找不到低点可以止损。接着强势上攻可以继续加仓，涨不涨停则交给市场。

第十一章

扁平台突破板

打板要点： 股价整体运行在上升趋势中，一段中等强度的上涨后开始调整，股价不涨不跌，呈平行走势，形成一个扁平台。扁平台不可能维持很久，最终会选择方向。当某日股价强势上行的时候，意味着主力结束了洗盘，有可能以涨停方式突破，可积极跟进。平台越扁平，启动的时候涨停的可能性越大。

止损要点： 强势启动当日追击进场，但不能排除假突破，或者不能封板，那后市就以启动当日的最低价作为止损价。

打板关键词： 扁平台　强势突破

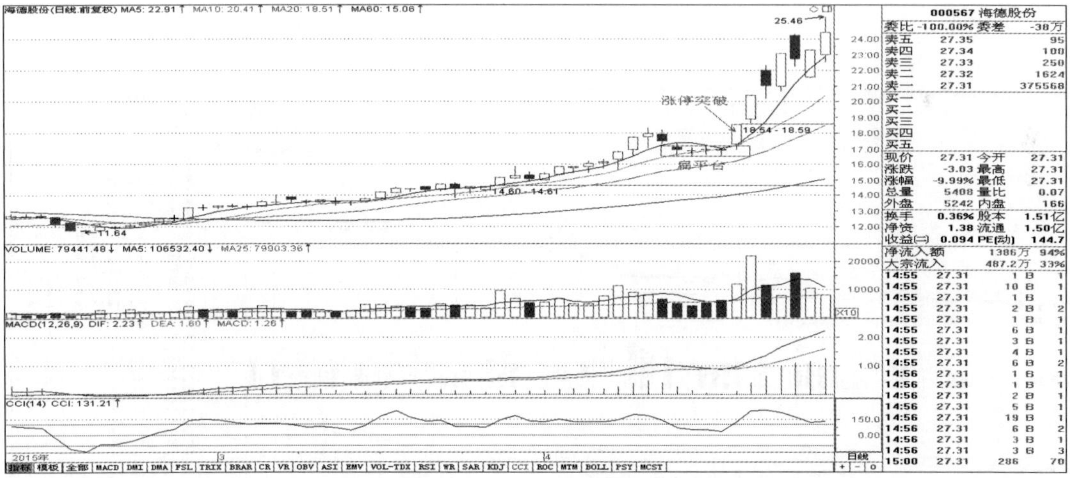

图 11－1　海德股份

实例解析： 在图 11－1 中，该股在一段连续中小阳轧空后回落，然后在 10 日线附近盘整，每天的价格接近，振幅极小，构筑了一个标准的扁平台。扁平台振幅小说明股价被主力控制，是高控盘的特征，即所谓的强庄股。盘整过程中量极度萎缩，是典型的窒息洗盘，一般的散户都可能耐不住寂寞而出逃。最后该股强势起跳，盘中主力高举高打，很有可能涨停，投资者可以积极追高进场，甚至打板。这种打板的安全性非常高，因为扁平台体现了主力非常强悍，同时洗盘够充分。

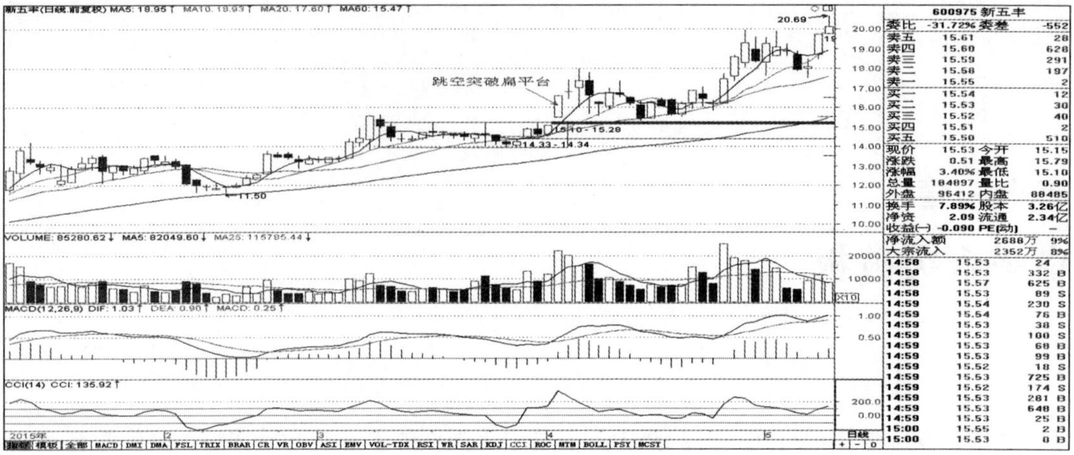

图 11-2 新五丰

实例解析：在图 11-2 中，该股整体运行在上升趋势中，扁平台出现在一根长阳之后，基本运行在阳线之内，可见波动幅度极小。阳线内的波动是强支撑的表现，一般向上的可能性大。扁平台内的盘整是高控盘的表现，只等突破即是买入机会。盘整的时候通常不提前介入，时间成本较高，需等主力启动。该股最后跳空攻击，当日涨停，短线投资者可以在盘中择机追击，一般可以在跳空开盘的时候竞价末端就可以下单了。

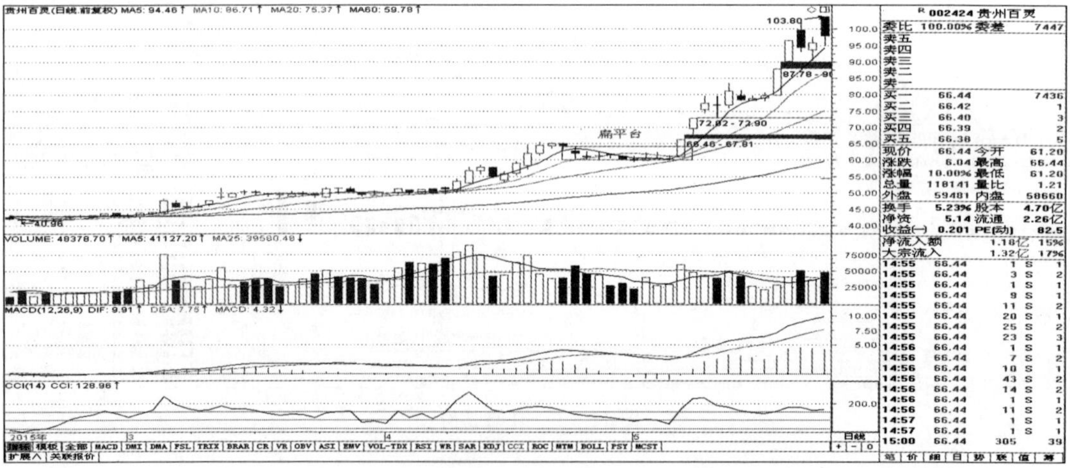

图 11-3 贵州百灵

实例解析：在图 11-3 中，该股前期涨幅较大，但每次回调的幅度不大，显示了多头的强大。扁平台出现在相对高位，看似危险，但从极小的振幅和地量可以看出该股是高度控盘。最后该股强势起跳，盘中主力攻击态势明显，投资者可以适当介入，当日成功封板。绝对的涨幅往往不是卖出的理由，甚至还可以追高介入。

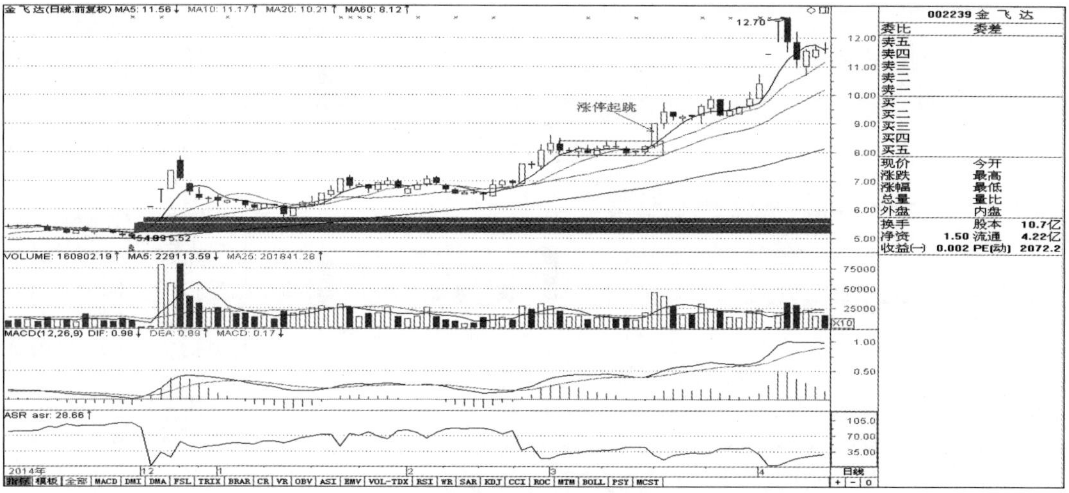

图 11-4 金飞达

实例解析：在图 11-4 中，该股在缩量大突破后勉强上涨，弱化态势明显，但也不跌，陷入盘整中。这个箱体的盘整振幅较小，成交量稀疏，洗盘的特征明显。扁平的箱体震荡可以潜伏，但突破的时间难以确定，短线投资者可能更愿意起跳的时候跟上。最后该股如期上攻，投资者可以关注分时走势，择机介入，当日成功封板。

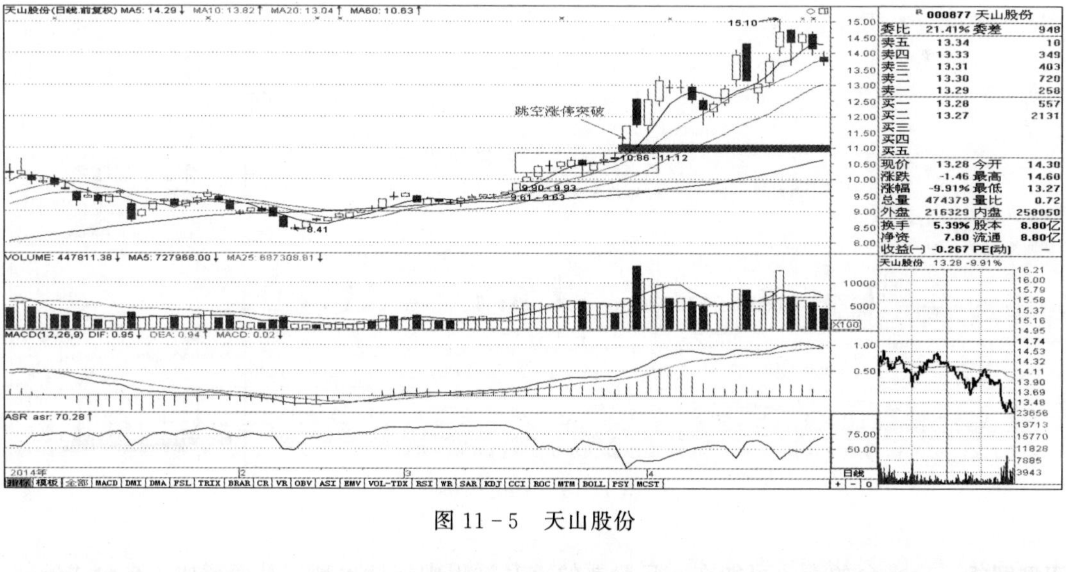

图 11-5 天山股份

实例解析：在图 11-5 中，该股在 60 日线上站稳后上攻了一段，但涨幅有限，再度陷入盘整，构筑了一个扁平台。扁平台震荡期间量能平稳，不存在主力出逃的可能性，因此后市上涨的概率大。不想耽误时间的可以等突破再跟进。最后该股大幅跳空高开，一举突破扁平台，有封板的可能，可以追高进场。

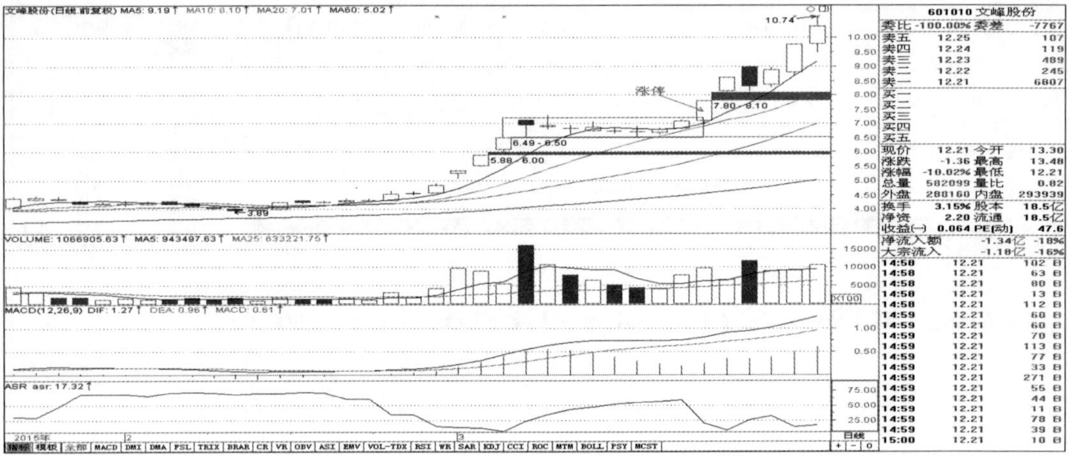

图 11-6　文峰股份

实例解析：在图 11-6 中，该股是名噪一时的大牛股，回顾一下曾经的走势也是很有价值。扁平台出现在一波巨大的涨幅之后，按常规应见顶回落，但就地盘整，说明空头虚弱，有该跌不跌的表现，预示后市还有上攻的机会。盘整过程中，量急剧萎缩，是洗盘的特征。如果恐高可以等突破的时候再跟进。最后该股如期强攻突破，投资者可以追高打板。

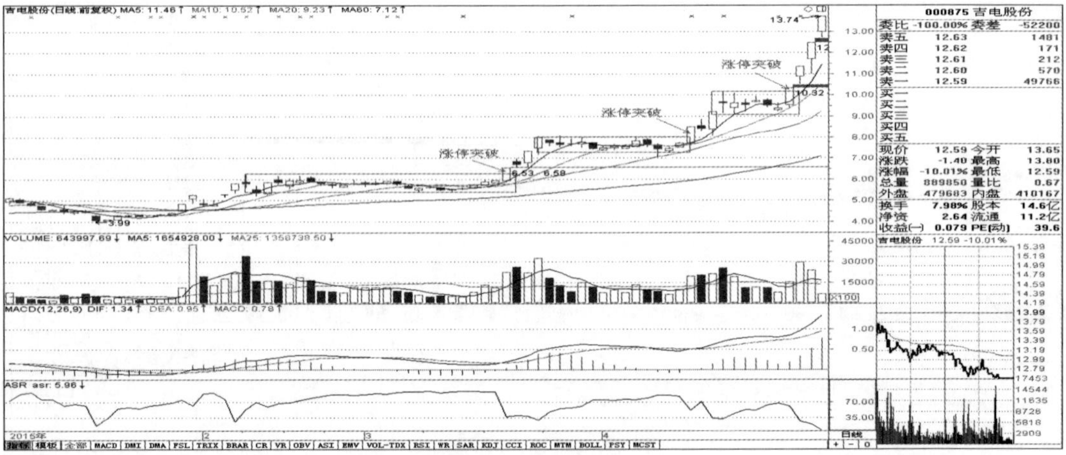

图 11-7　吉电股份

实例解析：扁平台的走势可能在一只股票的上升过程中连续出现，从而形成了台阶式的上升走势。第一个扁平台的时间较长，涨停突破后连续上涨，我们可以追击打板，安全性较好。第二个扁平台时间缩短，第三个更短，说明走势在加速，每次突破都是极佳的短线追击机会。最后一个平台后连续涨停，是极致的走势，也即赶顶，可以在滞涨的时候见好就收，如图 11-7 所示。

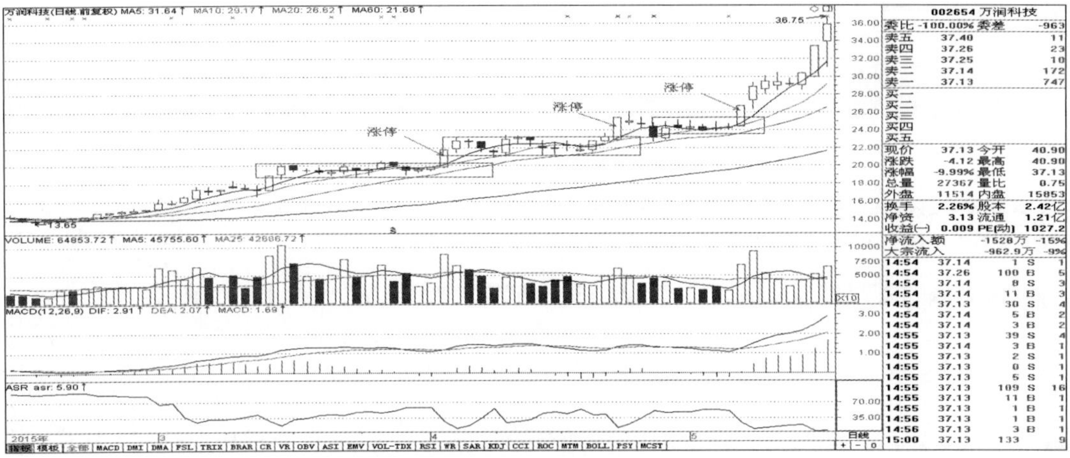

图 11－8　万润科技

实例解析： 在图 11－8 中，该股也是一个典型的台阶式上涨的股票，每次突破都是涨停，都是极佳的追击时机。这种股票追击进场也很麻烦，每次突破后都涨幅有限，然后是漫长的震荡，考验人的耐心。从中线角度看，耐心持股是上策，短线投资者可以在滞涨的时候先高抛离场，等下次进场机会。台阶式上涨的末端都会加速轧空，然后见顶，到时注意止盈。

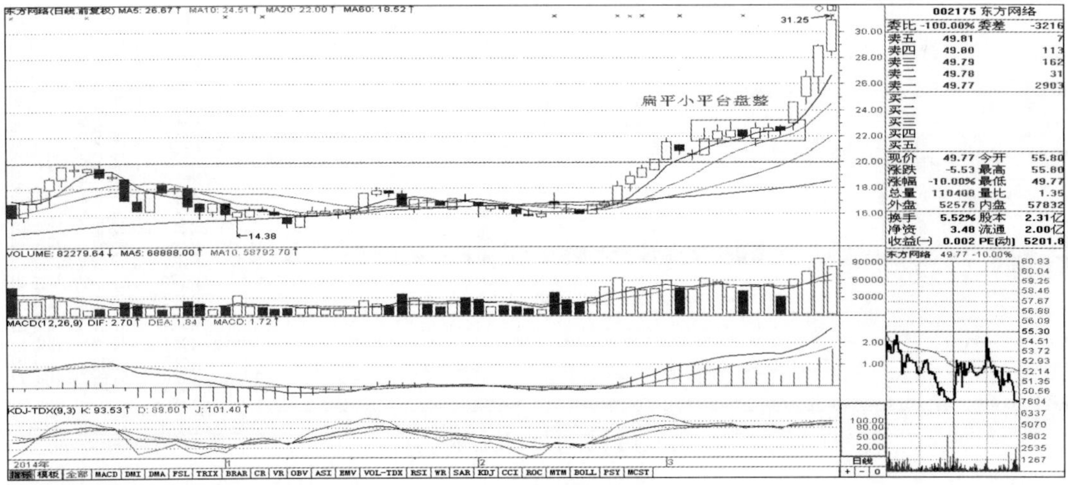

图 11－9　东方网络

实例解析： 在图 11－9 中，该股在大突破后并没有直接强轧空，而是陷入盘整，构筑了一个扁平台。每天的振幅接近，价格稳定在 22 元左右，是典型的高控盘走势。盘整期间量能萎缩且稳定，一看就知道是洗盘。最后该股跳空上行，投资者可以开盘即追击，也可以在盘中追高打板。

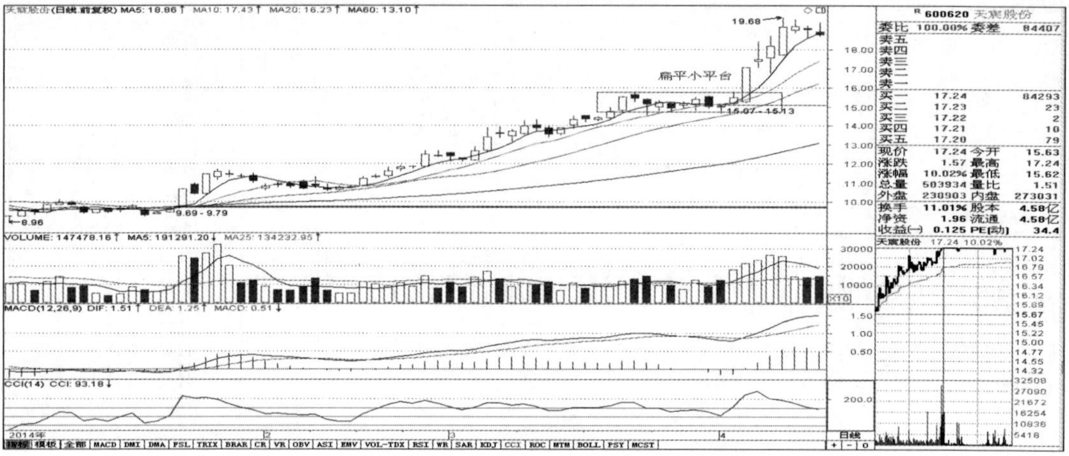

图 11 - 10　天宸股份

实例解析：在图 11 - 10 中，该股在相对高位盘整，看似股价在走弱，有反转下跌的危险。该盘整是典型的扁平台走势，量萎缩而稳定，主力不太可能出货，因此更可能是洗盘。为了安全起见，可以等再次启动时跟进。最后该股如期向上强攻，投资者可以在盘中择机介入，甚至追高打板。

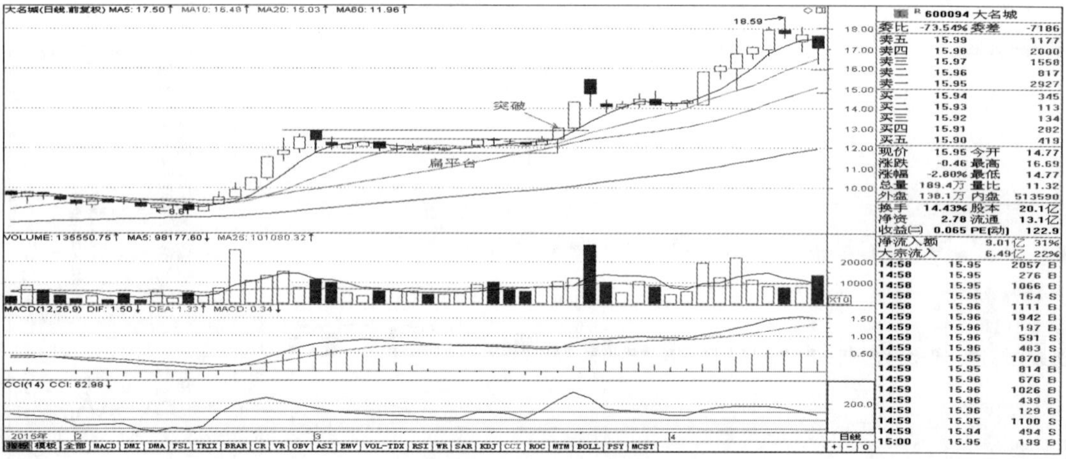

图 11 - 11　大名城

实例解析：在图 11 - 11 中，该股在一段高速轧空后见顶回落，但下跌的幅度极小，然后盘整，是空头虚弱的表现。盘整的振幅极小，形成一个扁平台，量极度萎缩，显而易见的高控盘特征。既然已经被主力高度控盘，那后市上涨的概率极大，可以密切跟踪。图中箭头所示股价上攻，但当日没涨停，也可以追击，次日才加速至涨停，还是可以追高进场。这个扁平台时间较长，蓄势更充分，因此次日还有追高的价值。

第十二章

单日洗盘板

打板要点：整体处于上升趋势中，最好均线多头排列。前日强势上涨，至少是中大阳线，最好是涨停。次日宽幅震荡，一般会放出较大的成交量，最后收出长十字星、伪阴线，甚至是长阴线等。第三日低开高走或者高开高走，一举收复失地，创出新高，可以在盘中择机介入，往往会涨停收盘。

止损要点：第三日强势上攻未必能成功封板，也可能冲高回落，甚至当日就亏损。后市以该日最低价作为止损价。

打板关键词：长阳　宽幅震荡　修复

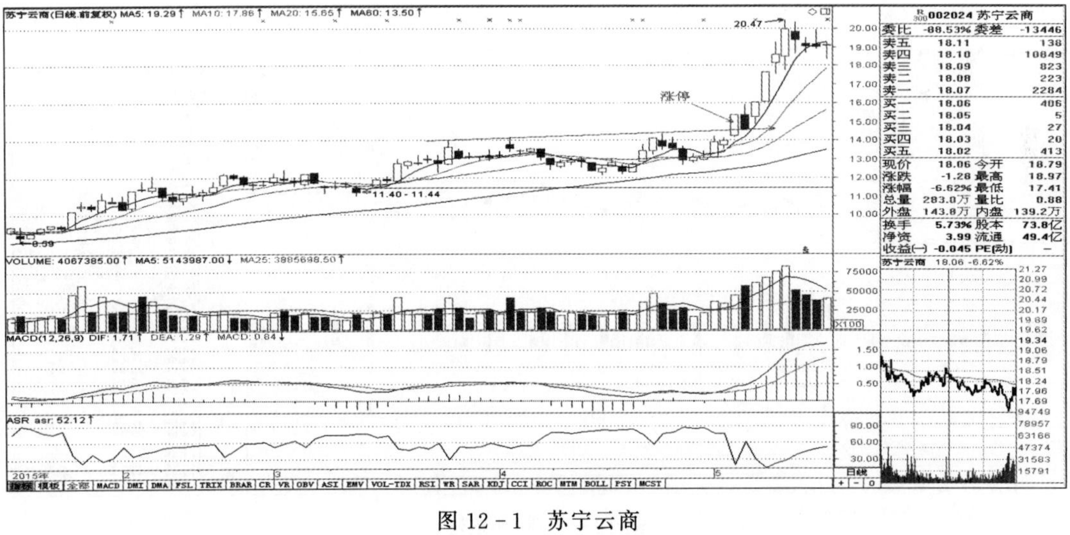

图 12-1　苏宁云商

实例解析：在图 12-1 中，箭头所示当日涨停突破上压线，上升空间打开，再无压力。次日冲高后深度回调，收出中阴线，且放量，很多人可能会认为调整开始，因此卖出股票。第三日股价出乎意料，大幅高开，当日强势涨停，在电光石火之间完成了洗盘及拉升，效果完美。中阴线后大幅高开本身就很异常，基本可以确认阴线为洗盘，可以在集合竞价最后一刻迅速跟进，也可以在开盘后观察一下再跟进。

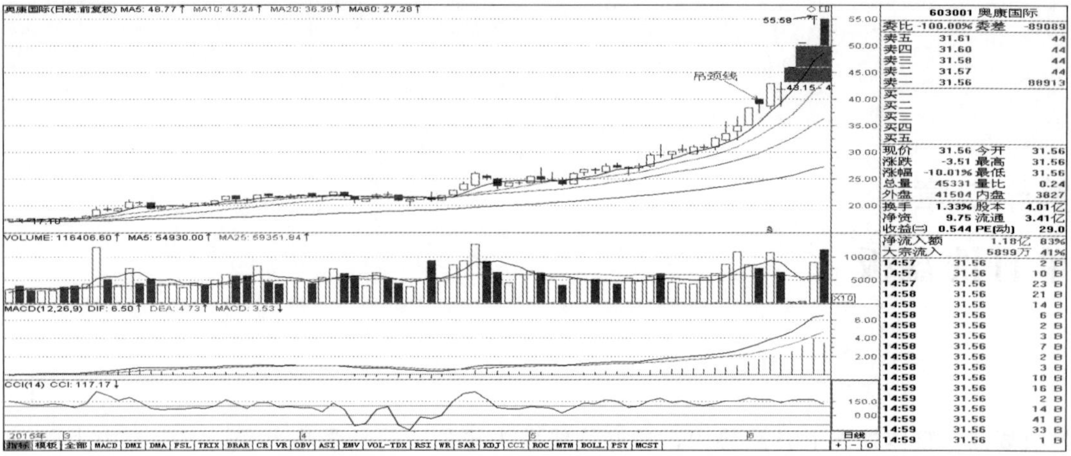

图 12-2　奥康国际

实例解析：该股整体为一个标准的上升趋势，均线呈多头排列，走势优美。箭头所示为市场所厌恶的吊颈线，且出现在涨停之后，通常要做短线卖出。这根吊颈线伴随的量比较小，不是主力出逃的特征，因此可以继续持股。次日低开高走，盘中走势强悍，基本可以判断为单日洗盘结束，可以追高进场。最后该股成功封板，结局完美如图 12-2 所示。

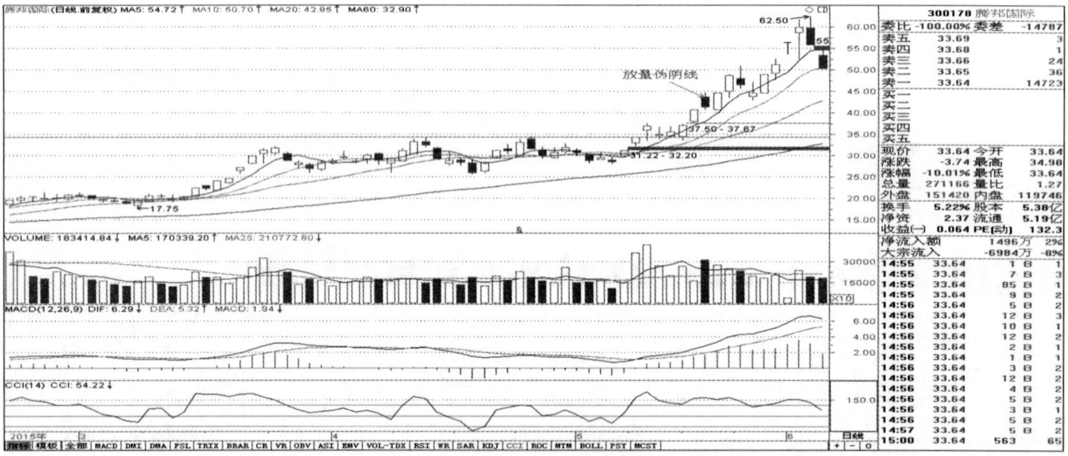

图 12-3　腾邦国际

实例解析：在图 12-3 中，箭头所示的伪阴线出现一个涨停之后，通常是短线乖离过大导致的修正走势，往往会回调。从整体看则还有潜力，因为该股刚突破一个大型的箱体，因此可以中线持股，也可以短线高抛。伪阴线后可密切关注后市走势，存在单日洗盘的可能性。次日低开高走，完成洗盘，投资者可以在盘中追高进场，当日成功封板。

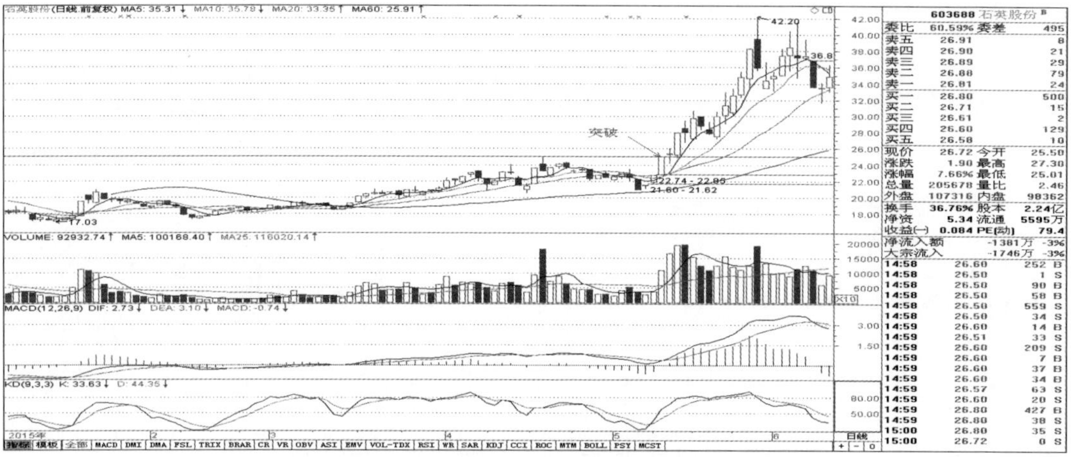

图 12－4　石英股份

实例解析：在图 12－4 中，箭头所示涨停突破前高，前高为巨量高点，突破意味着压力消解，自然可以跟进。即使强势突破，也不代表就一定继续大涨轧空。该股次日即调整，走出一根放量的十字星，有滞涨的表现。滞涨是下跌的前兆，不过该股刚突破，应该没有多大下跌的空间，可密切关注。次日再度强势启动，投资者可以在盘中根据分时走势跟进，当日成功封板。

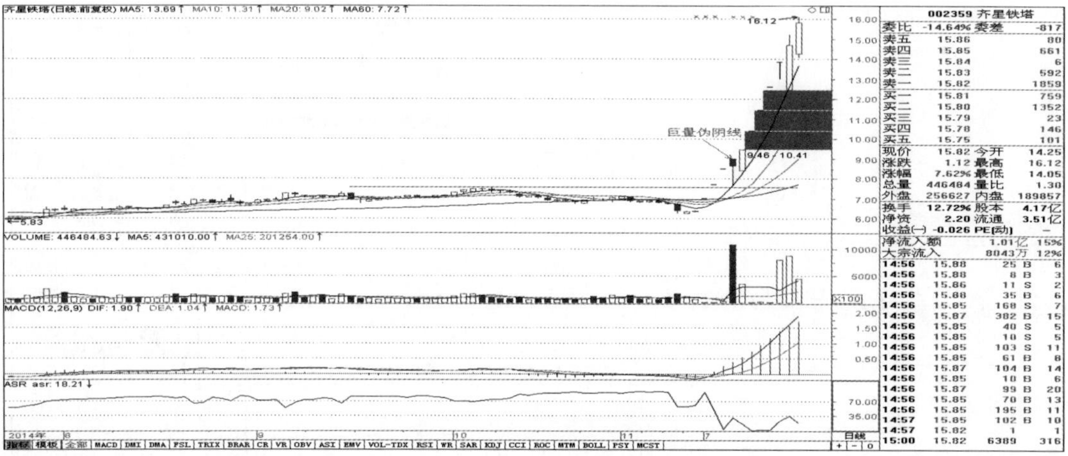

图 12－5　齐星铁塔

实例解析：在图 12－5 中，箭头所示为一根带巨量的伪阴线，由于前面连续三个一字板，巨量开板意味着有资金出逃。这根伪阴线还是有独特之处，即有很长的下影线，低点直接回踩到抵抗线，测试了一下支撑，也表现出多头的反击力度。长针探底通常可以试探性买入，但是否反转还需要看随后的走势。隔日低开高走，直奔涨停，短线投资者可以择机打板。

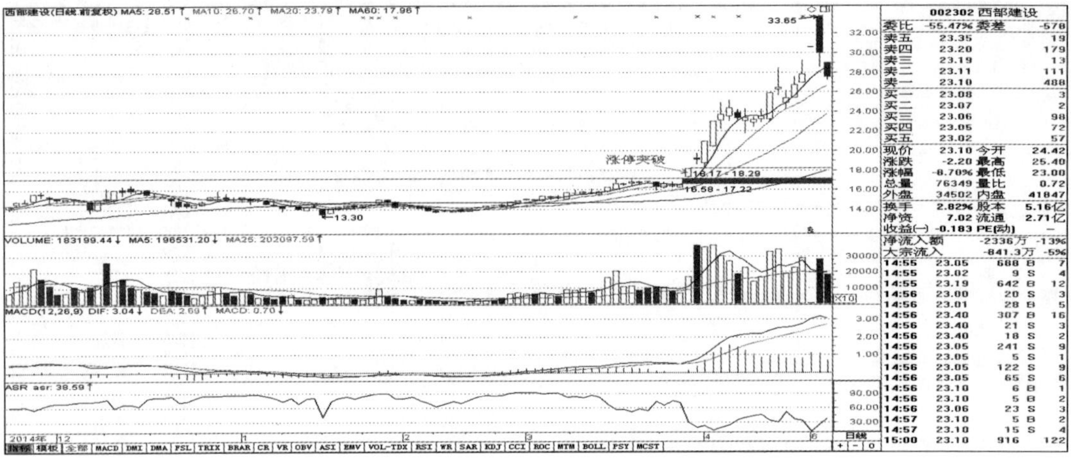

图 12－6　西部建设

实例解析：在图 12－6 中，箭头所示跳空涨停突破，彻底打开上升空间，可以追击进场。次日收出巨量的十字星，是一根伪阴线，滞涨的态势非常明显，意味着要调整。次日大幅低开，是预料之中的走势，需要修正乖离。出乎意料的是当日下探后强势反击，主力大举上攻，恢复了前日的强悍，也说明单日调整结束，是跟进的好时机，也可以在高位打板。

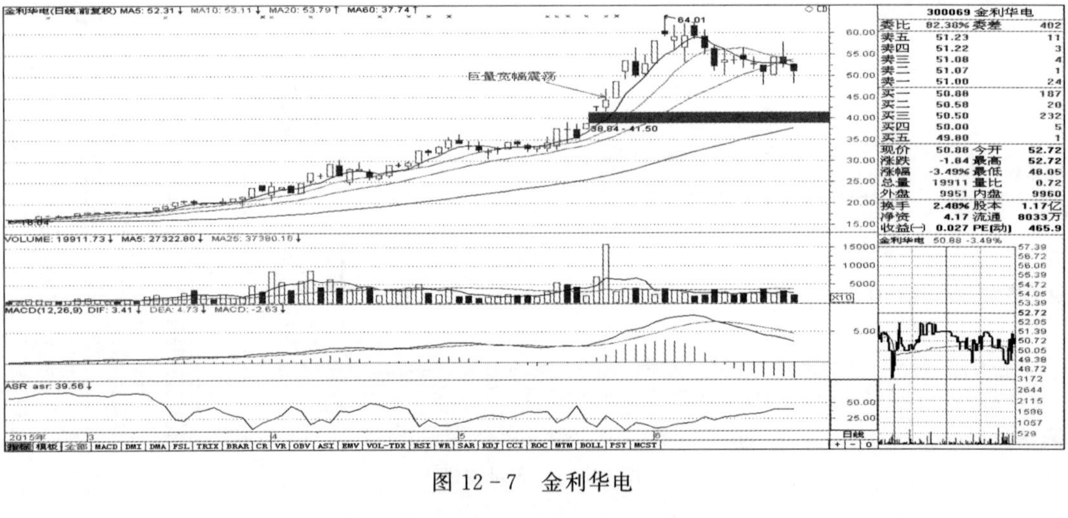

图 12－7　金利华电

实例解析：在图 12－7 中，箭头所示的长十字星出现在两连板之后，且伴随巨量，是显而易见的短线获利盘出逃，通常也需要跟随止盈。可是次日股价高开高走，继续封板，是不是判断完全错误？只能说巨量的十字星有两面性，买卖双方都很积极，因此后市走势非常关键。既然次日高举高打，那说明单日的洗盘已经完成，自然可以跟随。

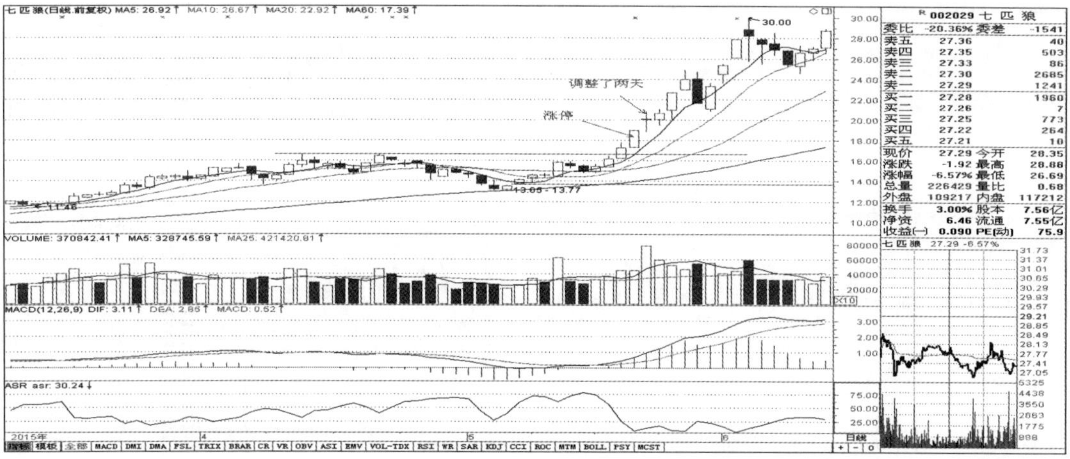

图 12－8 七匹狼

实例解析：在图 12－8 中，箭头所示加速上攻，收出涨停，次日冲高回落，收出十字星，同时爆量，有调整的需要。次日没有如期下跌，反而收出小阳线，属于异常走势，显露空头虚弱。接着强攻，再度涨停，投资者可以追高进场，甚至打板。滞涨后多调整了一天，性质是一样的，短时的强势调整，完成后恢复强势走势。关键还是要看主力在盘中有强势攻击的表现，才能完成快速洗盘后的二次强攻。

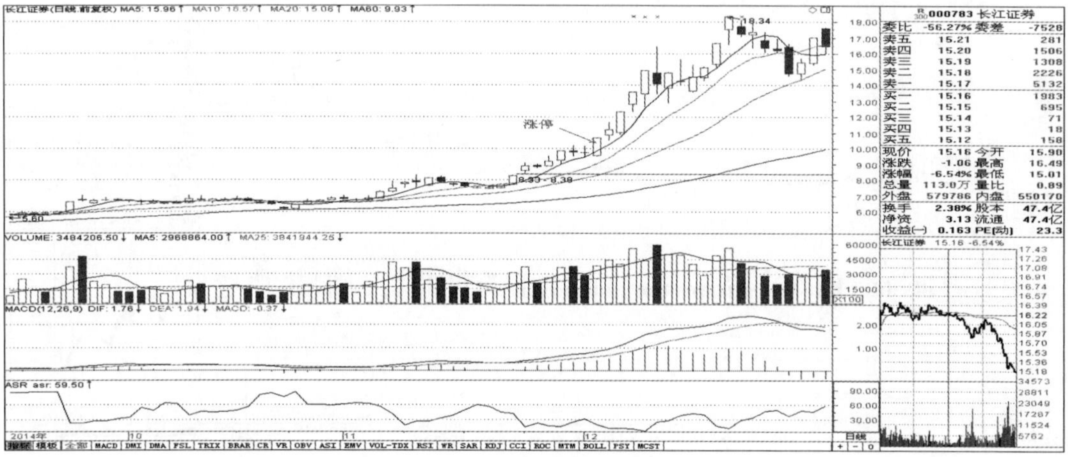

图 12－9 长江证券

实例解析：在图 12－9 中，箭头所示是一个短暂调整后的加速上升，当日封板。次日冲高回落，收十字星，量平稳，是正常的调整。这种十字星要不要短线止盈呢？一般来说量平稳的话可以持股，爆量则止盈。第三天股价低开高走，完成盘中的洗盘，也证实前日的十字星是单日的洗盘，将恢复强势走势，很可能再度封板，投资者可以积极跟进。

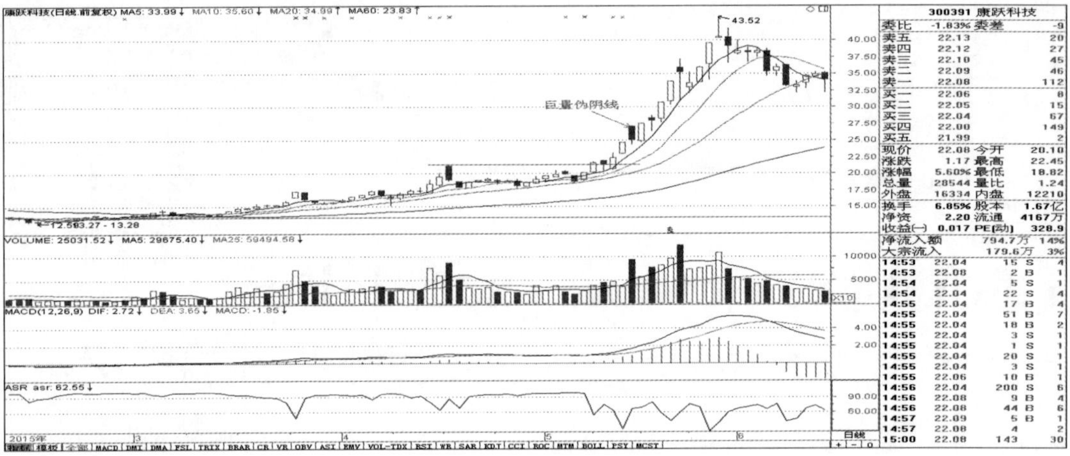

图 12 - 10　康跃科技

实例解析：在图 12 - 10 中，该股在突破后加速表现，一个涨停后走出箭头所示的高开低走长阴线，同时爆量，主力出逃的迹象很明显，通常会下跌修正走势。既然看跌就先止盈出局，再关注后市走势。次日低开，符合预期走势，但随后即高举高打，走势异常强悍，此时我们应该意识到前日为单日洗盘，至此洗盘已经结束，有望再度强攻，可以追高进场，也可以高位打板。

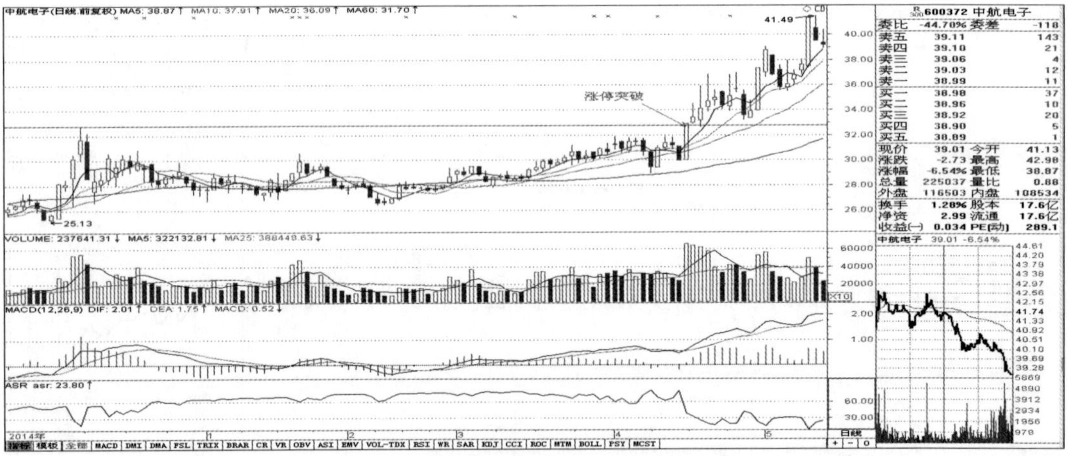

图 12 - 11　中航电子

实例解析：如图 12 - 11 所示，这是一个失败的案例，但不管如何都需要按规矩操作。箭头所示涨停大突破，多头强悍，上升空间打开，通常可以追高进场。次日冲高回落，也是正常的走势，关口调整是常见的走势，需关注后市如何进行。第三天继续冲高，走势恢复强势，理应跟进。只是最后冲高回落，变成一个夭折的强攻形态，那也只能接受事实了。

第十三章

收敛起跳板

打板要点： 整体处于上升趋势中，局部是震荡盘整走势。在震荡过程中，振幅逐渐缩小，面临方向的选择。在震荡收敛的末端，股价强势起跳，很可能涨停，可以择机跟进打板。震荡收敛是刻意的洗盘形态，主力强势控制股价，最后一定会强势爆发。

打板关键词： 震荡收敛　强势起跳

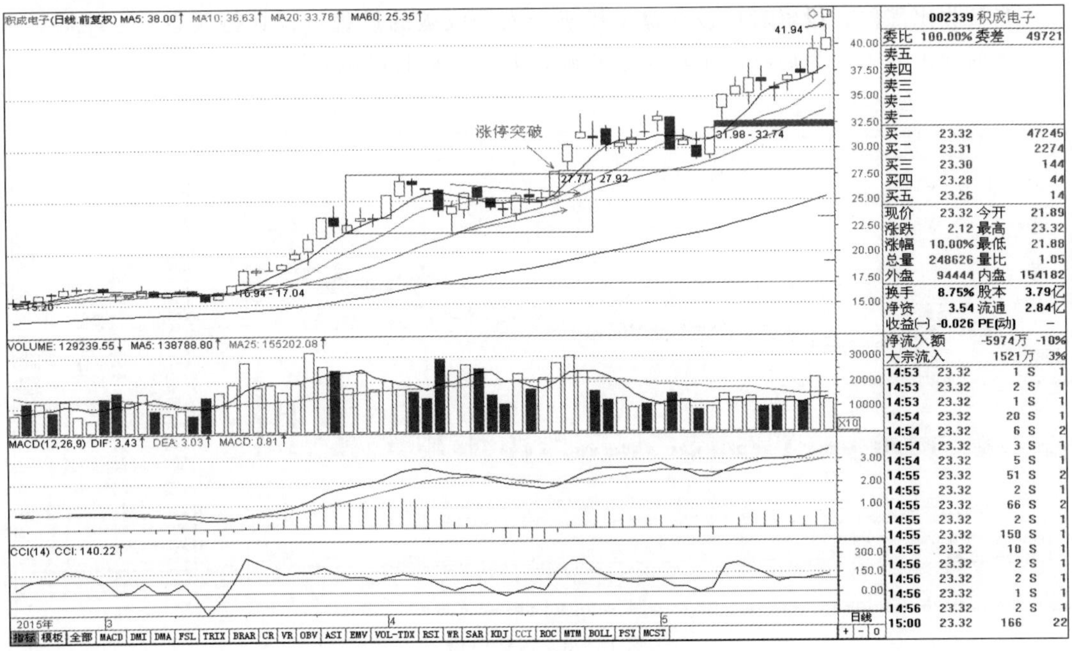

图 13-1　积成电子

实例解析： 在图 13-1 中，方框内的走势是上涨一段后的震荡回落，可以看出震荡的区间越来越小，最后临近爆发。震荡过程呈收缩状态，说明多空越来越接近一致，面临变盘。变盘的方向比较难确定，短线投资者干脆等市场自己决定。最后该股强势上攻，突破下降趋势线，投资者可以积极跟进，甚至可以择机打板。

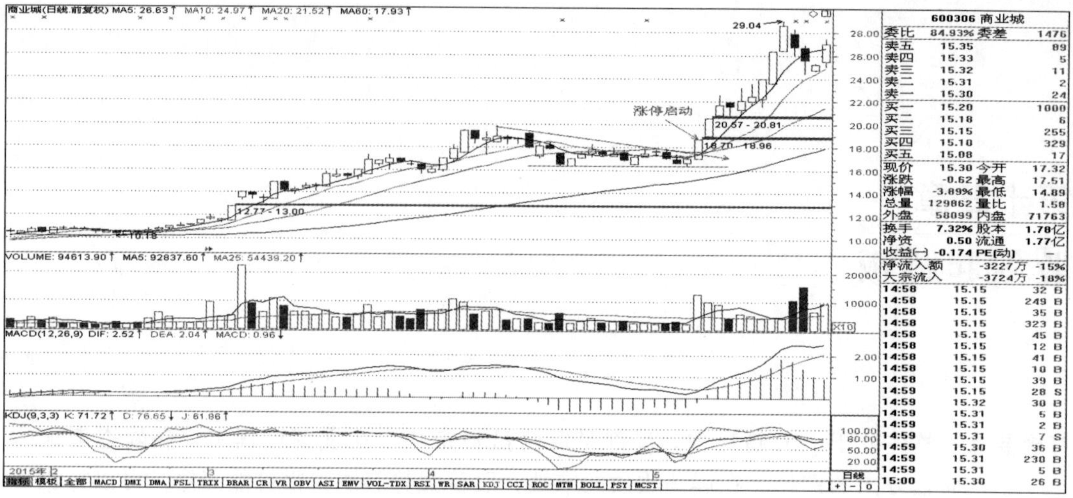

图 13-2　商业城

实例解析：在图 13-2 中，该股在一大段上涨后开始回调，但可以看出下跌的力度不强。随着时间的推移，该股震荡收敛，收缩的态势非常明确。最后该股向上起跳，当日收出涨停，投资者可以在盘中择机介入。收敛的过程可以让持股者失去耐心，逐渐交出筹码，为后续的上涨奠定基础，因此启动时可以果断介入。

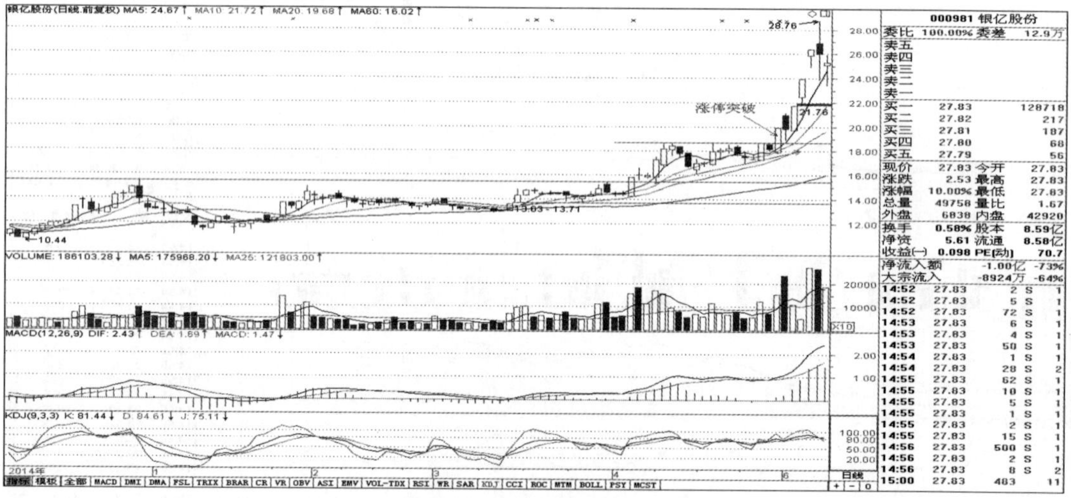

图 13-3　银亿股份

实例解析：在图 13-3 中，箭头所示的涨停之前的走势很有特点，相信可以轻易判断。这是一个典型的收敛形态，即震荡中收窄，最后一定会爆发。只是我们很难判断爆发的方向，需要临场判断。由于该股前期刚大突破，目标涨幅未完成，这个收敛形态向上爆发的可能性大。

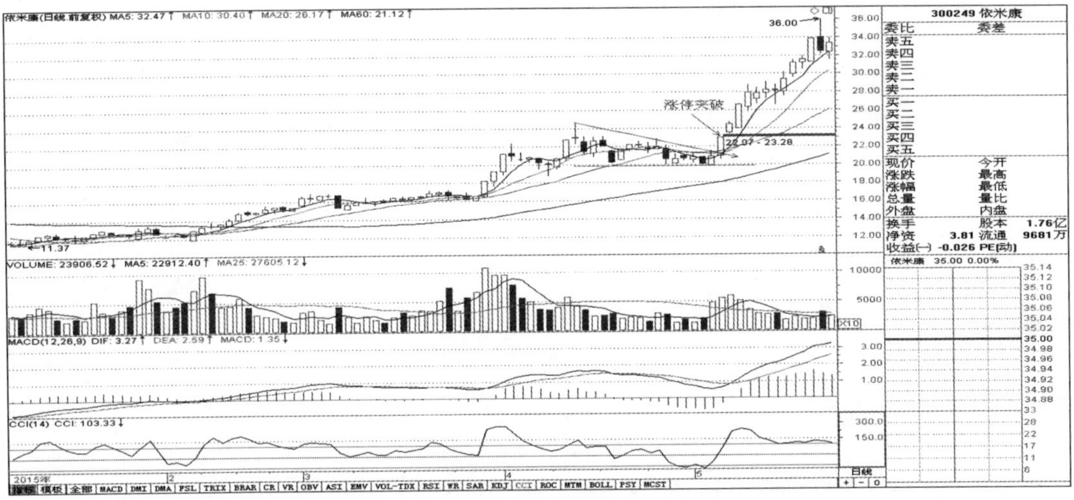

图 13-4 依米康

实例解析：在图 13-4 中，该股在一个假突破后震荡回落，进入下降通道。这个下降通道是一个减速的通道，整体呈一个震荡收敛状态，在末尾成了一个小平台。最后该股强势上攻，突破下降趋势线，是跟进的好时机。当日盘中多头攻势强烈，有望封板，可以跟进打板。

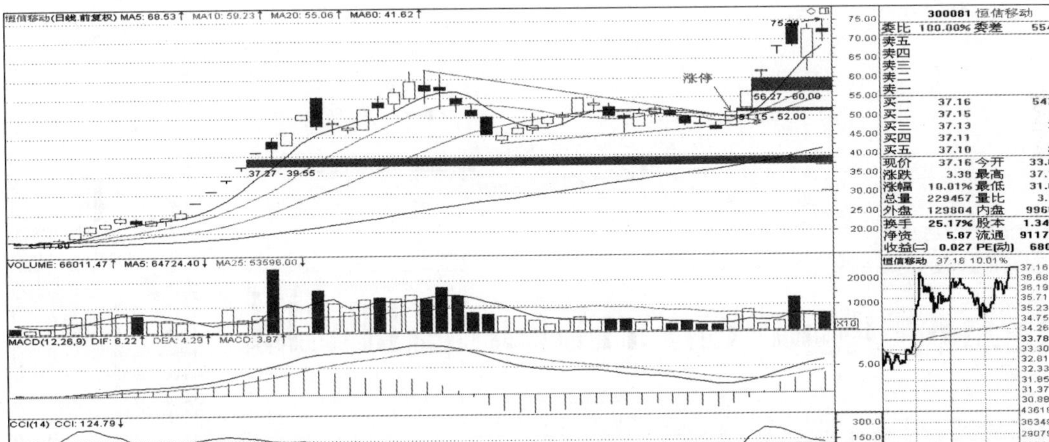

图 13-5 恒信移动

实例解析：在图 13-5 中，该股在大幅上涨后逐渐回落，但回落的幅度不大，在相对高位震荡，震荡的区间越来越小。从整体看，这是一个明显的收敛走势，但最后的选择方向则难以预测。这种收敛后的方向选择很难预测，只能等盘中选择。最后该股强势上攻，涨停起跳，是打板的良机。

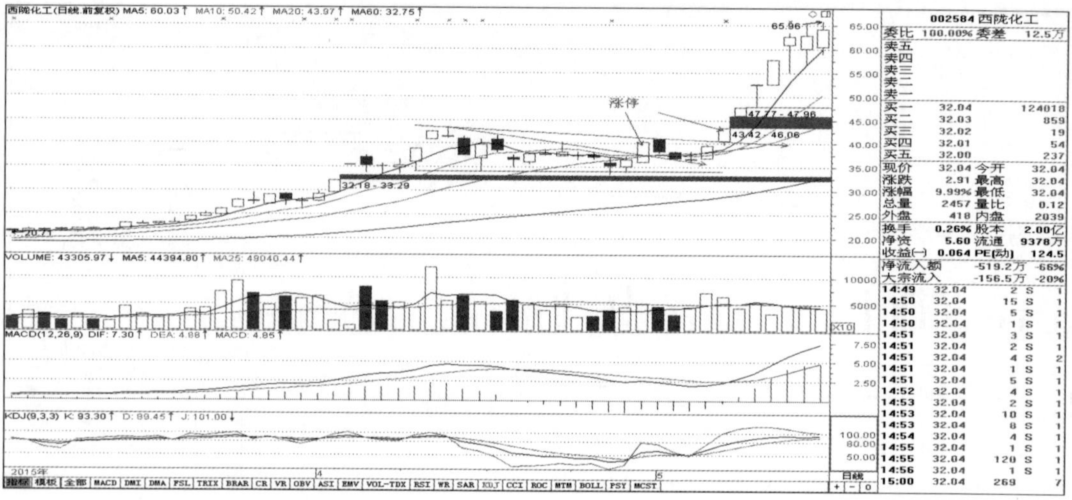

图 13-6　西陇化工

实例解析：在图 13-6 中，箭头所示第一个涨停出现在一个收敛形态的末端，是一个追击的好时机。在收敛的过程中成交量急剧萎缩，是典型的洗盘特征。不过这个涨停突破并没有带来持续轧空，反而再度回落。经过短暂的调整后该股才进入强轧空之中，形成了第二次跟进机会。

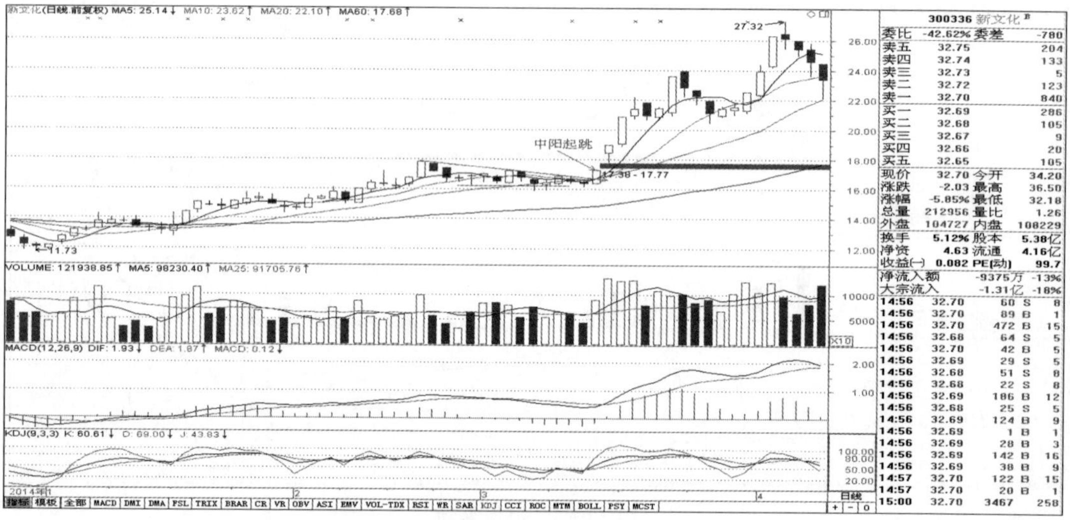

图 13-7　新文化

实例解析：在图 13-7 中，该股在上涨一段后震荡回落，但回落的幅度非常有限。在震荡的过程中，振幅逐渐收窄，可以看出一个明显的收敛形态。最后该股起跳，当日收出中阳线，突破收敛形态。次日该股继续跳空上涨，当日涨停，投资者可以打板跟进。

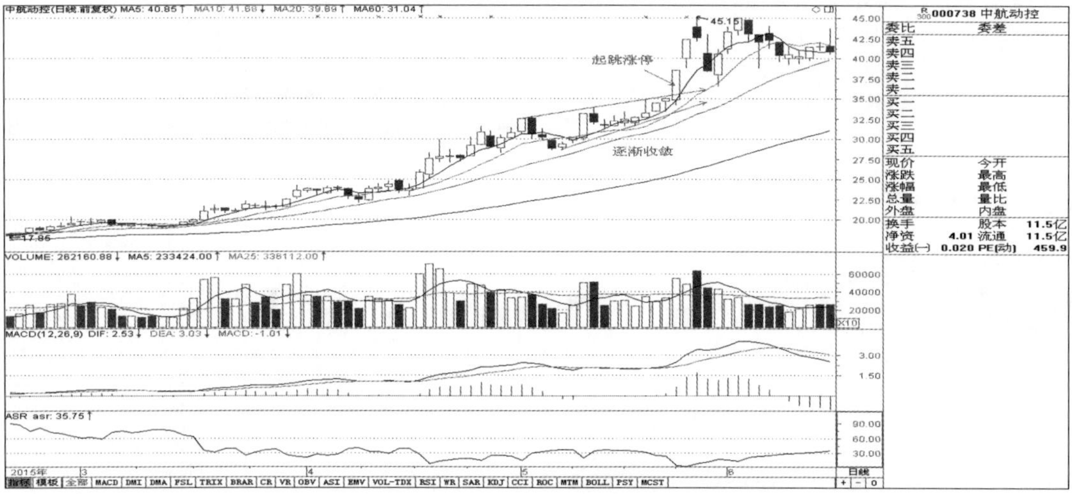

图 13-8 中航动控

实例解析：在图 13-8 中，该股整体走势是一个明确的上升趋势，中线可以持股。图示的走势比较异常，是一个朝上的收敛形态，即振幅越来越小，重心还是上移。不管如何收敛，最后还是要选择方向。该股最后向上突破，盘中走势强悍，可以追击打板。

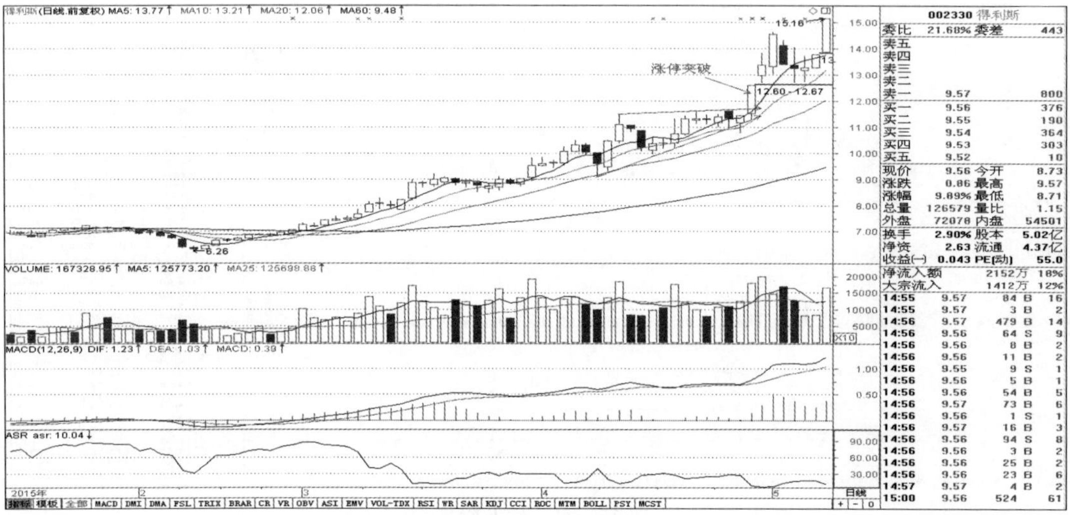

图 13-9 得利斯

实例解析：在图 13-9 中，该股在两日大涨后陷入震荡，可以看出震荡的区间明显缩小，最后变成一个小平台。一个股票不可能长久地维持在一个极小的空间运行，最后会选择方向。由于该股前期没有大涨过，走势较为平稳，应该有一个最后的冲刺加速。该股此后如期强势上攻，盘中可以择机跟进，甚至打板。

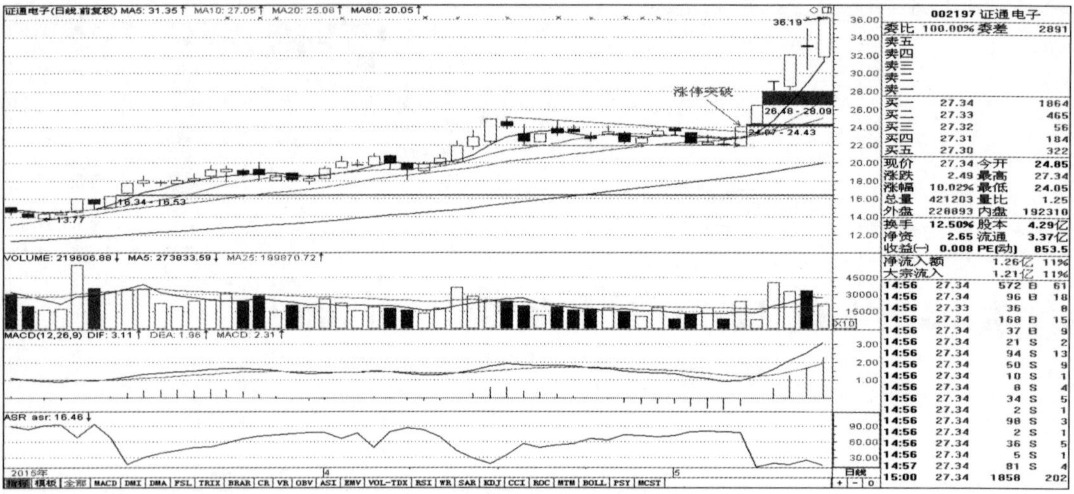

图 13－10　证通电子

实例解析：在图 13－10 中，该股在上升一段后震荡回落，是一个典型的下降通道。在震荡下降的过程中，该股振幅有缩小的趋势，即呈收敛状态。收敛到末端，多空平衡，最终将选择方向。该股最后是强势上攻，盘中已经明确突破下降趋势线，可积极跟进，也可以追高打板。

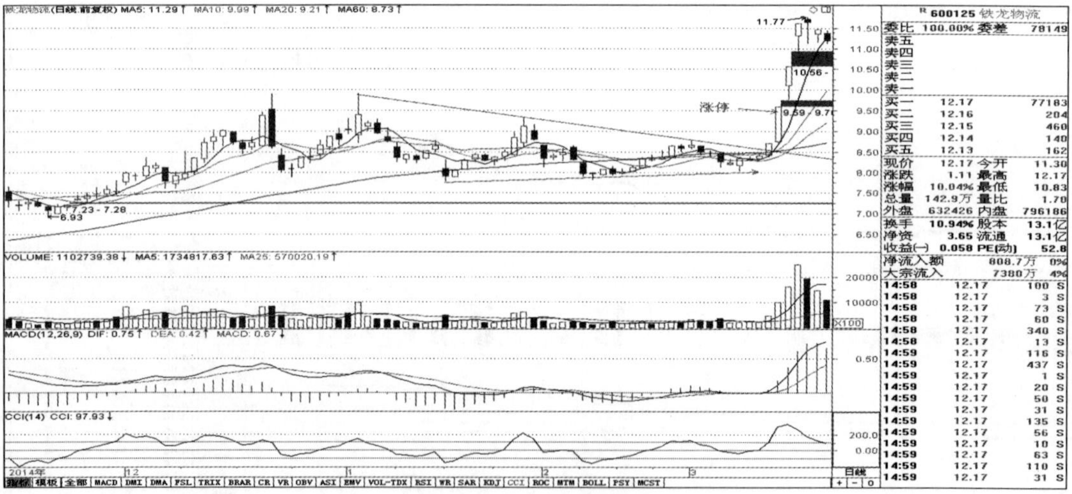

图 13－11　铁龙物流

实例解析：在图 13－11 中，该股整体呈一个宽幅震荡的走势，但有收敛的趋势。最后该股向上突破，当日收中阳线，可以择机买入。次日跳空上行，有加速的趋势，可以继续跟进，甚至可以追击打板。这个板追击的安全性还是非常高的，源于前面的长期震荡蓄势。

第十四章

试盘板

打板要点：股价运行到前期高点下方，是突破还是二次见顶很难判断。某日强势上攻，但结果收低，走出一根长上影线，有二次见顶的特征。这个位置的上影线也有试盘的可能，是不是试盘就看后市能就地止跌，然后再强势上攻。假如后市很快加速上攻，则可以确认是主力试盘，当日也可能封板，可以追击打板。试盘的上影线的存在证实了主力的存在，后面打板则更有谱。

打板关键词：长上影线　股价不跌　强势上攻

图 14 - 1　电科院

实例解析：在图 14 - 1 中，箭头所示的上影线是一个攻击失败的走势，空头强势反击的态势很明显，一般需回避。不过在关口的上影线还有一个作用，就是试盘，当然是不是试盘还要观察。次日该股跳空上行，即可判断前日上影线为洗盘，可追击进场。最后该股涨停收盘，创出新高，强势洗盘完成，是短线买入的好时机。

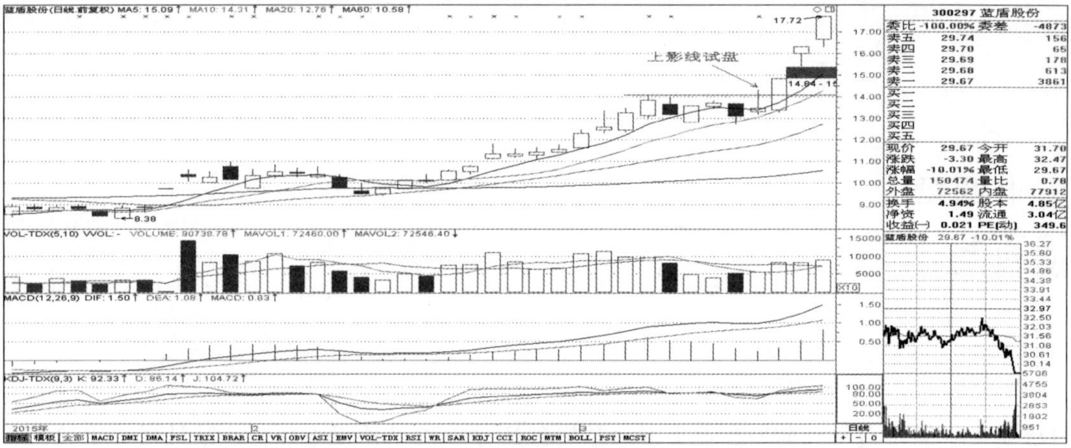

图 14-2　蓝盾股份

实例解析：在图 14-2 中，该股在一段较为强势的持续轧空后调整，调整的方式为盘整。盘整代替下跌，是强势股的特征。箭头所示上影线为假突破，多认为是攻击失败的表现，但也可能是试盘。次日股价低开高走，盘中走势强悍，基本可以确认前日为试盘，那就可以果断介入。收盘涨停那是最佳结果，不涨停也可以接受，关键是验证了前日为主力试盘。

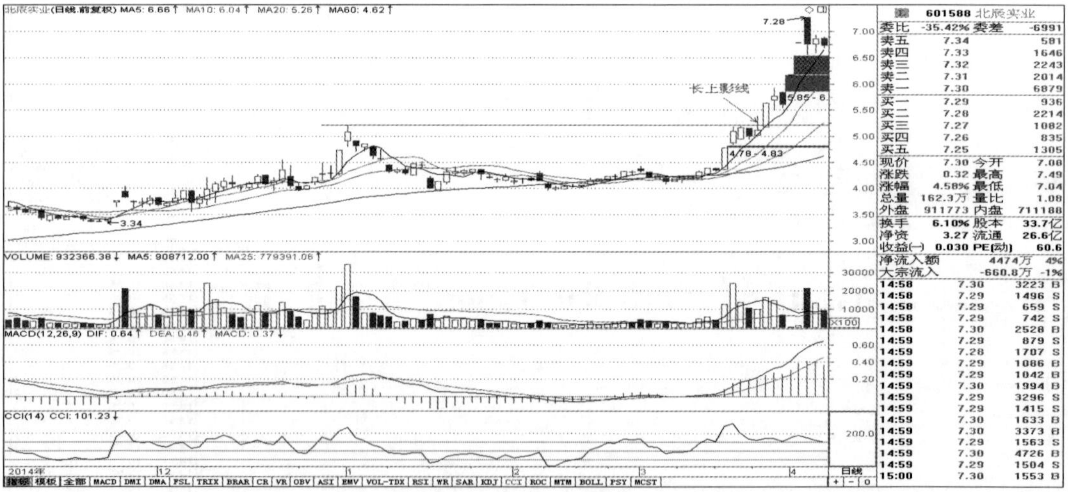

图 14-3　北辰实业

实例解析：在图 14-3 中，箭头所示的长上影线属于挑战前高失败，通常会再度下跌，需回避。不过还有一种可能，那就是试盘，可以继续关注。该股次日跳空上涨，当日封板，可以证实前面的上影线是试盘，可以果断跟进。后市该股持续上升，体现了主力的强悍，也反映了试盘的价值。

图 14－4　天润曲轴

实例解析： 在图 14－4 中，箭头所示的长上影线出现在相对高位，挑战前高失败，是个危险的信号。这根上影线没有爆量，因此主力出逃的可能性比较小，也就存在试盘的可能性。分时图上显示当日的走势有试盘的特征，可以密切关注。该股此后小幅下跌，然后加速上升，投资者可以择机跟进。

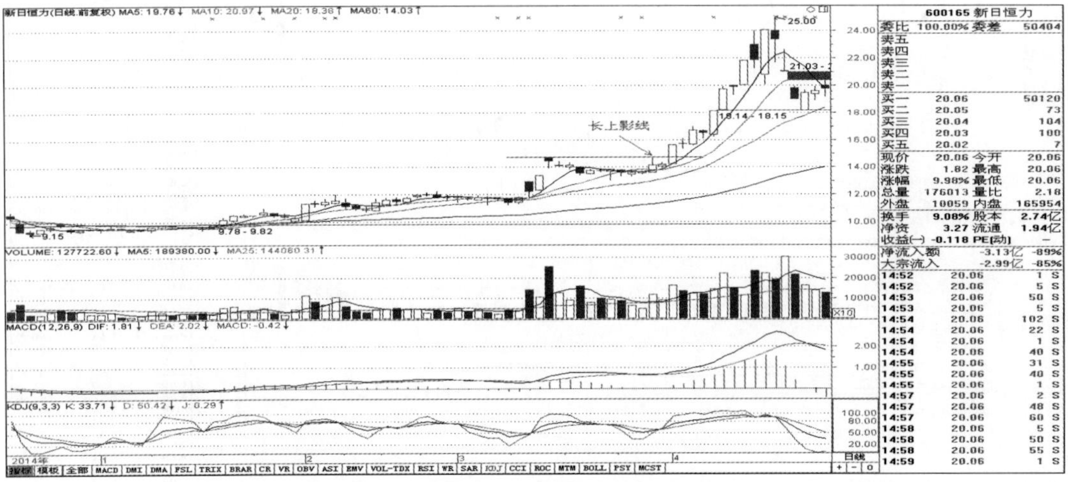

图 14－5　新日恒力

实例解析： 在图 14－5 中，箭头所示的长上影线出现在一个超扁平的箱体内，直接挑战前高。挑战失败看似诱多的走势，通常都看跌。这种走势还有一种更大的可能性，那就是试盘。是不是试盘就看后市的走势，该股此后调整一天即强势上攻，投资者可以跟进打板。

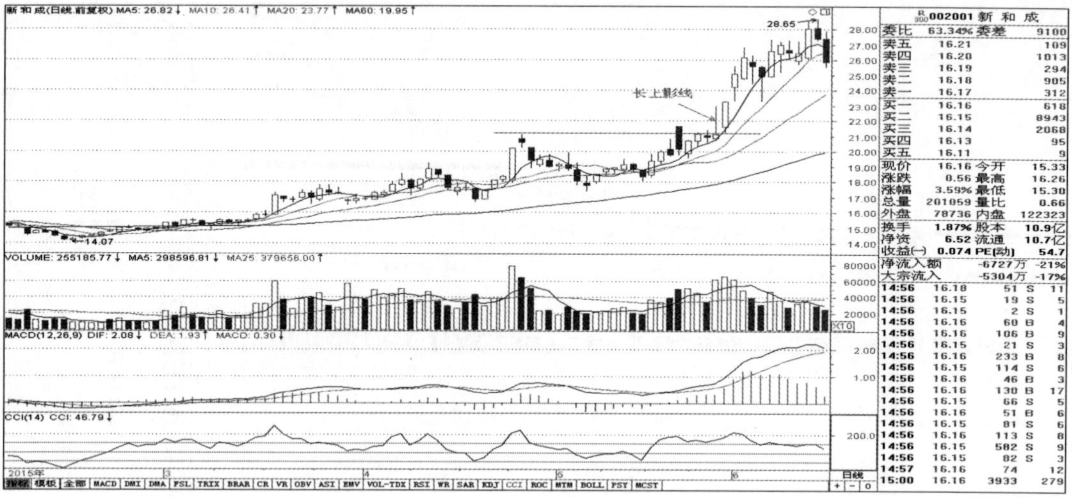

图 14-6　新和成

实例解析：在图 14-6 中，箭头所示为一根超长的上影线，攻击前高再度失败，通常是卖出信号。这种关键位置确实有再度见顶的可能，但也不排除是试盘。是不是试盘关键看此后几日的走势。该股次日即跳空大涨，立刻可以验证前日为试盘。跳空高开高走，走势强悍，封板的可能性大，可以择机追击涨停板。

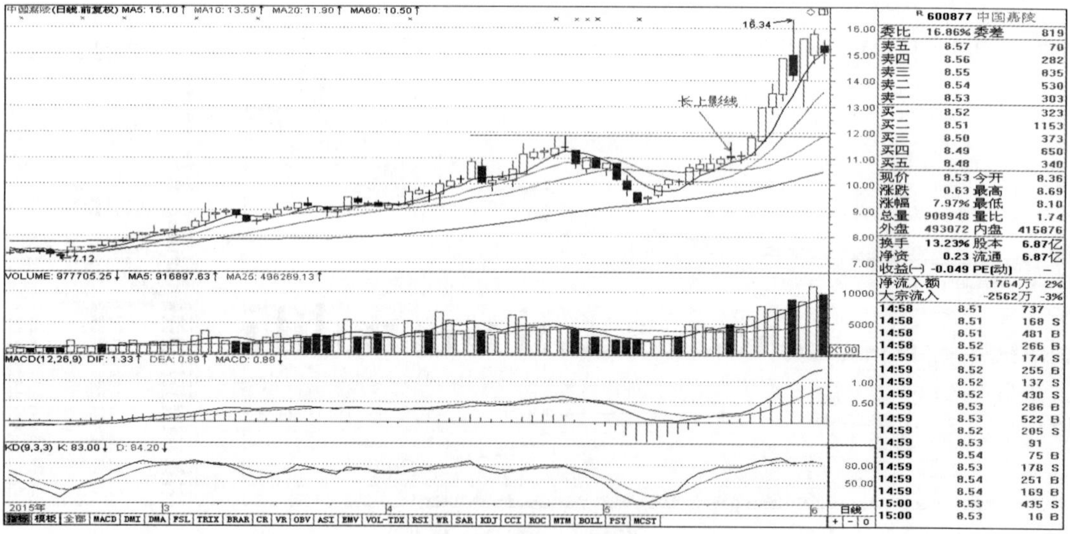

图 14-7　中国嘉陵

实例解析：在图 14-7 中，箭头所示上影线意图调整前高，但无功而返，让人失望。这种长上影线一般被认为诱多，但也不排除是试盘。次日该股没有下跌，就地盘整，属于该跌不跌的走势，可密切关注。然后股价上攻，且加速，可以随时跟进打板。

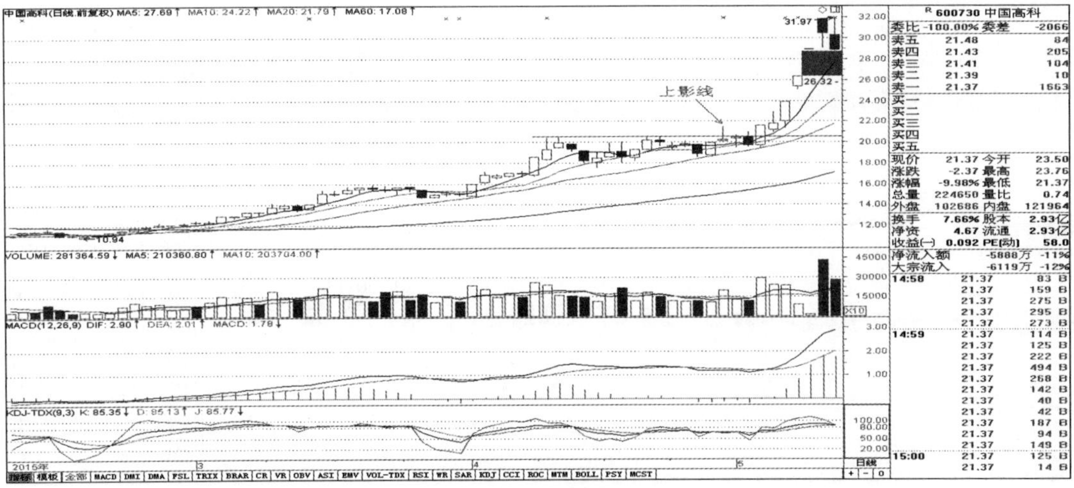

图 14-8 中国高科

实例解析：在图 14-8 中，箭头所示当日盘中突破箱体上边，但结果又掉回去了，形成一个假突破。假突破通常会往下运行，因此是卖出信号。不过上影线有试盘的可能，可以观察一下。此后该股就地盘整，没有继续下跌，最后再度启动上涨，可以盘中跟进。上影线不跌可以确认为试盘或者洗盘，只等再度启动的信号即可跟进。

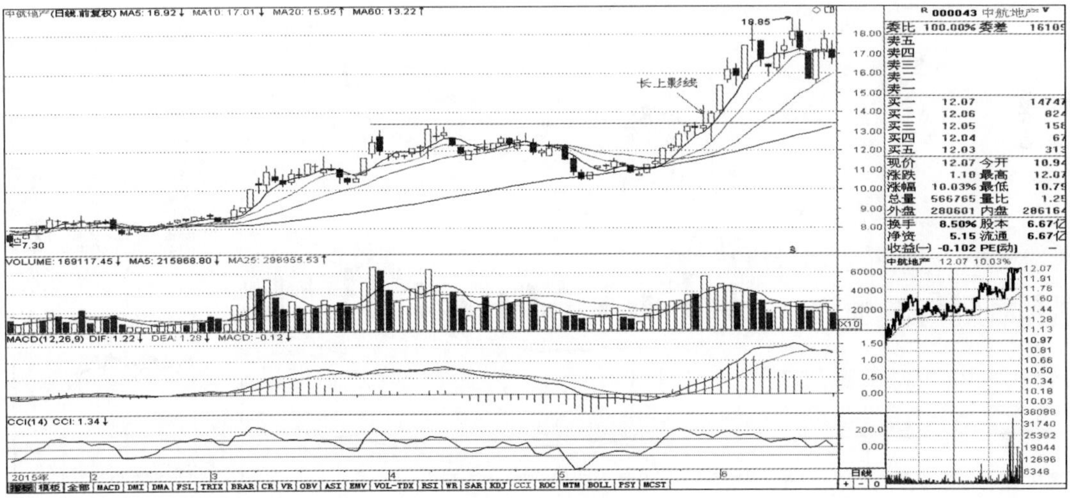

图 14-9 中航地产

实例解析：在图 14-9 中，该股深度下跌，股价回踩 60 日线后回升，但遭遇前高的压制。箭头所示的上影线是一个突破失败的走势，通常会下跌，需止盈。可次日并没有真正下跌，而是下探回升，走出小阳线，让人怀疑前日上影线为试盘。是不是试盘还需创出新高，而隔日的走势恰好印证了这一点，盘中可追击打板。

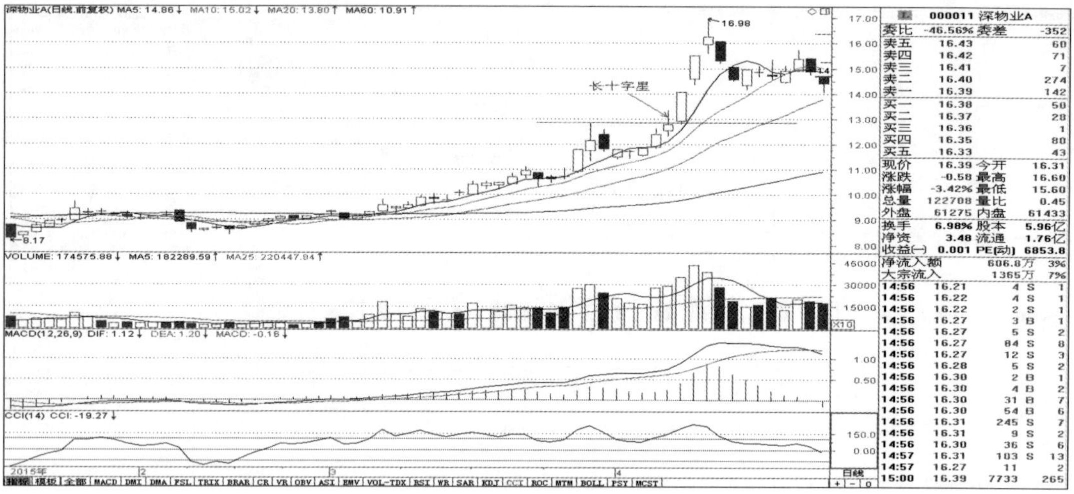

图 14－10　深物业 A

实例解析：在图 14－10 中，箭头所示的长上影线出现在前高位置，是一个突破失败的走势，往往是主力出逃。当日成交量平稳，未见主力大幅出逃，因此存在试盘的可能性，可关注。第二天高开高走，主力强攻，可以追击打板。打板的底气来自前日的上影线，至此验证了是主力试盘的意图。

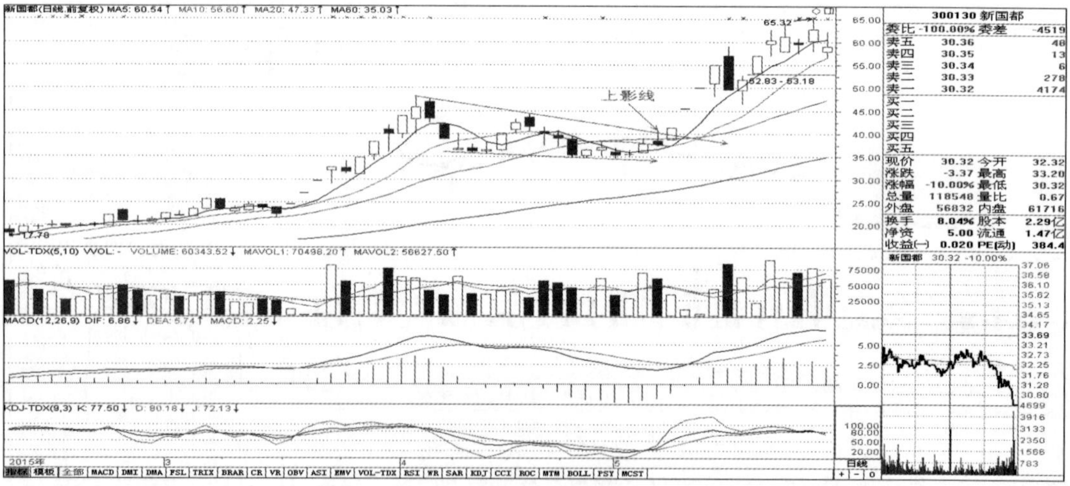

图 14－11　新国都

实例解析：在图 14－11 中，箭头所示上影线出现在一个楔形的整理形态之中，可以看作是突破失败。突破失败往往继续整理，但也不排除是试盘，可以跟踪观察。次日该股高开高走，走势强悍，可以追高买入，很可能涨停。追高的理由来自前日的试盘，证实了有主力做盘，随时有可能爆发。

图 14 - 12 上海普天

实例解析： 在图 14 - 12 中，箭头所示涨停突破前高，是跟进的好时机。这个追击涨停的理由不仅仅是突破的价值，也在于前面的一根较长上影线十字星。这根上影线表面看是一个假突破，但也有试盘的价值。是不是试盘要看后市走势，假如不跌则意味着很快要突破。同时试盘也说明有主力运作，因此往往会有超强的表现。

第十五章

关前不跌板

打板要点：股价运行到典型的高点前，承受压力是显而易见的，一般不能轻易进场。此时要么突破，要么二次见顶，面临方向选择。假如股价到前高附近的时候能够抵抗住压力，保持不跌的态势，则很可能突破，且可能以涨停板的方式突破。能不能用涨停板的方式当然还要看分时的表现，因此可以在盘中根据走势强度进场。

止损要点：启动当日跟进，但未必能封板，甚至是假启动，那只能采取就地止损，即以启动当日的最低价作为止损价。

打板关键词：压力关口　抗跌　强势攻击

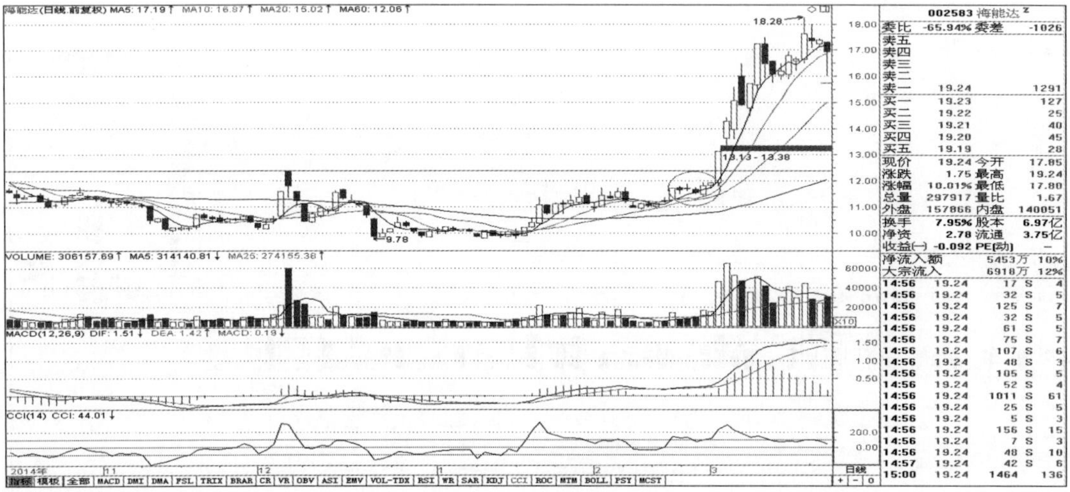

图 15－1　海能达

实例解析：在图 15－1 中，圆圈内的股价走势踌躇不前，看似多头疲软。这个位置处于多重压力之下，尤其是左侧前巨量高点，压力不小，攻不上去是可以理解的。不过既然压力这么大，股价应该下跌才对，不跌是不是意味着多头并不怯阵？重要的压力关口股价不下跌，确实是多头强势的特征，可以关注突破的到来。最后该股如期上攻，投资者可以在盘中积极参与，当日成功封板。

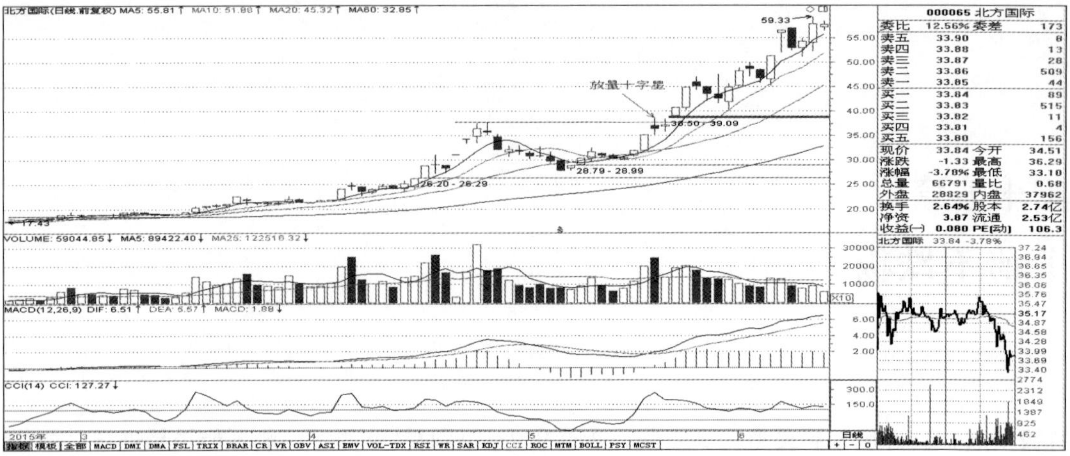

图 15-2　北方国际

实例解析：在图 15-2 中，箭头所示的十字星处于前高位置，收盘价没突破，即突破失败，且放量，主力有出逃的表现，一般短线要止盈，后市可能调整。可是该股此后并没有下跌，次日收出短十字星，抗跌态势明显，是该跌不跌的表现。第三天大幅跳空高开，此时基本可以判断该股调整结束，可追击打板。在关口重压之下不跌，往往是强势突破的前兆，可以密切关注，注意随时跟进。

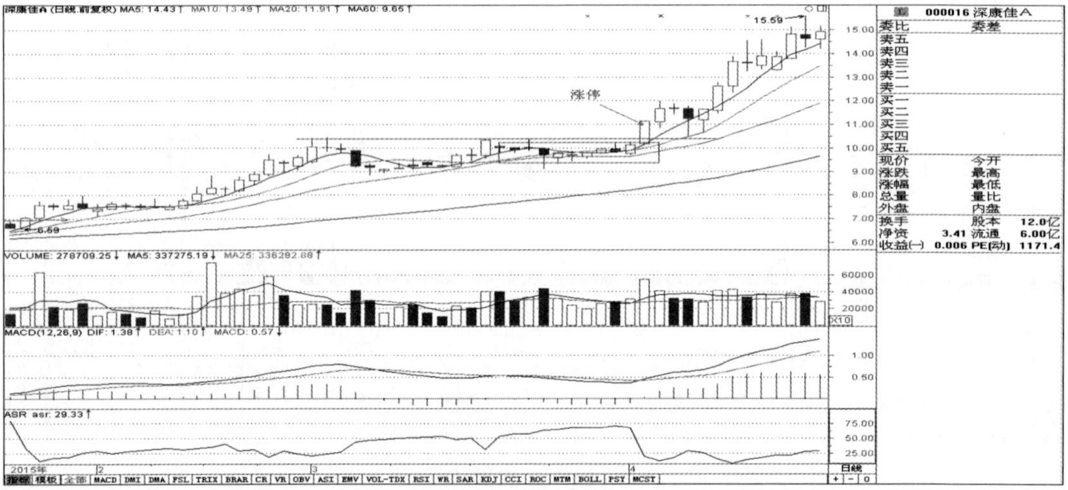

图 15-3　深康佳

实例解析：在图 15-3 中，箭头所示涨停可以追击，源于前期的走势，比较有特色。前期受制于高点的压制，看似多头无力，但股价顶着压力不跌也显出多头强势。在前高下窄幅盘整，蓄势态势明显，只等向上突破的时机。某日跳空上行，启动态势明确，盘中可以追高进场，能不能涨停并不重要。

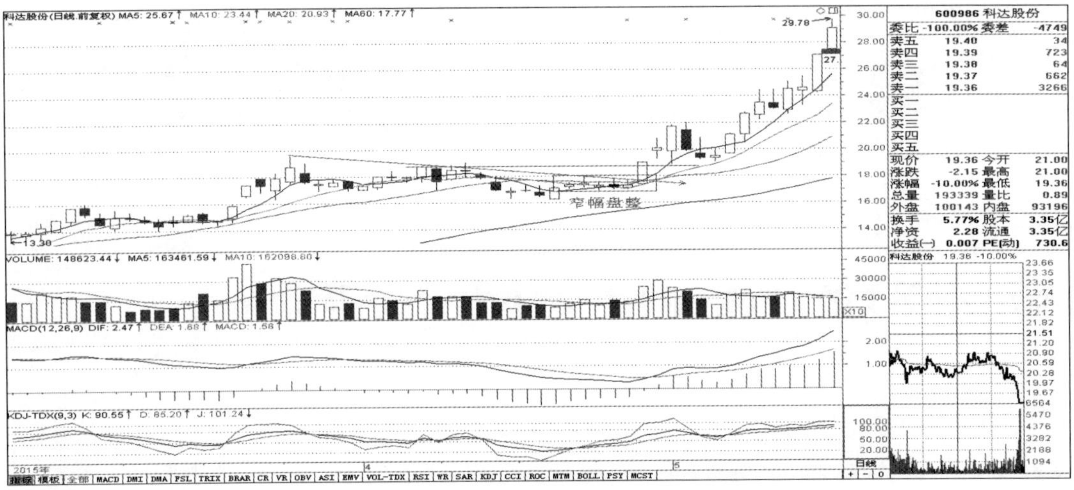

图 15-4 科达股份

实例解析：在图 15-4 中，该股前期一波强势上涨，然后进行了两波的回调，最后回升。回升不是一帆风顺，在前高和下降趋势线之下有一个窄幅的盘整。前高下不涨，通常是弱势的表现，但也没跌下去，说明并不恐高。最后该股强势起跳，盘中可择机跟进，甚至打板，当日如愿涨停。

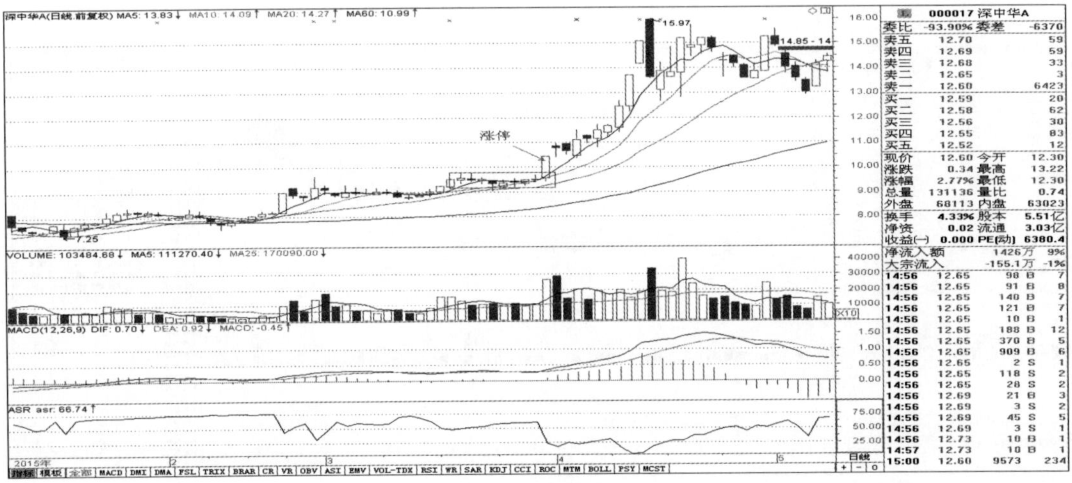

图 15-5 深中华 A

实例解析：在图 15-5 中，方框内的走势非常独特，都是极短线，且整体呈平行走势，不涨不跌。这种独特的走势显然是高度控盘的走势，有别于大盘和一般的股票。而这个盘整出现在压力关口，显示多头并不真正疲软，要卖的应该可以从容出局。既然不跌，那就有可能会突破，可以关注。最后如愿强势启动，投资者可以追击打板。

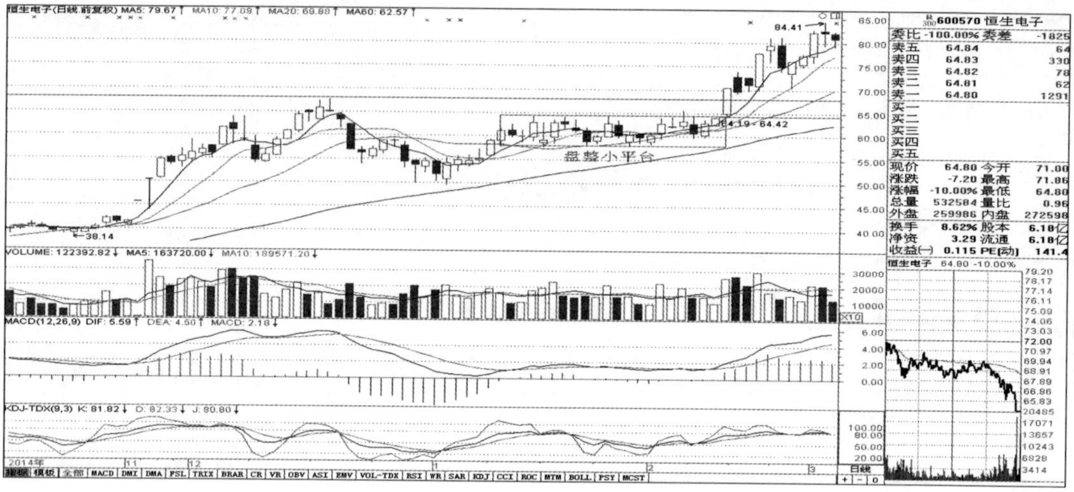

图 15 - 6　恒生电子

实例解析：在图 15 - 6 中，该股一段大幅回调后又回到前高之下，但并没有突破，而是盘整。股价涨不上去，通常都认为多头无力，但实际未必如此，也有可能是蓄势。是否蓄势等最后的方向选择，该股最后是跳空上涨，突破盘整区和前高，趋势明朗，是跟进的良机。跳空上涨是强势的特征，很有可能当日封板，因此可以追高进场。

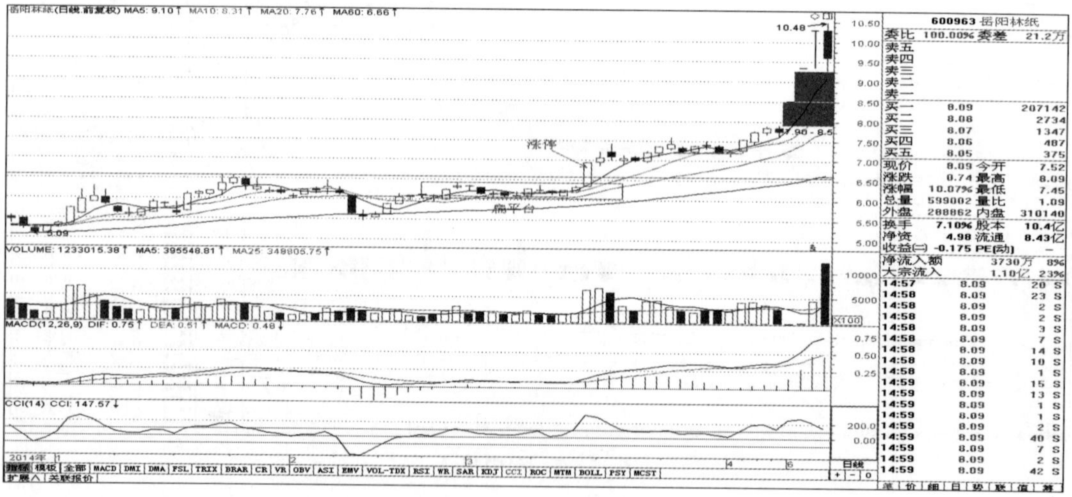

图 15 - 7　岳阳林纸

实例解析：在图 15 - 7 中，该股在一段下跌后回踩 60 日线后止跌，然后回升，但上涨无力，看似前高压力较大。既然承压，股价往往会下跌，可该股并没有大幅回落，基本是盘整。能在压力下不跌，显示多头实力不弱，有望强势突破。此后该股强势启动，在盘中可以择机追击，最后涨停收盘，结果甚好。

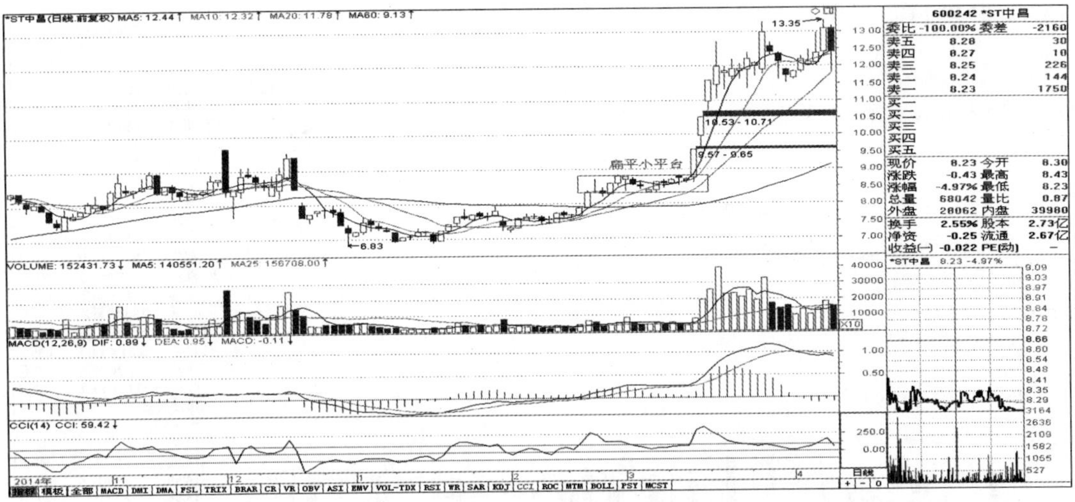

图 15 - 8　中昌海运

实例解析： 在图 15 - 8 中，该股前期有一个大幅下跌，止跌后回升，回升力度不强，可谓有气无力。特别是越靠近前高，上升越艰难，多头疲软一览无遗。可是该股也没有再度下跌，基本是盘整的格局，足见多头并不是真的虚弱。最后该股向上强攻，盘中可以择机打板跟进。

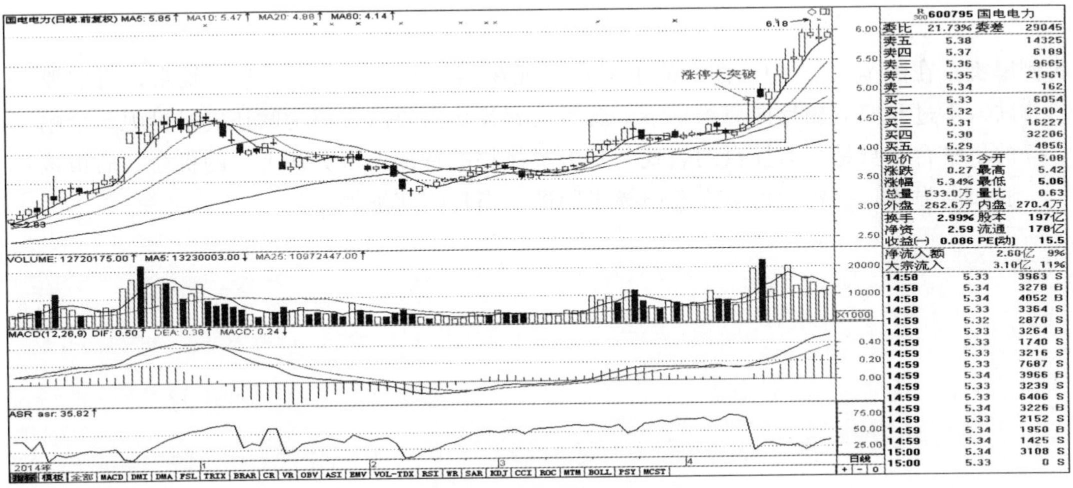

图 15 - 9　国电电力

实例解析： 在图 15 - 9 中，箭头所示的涨停是典型的大突破，可适当追击。前期该股是一个放量拉高，后面地量回落，然后缩量反弹。反弹走势力度不够，陷入盘整之中，看似受制于前高的压力。不过在前高的重压下，股价虽然不涨，但不跌则表明多头并不弱。经过较长时间的蓄势，最后向上攻击，一举拿下前高，也是水到渠成。

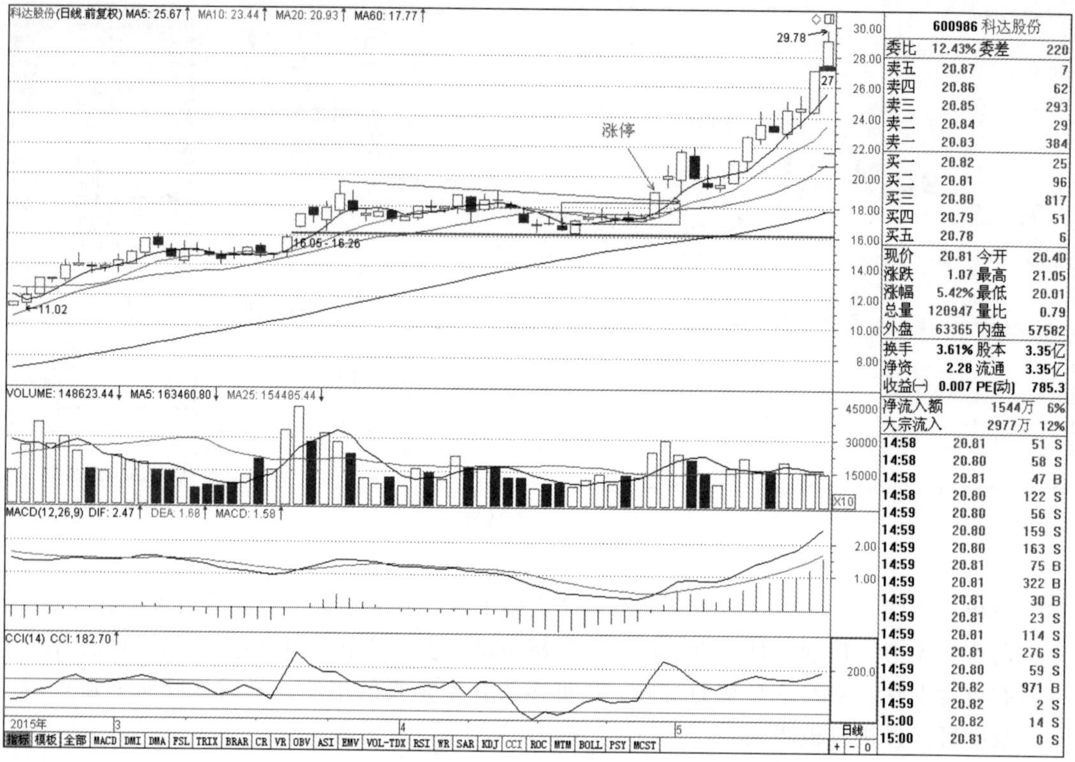

图 15-10　科达股份

实例解析：在图 15-10 中，图示的小平台出现在层层的压力之下，举步维艰，看似要跌。不过我们需要反向思维一下，既然大家都认为要跌，但为啥还能坚挺呢？窄幅的小平台本身是主力控盘的表现，是多头优势的特征，可关注上攻的机会。后市该股如期强攻，投资者可以在盘中择机跟进，当日收获涨停。

第十六章

被动调整板

打板要点：整体走势处于上升趋势中，还有上升空间。短线加速冲高后滞涨，通常会调整，此时可密切关注调整的方式，以鉴别多空的强度。假如股价就地止跌盘整，等待 5 日线上行，即被动调整，是空头虚弱的表现，后市往往还有强势的上升。被动调整完毕后股价强势上攻，有望封板，投资者可以择机打板。此打板模式的基础至于该跌不跌显示的空头弱势，给了多头强攻的底气。

打板关键词：就地盘整　该跌不跌　二次上攻

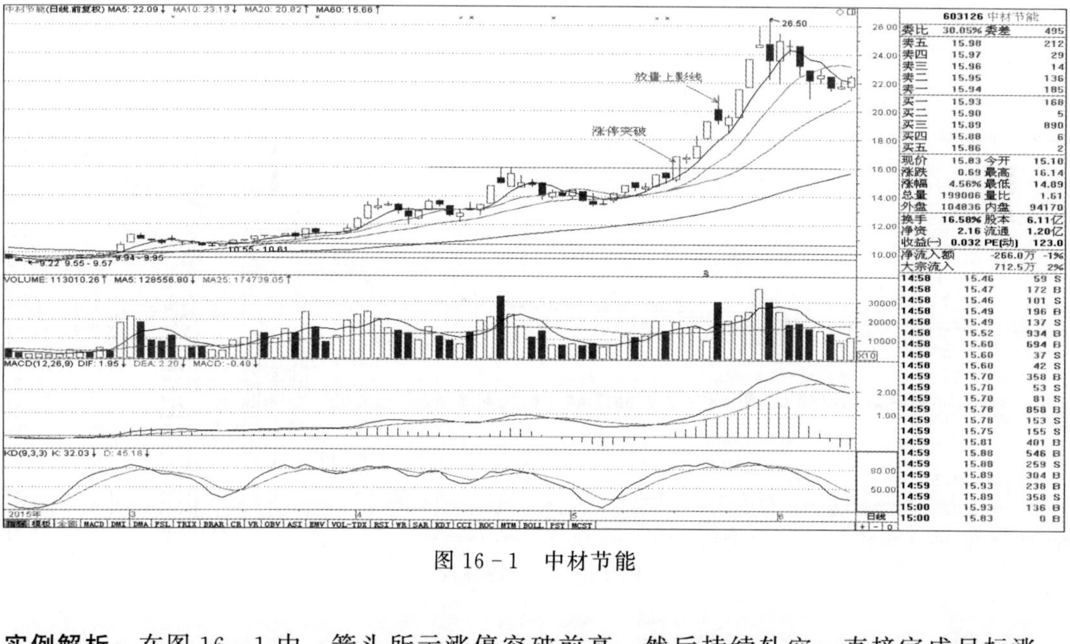

图 16－1　中材节能

实例解析：在图 16－1 中，箭头所示涨停突破前高，然后持续轧空，直接完成目标涨幅。在一根放量上影线后该股开始调整，是理所当然的获利盘回吐走势。可是此后该股并没有深度回落，次日即低开高走，股价企稳。此时就是一个该跌不跌的走势，可以试探性介入。此后该股强势起跳，可以在盘中择机跟进，当日封板，结果非常理想。

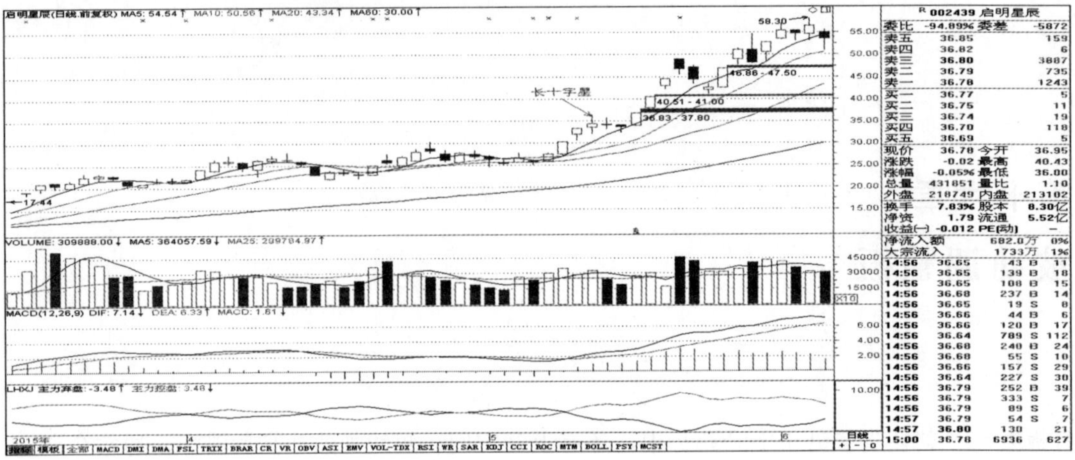

图 16－2　启明星辰

实例解析：在图 16－2 中，箭头所示的长十字星出现在连续两个涨停之后，是一个调整的信号，后市下跌的可能性大。短线涨幅过大，乖离巨大，向下修正是理所当然的。此后如期调整，但调整的方式比较独特，那就是股价并没有真正下跌，而是横盘。两根短十字星后 5 日线已经靠上 K 线，乖离得到修正，这就是被动调整。被动调整是强势的特征，此后股价再度起跳，随即涨停，强势得到体现，可以追高买入。

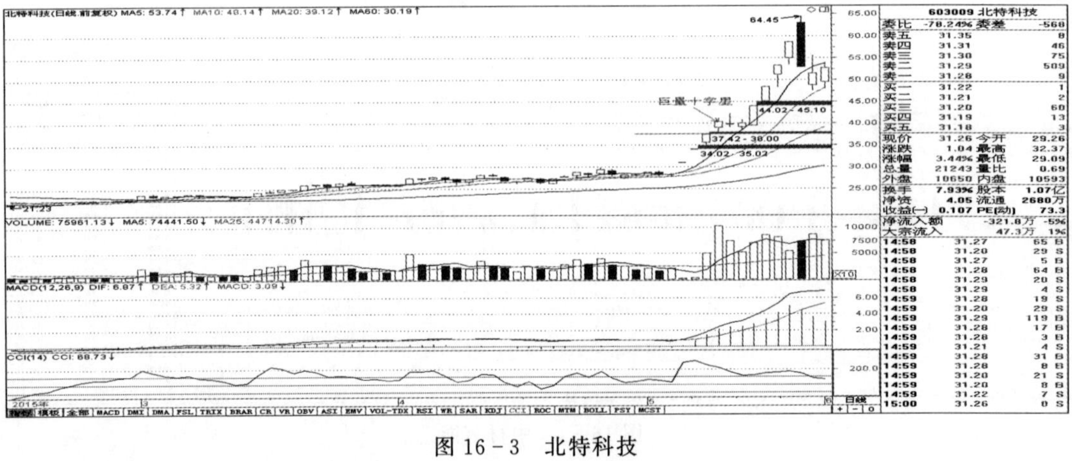

图 16－3　北特科技

实例解析：在图 16－3 中，箭头所示十字星实为一根大阳线，且带巨量，不好判断后市走势，可以等等看。由于前面一直是涨停板，如今不封板了，且爆量，显然有主力出逃，但也不能排除换庄洗盘。该股此后就地横盘震荡，是多头强势的表现，空头无力下压，有再度上攻的机会。最后该股如期向上攻击，可追击进场，当日成功封板。

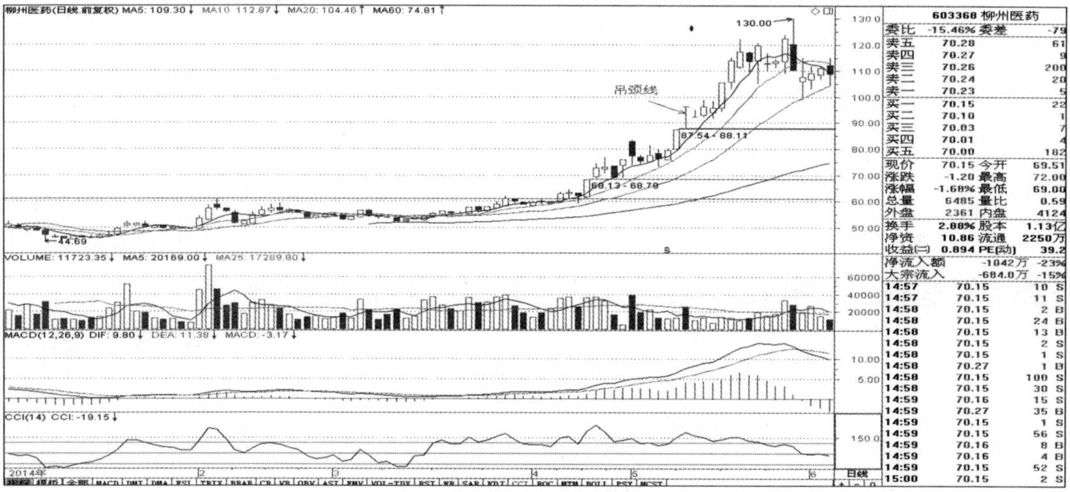

图 16－4　柳州医药

实例解析：在图 16－4 中，箭头所示的吊颈线是个危险信号，因为前面的波段涨幅比较大，同时短线连续大涨，乖离也很大，有回调的需要。后面需要观察的是反转还是回调，以及回调的强度。后市该股略微回落，然后就地盘整，空头力度不够，后市上涨的机会更大。最后股价如期向上爆发，盘中可择机追击，甚至打板。

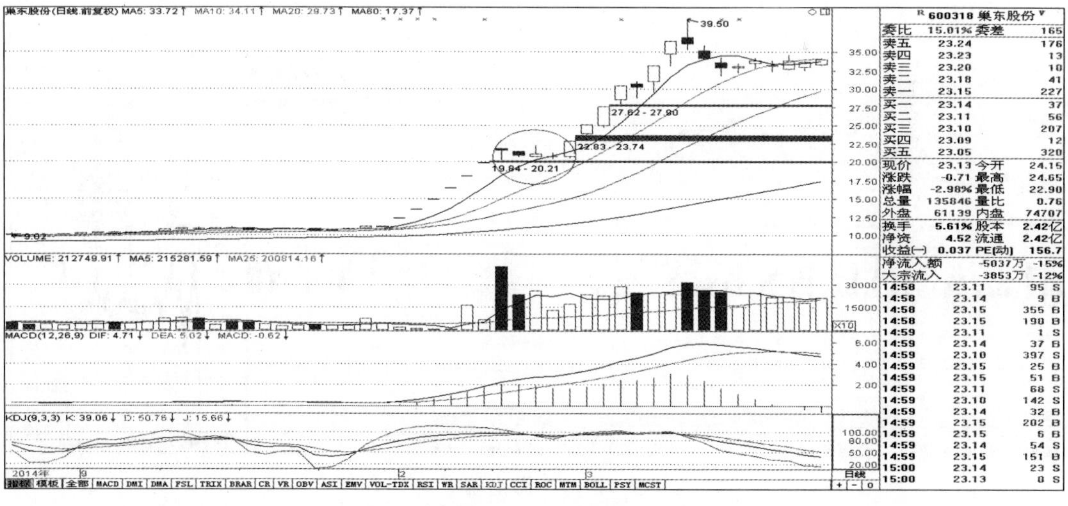

图 16－5　巢东股份

实例解析：在图 16－5 中，该股前期连续的一字板，是重组成功后的必然走势，没机会跟进。最后该股巨量开板，看似要见顶，一般都要止盈。事实上巨量开板未必就真正下跌，也可能会酝酿第二波上涨。该股此后窄幅盘整，股价并没有下跌多少，是被动调整的走势。最后该股再度强攻，很可能再度封板，可以择机打板。

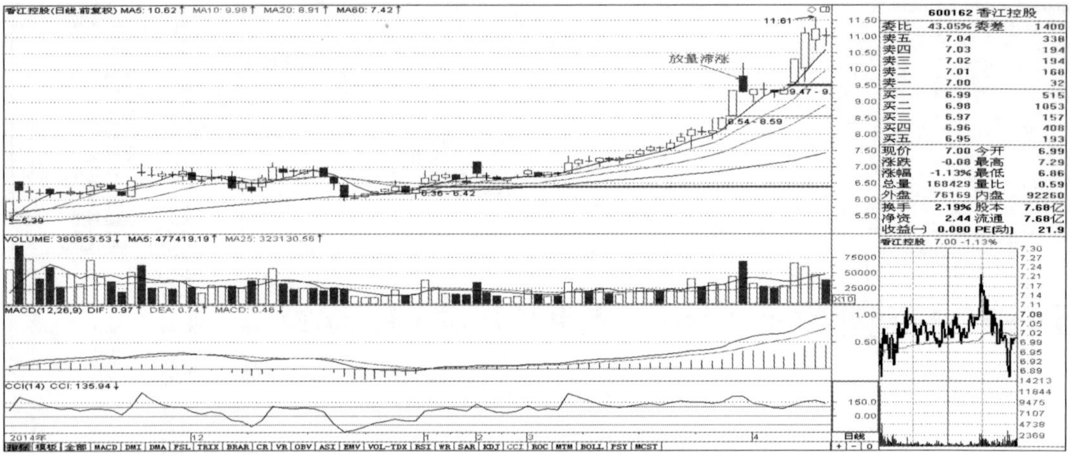

图 16－6　香江控股

实例解析： 在图 16－6 中，箭头所示该股在一个涨停后爆量滞涨，股价大幅回落，是短线见顶的信号。此后该股如期调整，但跌幅甚小，基本是窄幅震荡。在震荡的过程中，5 日线主动上行，是被动调整的特征。被动调整是空头虚弱的表现，后市往往有爆发力。最后该股跳空上攻，可以择机跟上，当日封板，结果甚好。

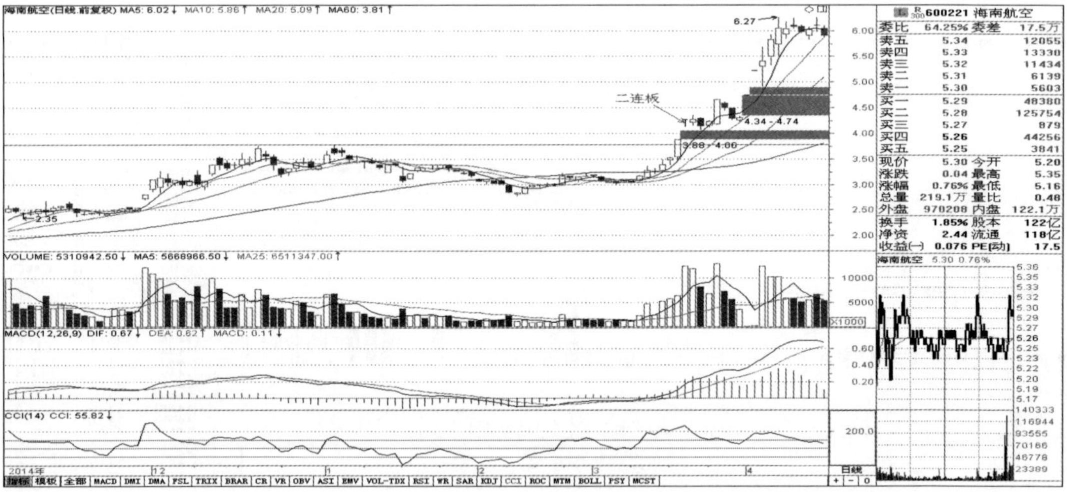

图 16－7　海南航空

实例解析： 在图 16－7 中，箭头所示的涨停板是连续的第二个板，乖离较大，且爆量，有调整的需要。随后该股如期调整，但股价并没有主动下跌，而是就地盘整。在盘整的过程中，5 日线主动上行，追上股价，是被动调整的特征。被动调整说明多头强势，有望再度强攻，可潜伏，也可等待再度上攻的机会。最后该股如期强势上攻，短线可积极跟进打板。

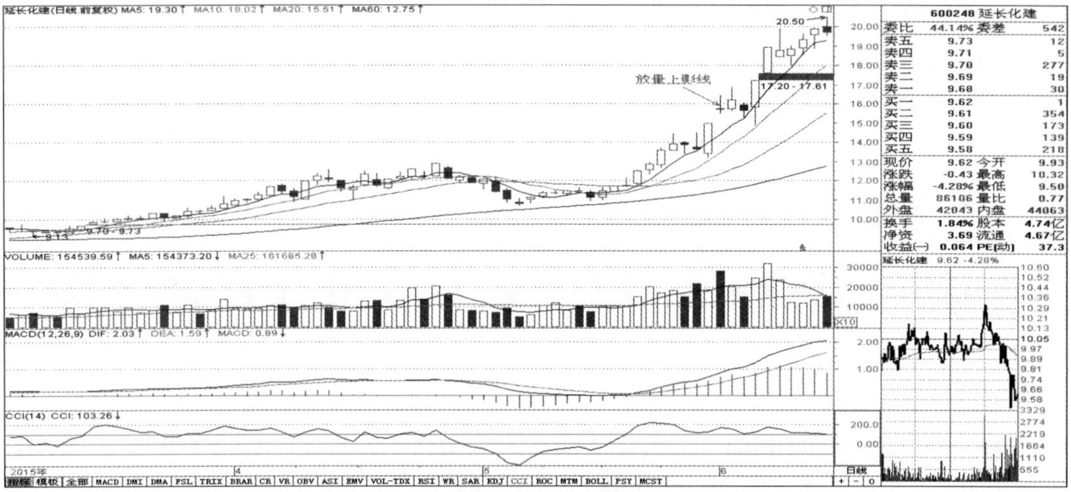

图 16－8　延长化建

实例解析： 在图 16－8 中，箭头所示的十字星伴随明显的放量，又出现在涨停之后，是主力出逃的表现，通常要止盈。此后该股如期上攻受阻，但也没大幅下跌，是被动调整的走势。后市有没有机会，还需要等待上攻的信号。最后该股在短暂下探后迅速上攻，洗盘完毕的态势明显，可以临时追击进场，当日成功封板。

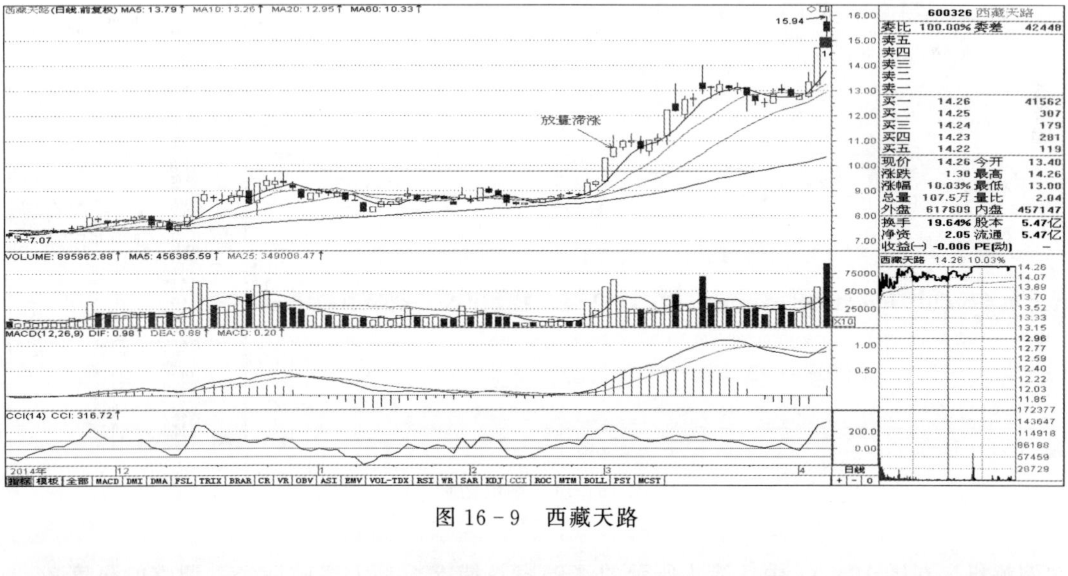

图 16－9　西藏天路

实例解析： 在图 16－9 中，该股一个涨停突破前高，形成大突破格局，是中线跟进的机会。次日放量滞涨，意味着要调整，短线可以止盈，中线则持股。此后该股并没有主动下跌调整，而是窄幅的盘整，随着时间的推移，5 日线上移，是典型的被动调整。最后该股再度上攻，盘中走势强悍，有望再度封板，可追高进场。

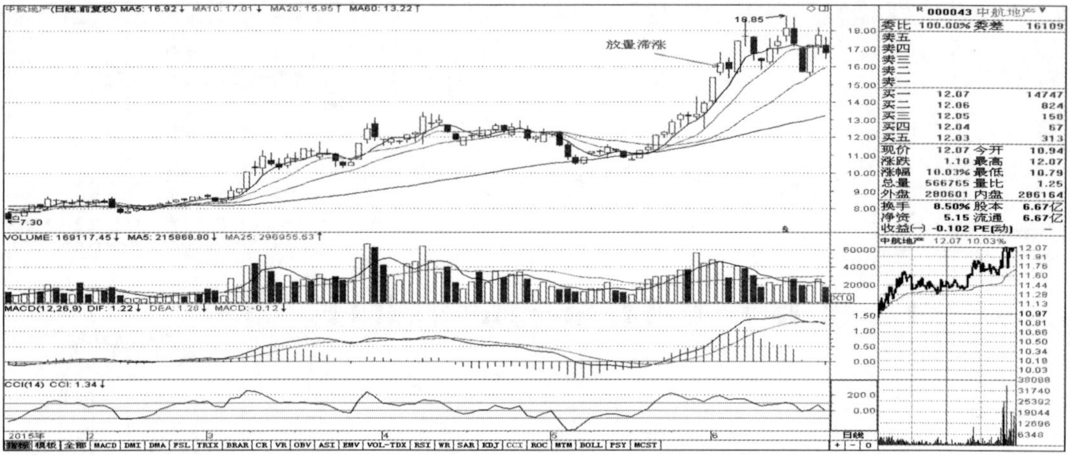

图 16－10　中航地产

实例解析：在图 16－10 中，箭头所示的长上影线出现在一个涨停之后，是乖离过大后的正常走势，有修正的需要。该股次日下跌调整，但跌幅甚小，有该跌不跌的表现，此时 5 日线主动上靠，有被动调整的表现。第三天股价低开高走，有洗盘完毕的迹象，可以盘中跟进。最好该股如期封板，可以追高打板进场。只是该股次日并没有连续强攻，止盈的时机较难把握。

图 16－11　国电南瑞

实例解析：在图 16－11 中，箭头所示的涨停容易捕捉，是大突破后经过调整的再度攻击，一般都能跟上。次日放量冲高回落，滞涨明显，有回调的需要，通常需短线止盈。滞涨后不一定主动下跌，也有抗跌的走势，即被动调整。该股次日即并没有真正下跌，倒是 5 日线主动上移了，是典型的被动调整。接着该股再度上攻，盘中可以追高进场，甚至打板。

第十七章

同位板

打板要点：指相同的位置出现涨停。具体指前面出现一个涨停，在拉升一段后回调，股价回到涨停位置，有可能复制一个涨停。这种股票往往有持续的热点，被主力间歇性爆炒，值得咱们关注。同位涨停的概率比较高，这是有根据的，因为涨停是超强主力的标志，有可能得到主力反复炒作。当然并不是所有的涨停位置都能复制涨停，还得在盘中观察分时走势。

打板关键词：涨停支撑　二次强攻

图 17 - 1　号百控股

实例解析：在图 17 - 1 中，该股前期一个涨停突破，但只冲高片刻即回落，且回落的幅度很大，又回到了涨停的起点。能涨停多半是主力发起攻击的起点，当股价回归的时候自然会有很强的支撑。只是我们无法预先判断能否涨停，只能盘中跟踪。

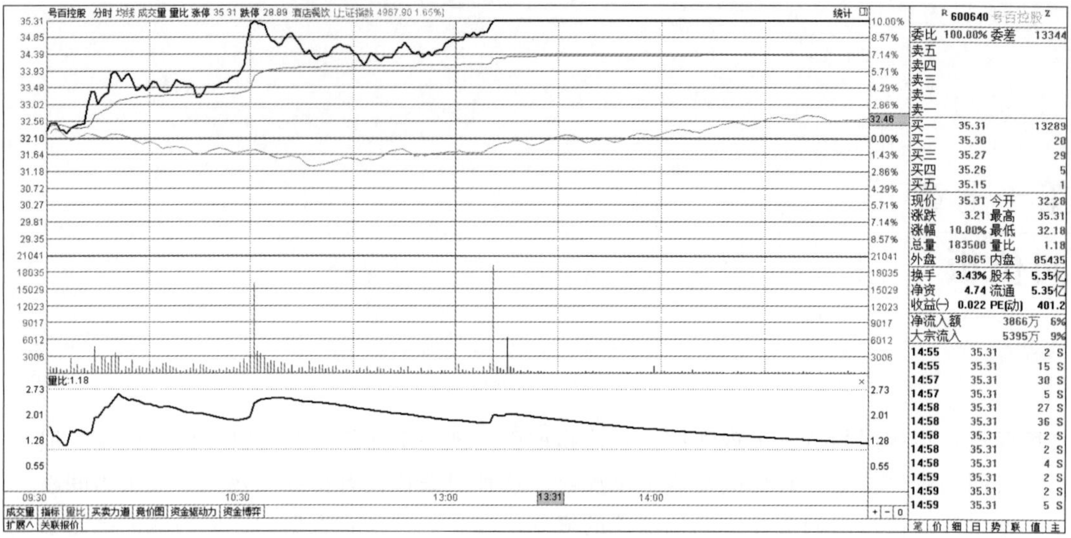

图 17－2 号百控股

实例解析：在图 17－2 中，当日该股高开高走，呈台阶式上涨格局，是典型的主力拉动模式。突破平台量能配合较好，是跟进的最佳时机。整体量能稳定，量比呈下降格局，有望缩量涨停，更加坚定了追击涨停的信心。

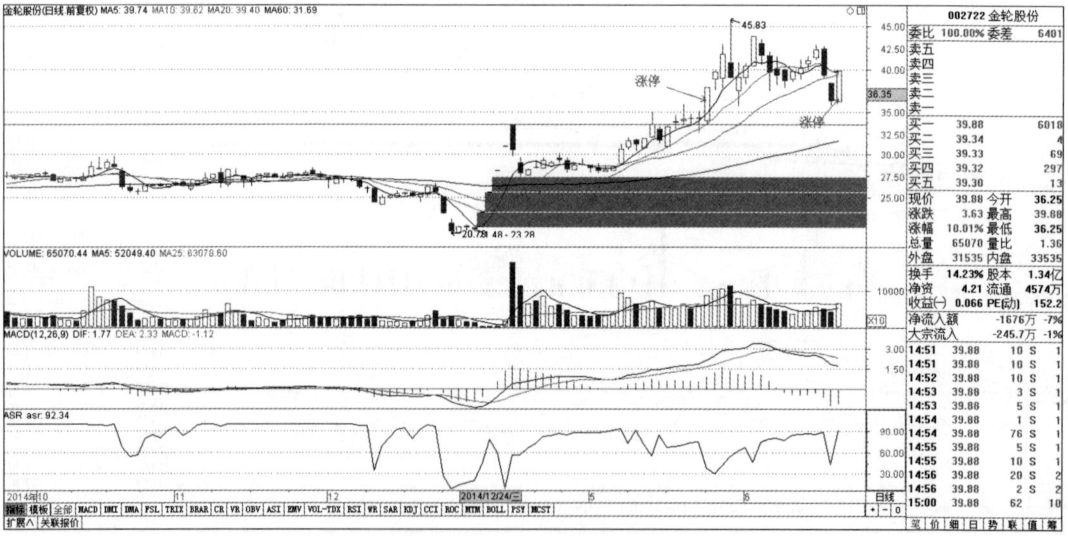

图 17－3 金轮股份

实例解析：在图 17－3 中，前期涨停出现在大突破的位置，上涨一段后震荡回落，股价又回到了涨停位置。此时能不能复制涨停其实心里没底，且观察且准备。整体看该股大突破后涨幅很有限，回到启动位置很有可能再度启动，值得关注。

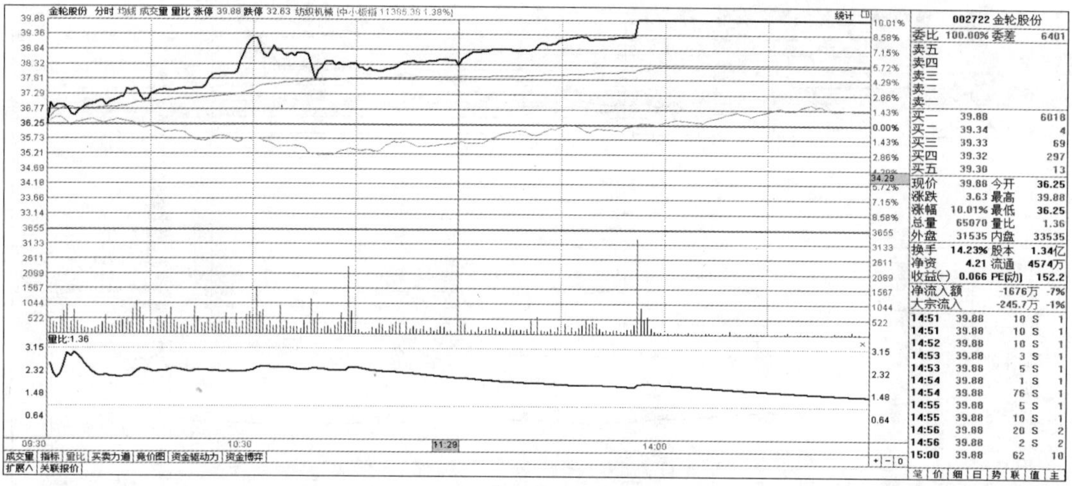

图 17-4 金轮股份

实例解析：在图 17-4 中，该股分时图上主力拉动的特征非常明显，分时线圆滑，走势远强于大盘。量价配合较好，均价线支撑明显，是主力控制的走势。每次回归均价线都是买入的时机。

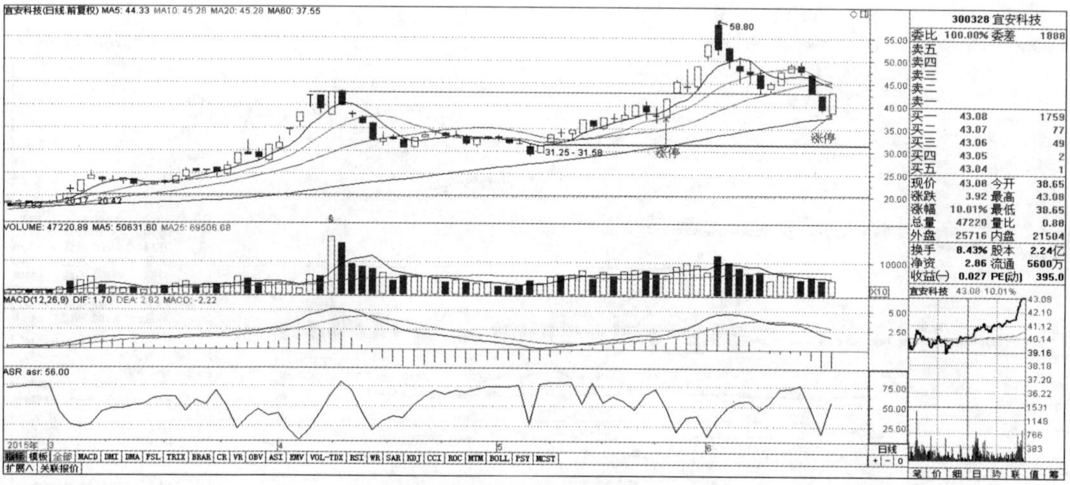

图 17-5 宜安科技

实例解析：在图 17-5 中，这个复制涨停相隔遥远，且留下一个很大的疑问。那就是为什么在前面的涨停位置没有复制。该股在大突破位置有一个涨停，后期回落也恰好到此位置止跌，有复制涨停的潜力，但后市不但没复制涨停，反而招来又一波快速下跌。这个问题很难解答，因此能否买入还需要看分时图，判断有无主力拉升股价。股价回到 60 日线上方再反攻也有好处，那就是回调非常充分，突击的压力变小了。

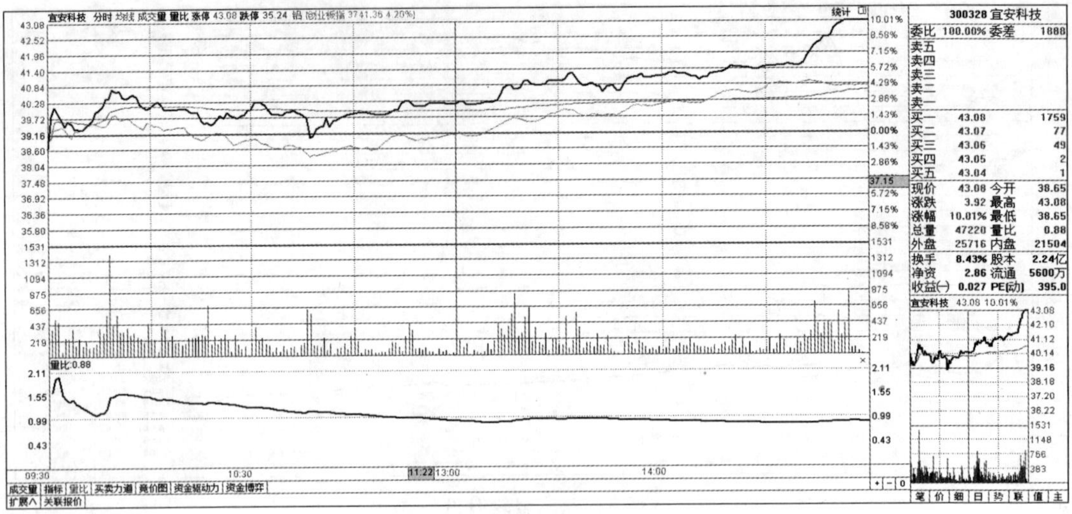

图 17-6　宜安科技

实例解析：在图 17-6 中，早盘没有多大特色，跟大盘的走势接近。下午呈现了强势特征，特别是尾盘走出了一个平台突破后直接封板的强势走势。因此打板的最佳时机在收盘前的放量突破平台的时候。

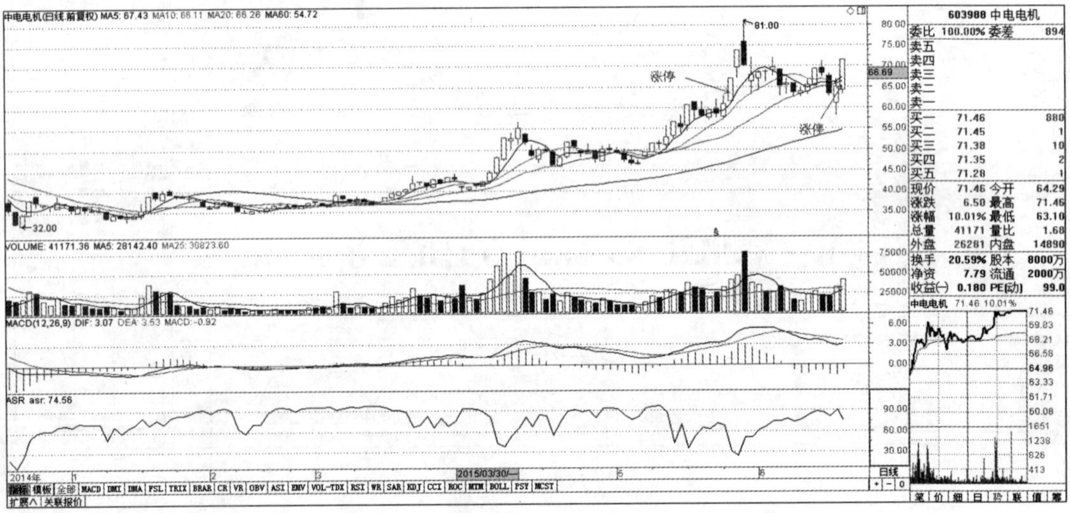

图 17-7　中电机电

实例解析：在图 17-7 中，箭头所示处有一个涨停，强势突破小平台，然后连板，滞涨后回落。股价回到第一个涨停位置的时候止跌，显示出强劲的支撑。此后股价长时间盘整，没有特别强势的走势。能不能涨停事实上还得关注盘中的走势，不要盲目先期进场潜伏。

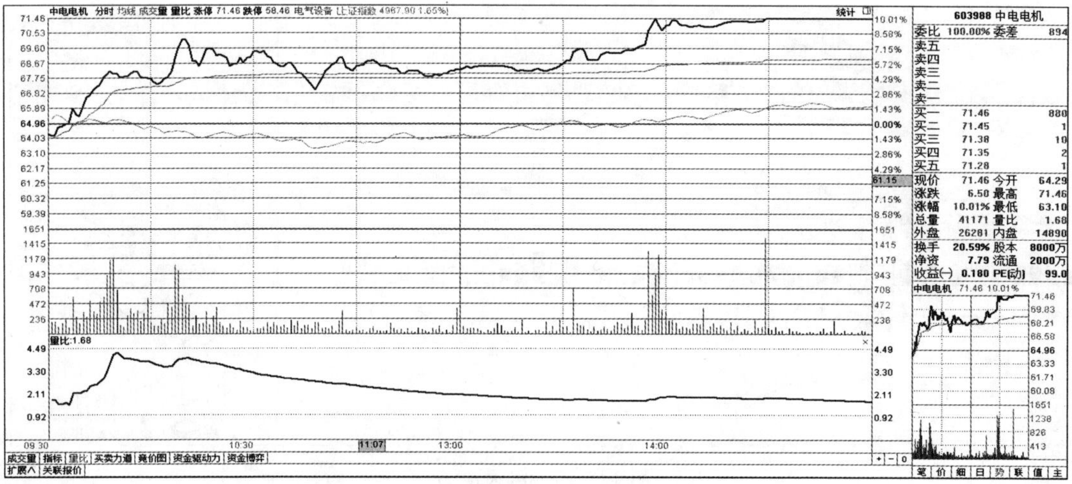

图 17-8 中电机电

实例解析：在图 17-8 中，当日该股低开高走，迅速翻红，有低开洗盘的意思。此后放量持续拉升，主力推动的特征非常明显，可以跟进。受大盘影响，该股迟迟没有涨停。直到下午大盘回暖，该股才再度发动攻势，投资者可以追高打板进场。当然打板有没有价值还得看日线，这是一个同位涨停，自然有价值。

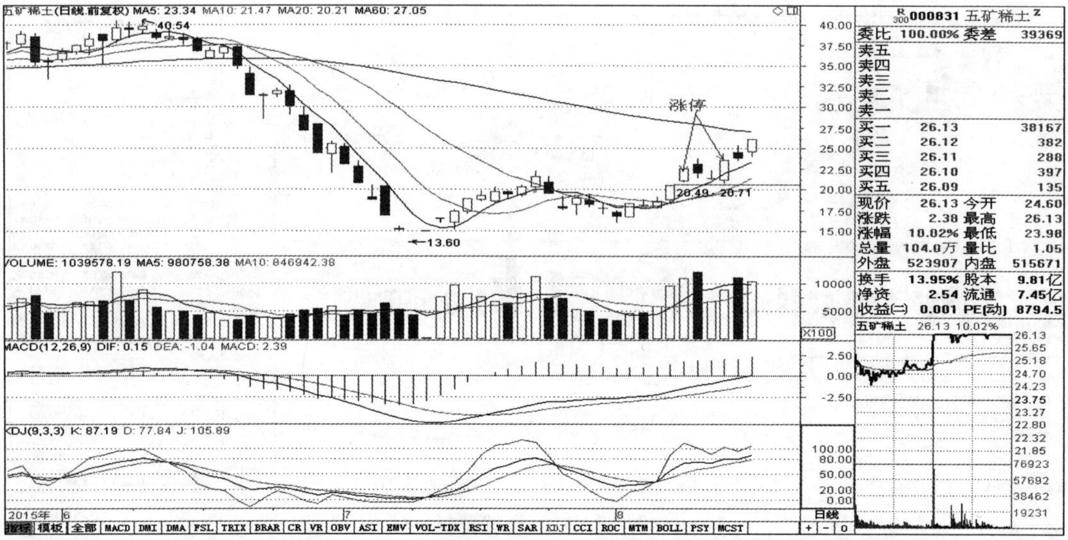

图 17-9 五矿稀土

实例解析：在图 17-9 中，箭头所示第一个涨停是一个突破涨停，且留下跳空缺口，非常强势。突破后自然回调，股价回到缺口之上止跌企稳。这时候可能会复制涨停，因为强势股的基因摆在这里。当然能不能涨停还得在盘中关注。第二个涨停如期出现，投资者可以及时跟上。

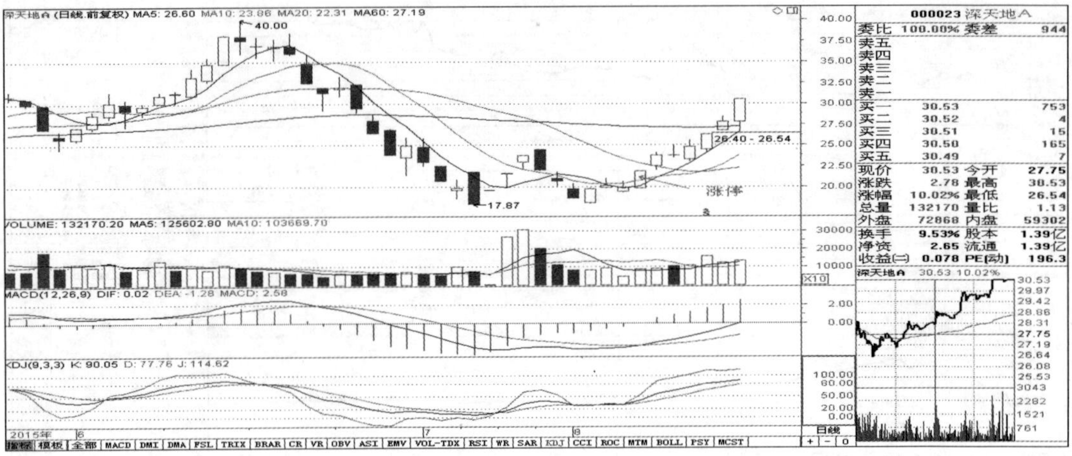

图 17－10　深天地 A

实例解析：在图 17－10 中，箭头所示的涨停出现在两天强势调整之后，有顺水推舟的意思。事实上这个涨停也跟左侧的放量 T 字涨停有关。左侧那个涨停伴随巨量，显然是主力资金进场的标志，对后市理应有支撑。后市股价下跌，因为大盘的关系有点超跌，但还是在相同的位置复制出了一个涨停。我们在看盘的时候关注到这一细节的时候，就可以放心打板了。

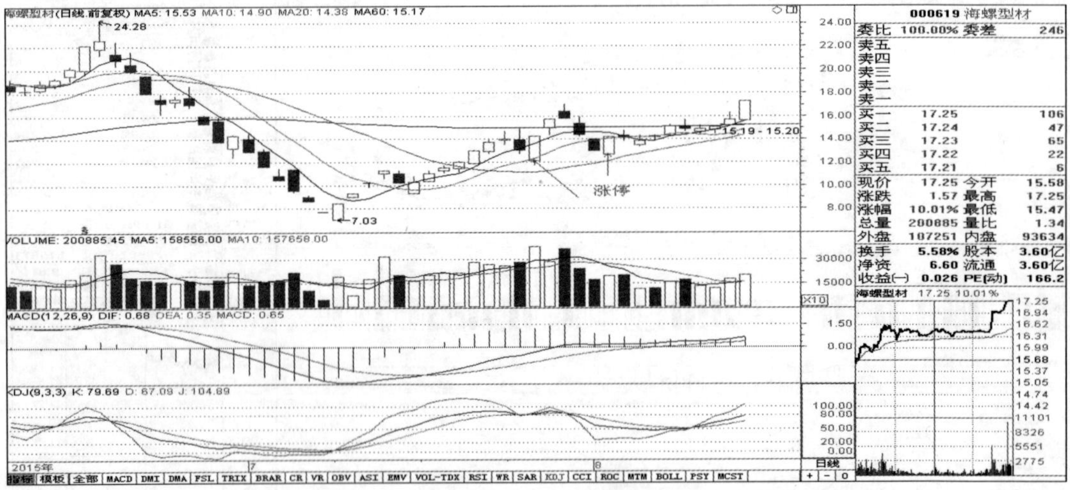

图 17－11　海螺型材

实例解析：在图 17－11 中，箭头所示第一个涨停为一个低开高走的放量涨停，有回调到位后反击的意思。两连板后滞涨回落，股价持续下跌，又回到了涨停的起始点。由于前一个涨停明显放量，是主力花费了大资金促成的，是会有一定支撑的。第二个涨停如法炮制，低开高走，强势封板，成功复制了一个涨停，投资者可以在盘中择机跟进。

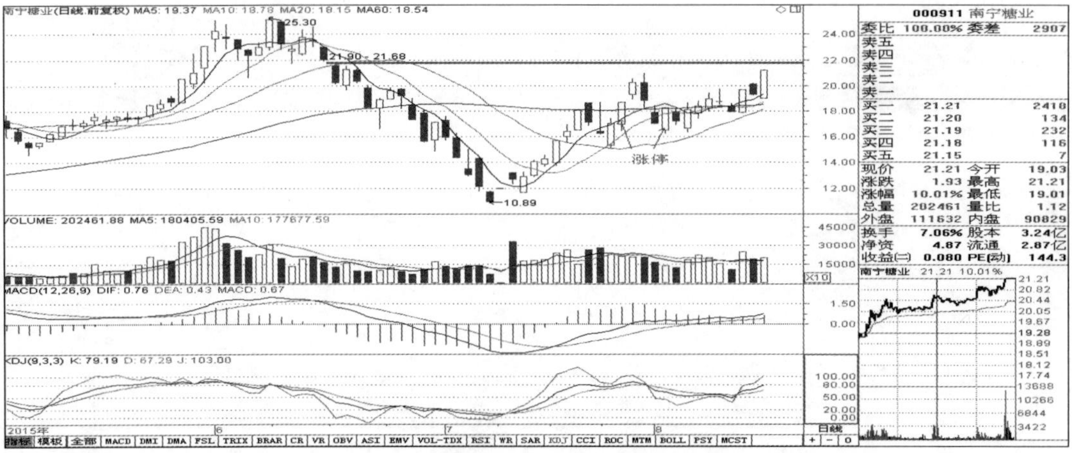

图 17-12 南宁糖业

实例解析： 在图 17-12 中，箭头所示第一个涨停突破 60 日线，有望修正整体走势，但受制于前头部的压力，上升幅度不大，然后再次下跌。两根阴线后股价回到了涨停位置，需要密切关注是否有支撑。非常神奇的是，两连阴后低开高走，成功封板，复制了一个涨停。投资者可以在同位涨停的时候择机打板跟进，安全性还是比较高。

图 17-13 泰格医疗

实例解析： 在图 17-13 中，箭头所示第一个涨停是一个超跌后的反弹，但反弹幅度较小，很快又再次下跌。二次下跌首先关注前低的支撑，成功的话有望构筑双底，意义较大。该股二次下跌到前低支撑位时止跌回升，当日强势涨停。两个涨停位置非常接近，意义也接近，都是多头反击的起点，投资者可以在同位涨停的时候适当跟进。

第十八章
连阳板

打板要点： 整体处于上升趋势中，但没有极速上涨过。连续出现中小阳线，量能平稳，或温和放量，或缩量。阳线非跳空类型，没有明显乖离，即能贴着 5 日平均线上行。连阳轧空的时候即可入场，也可以在加速时追击打板。

打板关键词： 连续中小阳线　量平稳　不乖离

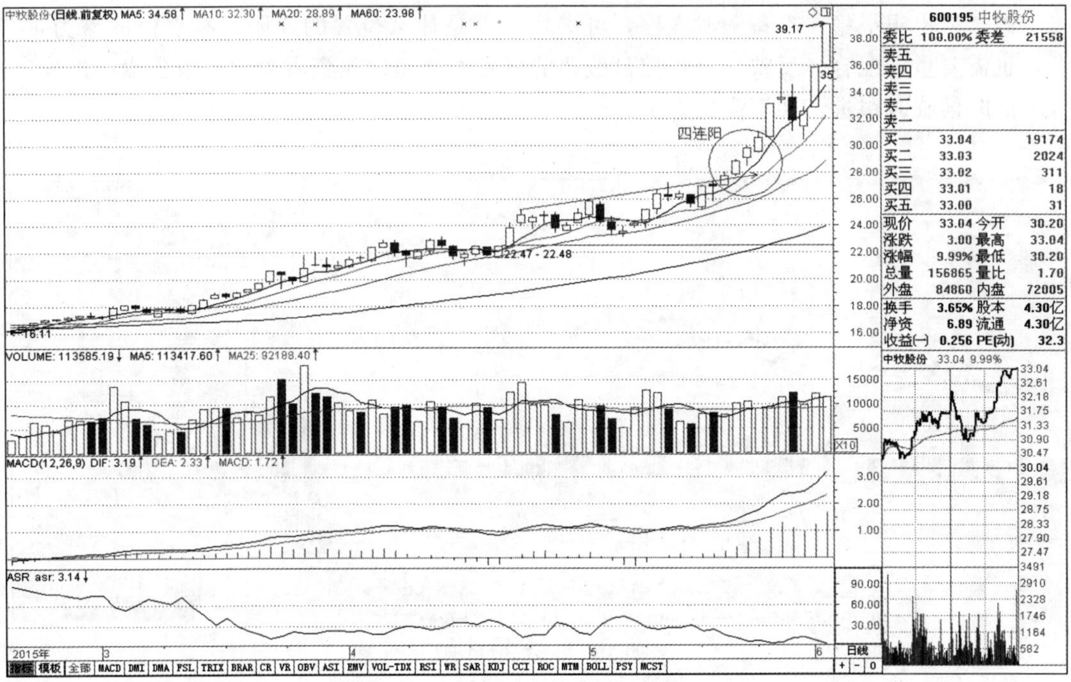

图 18－1　中牧股份

实例解析： 在图 18－1 中，该股突破上升轨道到继续轧空，走出四连阳，都是中小阳线，看起来走势一般，不强不弱。事实上这种走势非常强悍，是典型的强轧空，空头只能举手投降。这种中速的轧空似弱实强，暗含多头持续进场的意思，后市将有爆发。最后该股如期加速，走出涨停长阳，投资者可以在盘中追击打板。

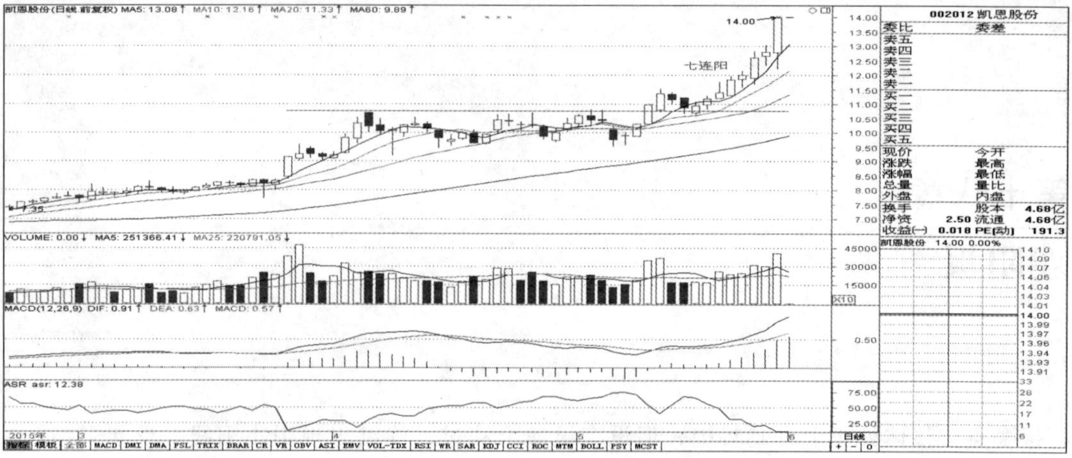

图 18-2　凯恩股份

实例解析：在图 18-2 中，该股在上升途中走出一个窄幅震荡小平台，非常有潜力。光头中阳突破小平台也是非常理想的，精确回踩抵抗线后开始匀速 7 连阳，没有乖离，量也很平稳，准备随时涨停，可潜伏。不是什么位置的连阳都有涨停的潜力，也需要量的配合，反映的是强控盘股票的爆发力。短线投资者可以在股价盘中爆发的时候临时跟进，甚至高位打板。

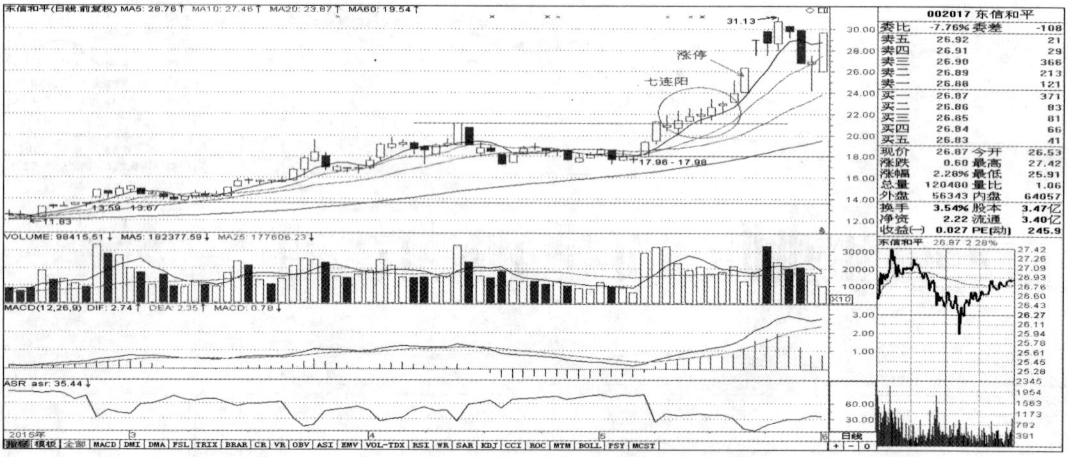

图 18-3　东信和平

实例解析：在图 18-3 中，该股涨停突破后七小阳轧空，走势异常，非常显眼。七小阳有较长的上影线，看起来上升无力，实为强势特征，是典型的强轧空走势。上升趋势中的上影线有行进间接洗盘的作用，当然不能带大量。缩量连续小阳轧空属于必杀走势，投资者可以随时进场。最后该股再度加速，盘中强势上攻，很可能封板，短线投资者可以积极参与打板。

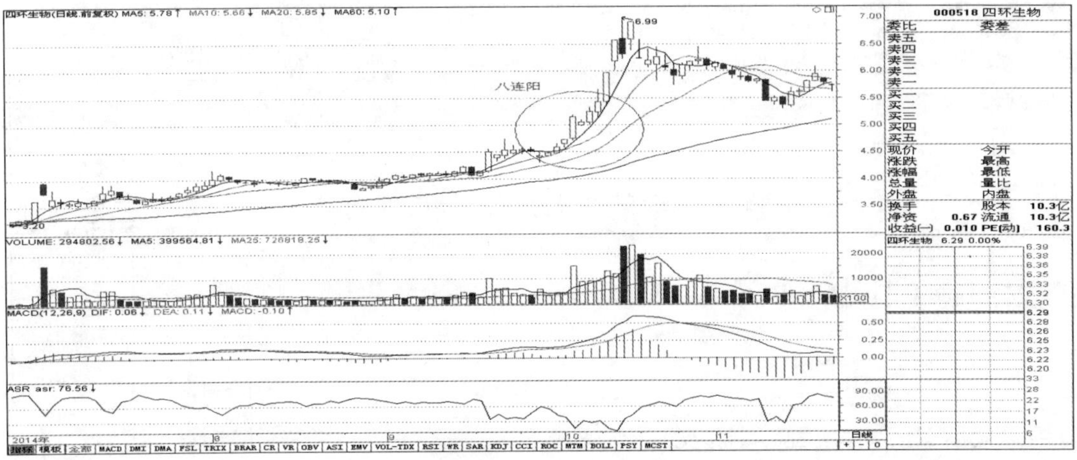

图 18－4 四环生物

实例解析：在图 18－4 中，圆圈后的连续阳线出现一段小幅调整之后，如此众多的阳线让人惊叹。中间有一根放量长阳破坏了速率，但后面立刻修正回原来的速率。连涨这么多天，但整体涨幅并不大，有些投资者可能还不满意，那就是不识货。这种持续的阳线是标准的强轧空，也说明多头持续推进，实力非凡，后市随时涨停。此后该股如期涨停，非常轻松，投资者也可以放心追击。

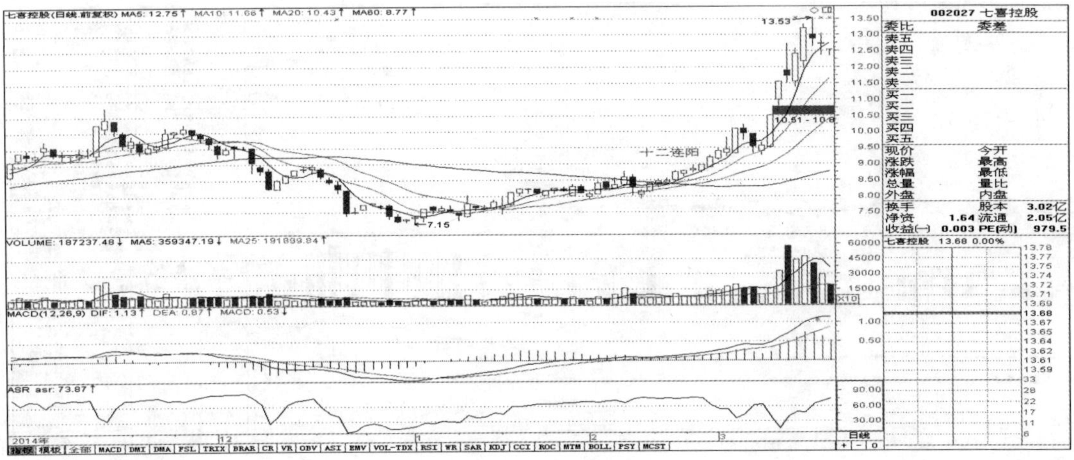

图 18－5 七喜控股

实例解析：在图 18－5 中，有一个 12 连阳，出现的位置在低位的反弹过程中。从更长的周期看应该是拉高建仓后挖坑洗盘，然后逐渐回升。12 连阳非常少见，强势特征明显，是主力持续进场的表现，最终将有爆发。该股没有直接涨停，而是在关前稍作调整，然后涨停进入主升浪，这也正常。后面该股能涨停，是前面连续阳线蓄势的必然结果，强庄特点发挥得淋漓尽致。

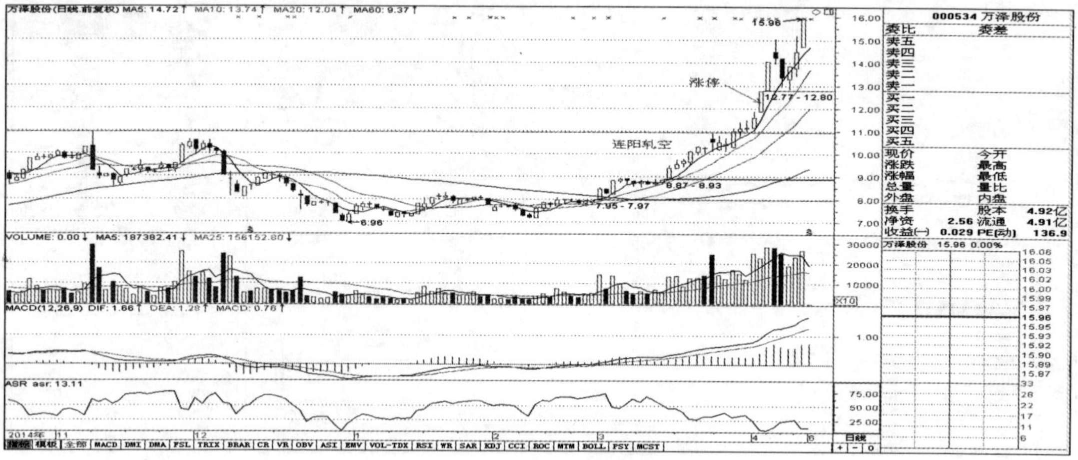

图 18－6　万泽股份

实例解析：在图 18－6 中，该股在 60 日线上以一个小平台盘整后开始了轧空之旅，出现了众多的阳线。期间有一根放量的阴线，好像阻碍了走势，但实际为伪阴线，不影响整体的轧空趋势。连续的中小阳线看起来不怎么彪悍，但累积起来就威力巨大，也显示了多头足够的实力。连续的阳线过程中随时可能逼出涨停大阳线，投资者可以先期潜伏，也可以在加速的时候择机追高进场。

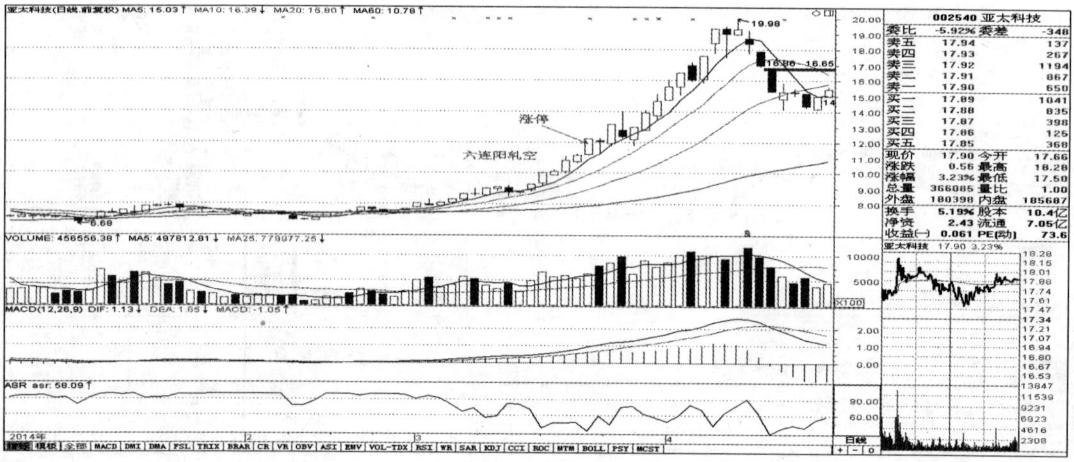

图 18－7　亚太科技

实例解析：在图 18－7 中，该股在突破 60 日线后明显加速，但不是极致的涨停飙升。期间有一段 6 连阳的强轧空走势，是持续的中小阳线，看起来不强不弱。连续中小阳轧空，不是最强悍，但也有好处，避免了乖离过大。连续阳线过程中成交量比较平稳，说明主力留有余力。连阳走势中投资者可随时跟进，也可以在加速的时候高位打板跟进。

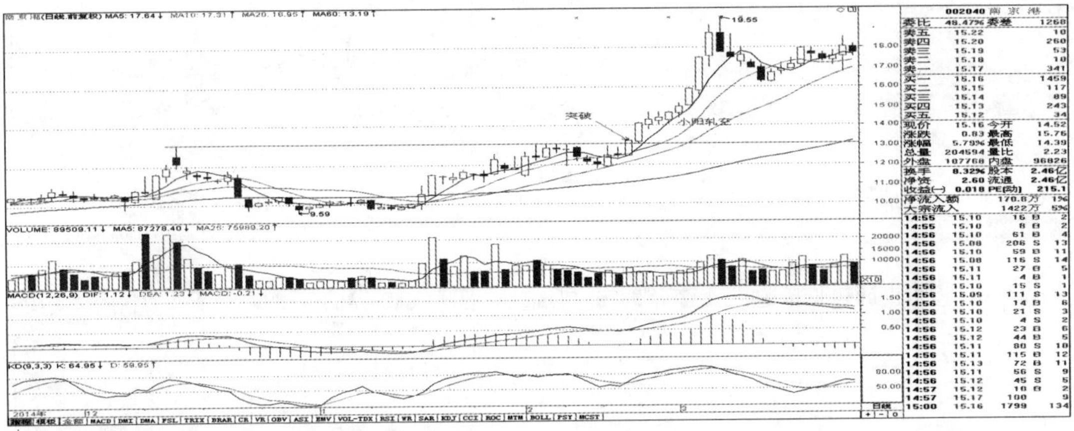

图 18-8 南京港

实例解析：在图 18-8 中，箭头所示该股中阳强势大突破，进入主升浪，走势非常明确，可以跟进。接着一根大阳线看起来加速，很可能涨停，可是后市只是走出一连串的小阳线，是不是走势弱化了？事实上这是一种错误的判断，连续的小阳线并不是弱化，是真正的强轧空，是主力持续进场的标志。这种慢速强轧空意味着后市多半还有加速，可以随时进场。最后该股如期涨停，是连阳轧空的必然结果，短线投资者还可以高位追击。

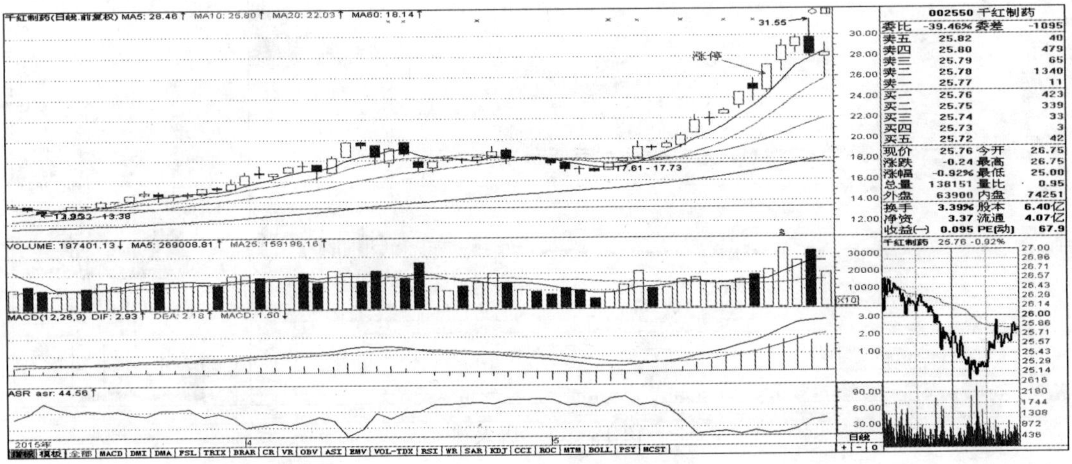

图 18-9 千红制药

实例解析：在图 18-9 中，该股在一个小三浪调整之后开始了一段持续轧空之旅，期间基本都是中小阳线，量能平稳。这种走势说强不强，说弱不弱，到底如何评估呢？实际上这种走势是标准的强轧空，因为空头找不到低点可以止损。既然是强轧空的走势，那说明主力已经完爆空头，后市应该还有更好的表现。最后该股果然走出涨停长阳，是短线投资者追击的好时机。

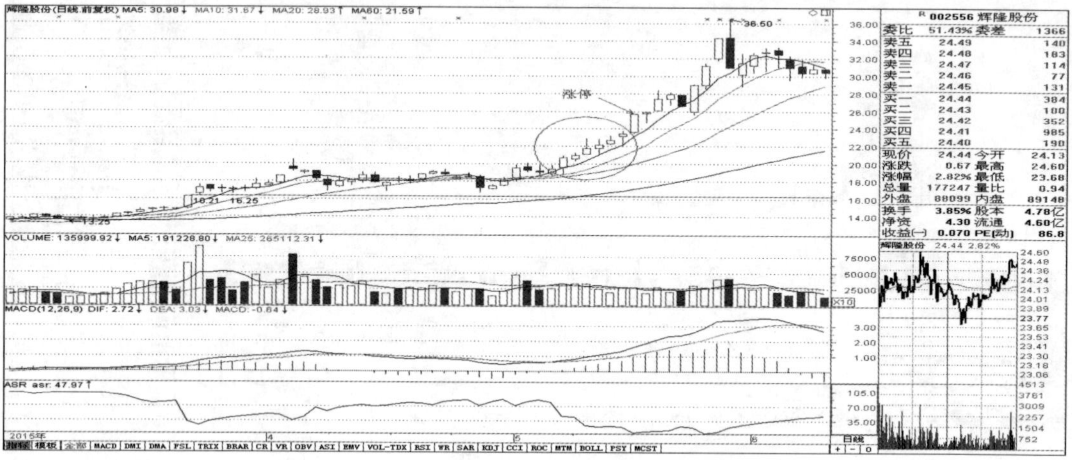

图 18－10　辉隆股份

实例解析： 在图 18－10 中，圆圈内的连续小阳线出现在平台突破之后，看起来不够强悍，实际上这些连续的小阳线已经足够强悍，是强轧空的走势，空头找不到低点可以止损。连续的小阳线也是主力持续进场的标志，往往会促成股价的飙升。最后该股如期爆发，走势加速，逼出涨停大阳线，投资者可以择机打板。

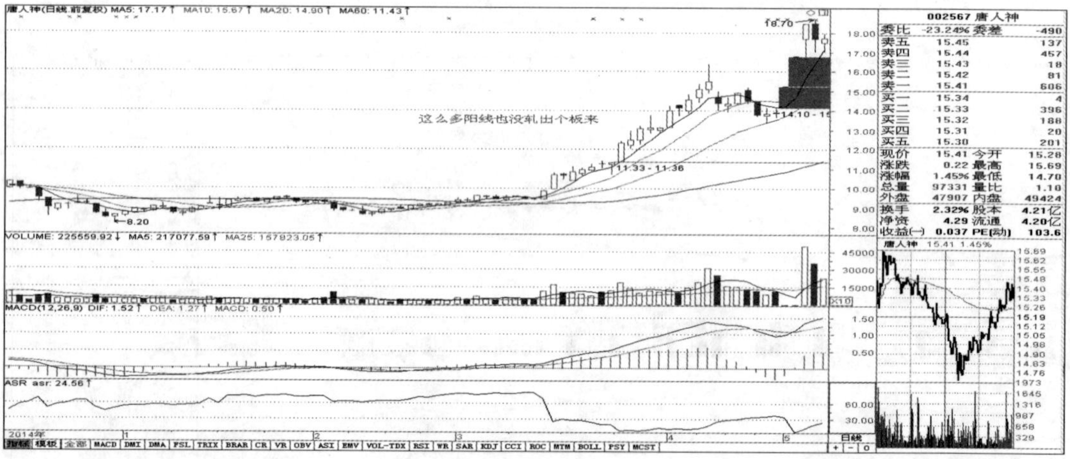

图 18－11　唐人神

实例解析： 在图 18－11 中，该股在回踩 60 日线之后有一个小平台的盘整，突破后开始持续的轧空。这个持续的轧空出现壮观的连阳走势，是典型的强轧空，空头不早点投降只能破产。可就是这样的连阳走势最后也没有逼出一个涨停来，让人失望。股市很少有百分百的事情，没有逼出涨停也很自然，做投机最根本的还是按规矩操作。该股经过一段调整后倒是走出三连板，其实又未尝不是前面持续连阳的结果呢？

第十九章

假突破洗盘板

打板要点： 整体在上升途中，前期涨幅一般不大。一个波段高点出现后回调，然后再度上攻，并突破前高，不过这个突破最终演变成了一个假突破。股价二次回调，一般跌幅不大。然后再度上升，在谷底或者前高附近往往会出涨停。当盘中有封板迹象的时候，可以果断出击，甚至高位打板。打板的底气来自前面的假突破，此时可以验证实为诱多洗盘，是强庄的特征。这个假突破貌似蛤蟆的两个眼睛，因此这种走势坊间称为“蛤蟆洗盘”。

止损要点： 就地止损，谷底买入就以谷底最低价作为止损价。突破最高点买入就以当日最低价作为止损价。

打板关键词： 假突破　二次强攻

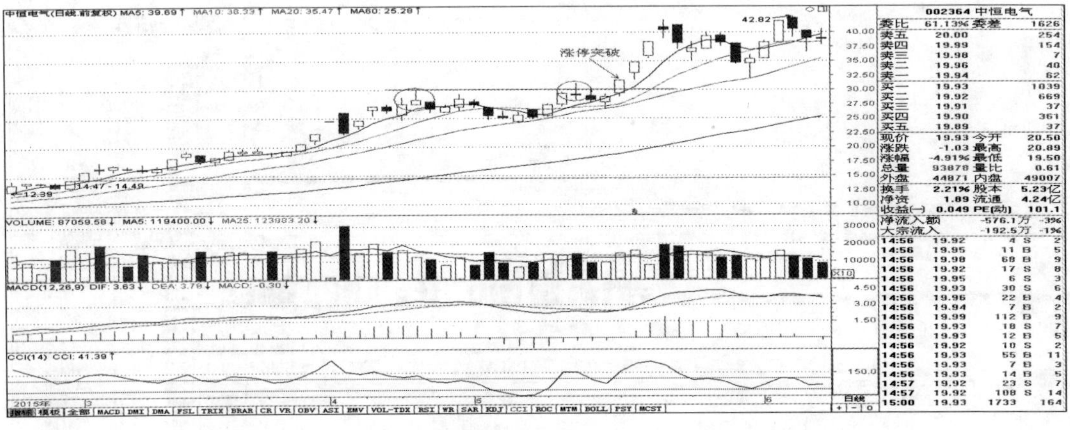

图 19-1　中恒电气

实例解析： 在图 19-1 中，该股在上升途中出现了两个波段高点，第二个高点突破了前高，但是假突破，只是盘中突破了。此后该股并没有真正反转向下，小幅回调后再度上攻，甚至拉出涨停。箭头所示的涨停已经创出新高，是打板的良机。这两个高点貌似蛤蟆的两只眼睛，实为假突破洗盘，是强势股的特征，因此后市追高打板物有所值。

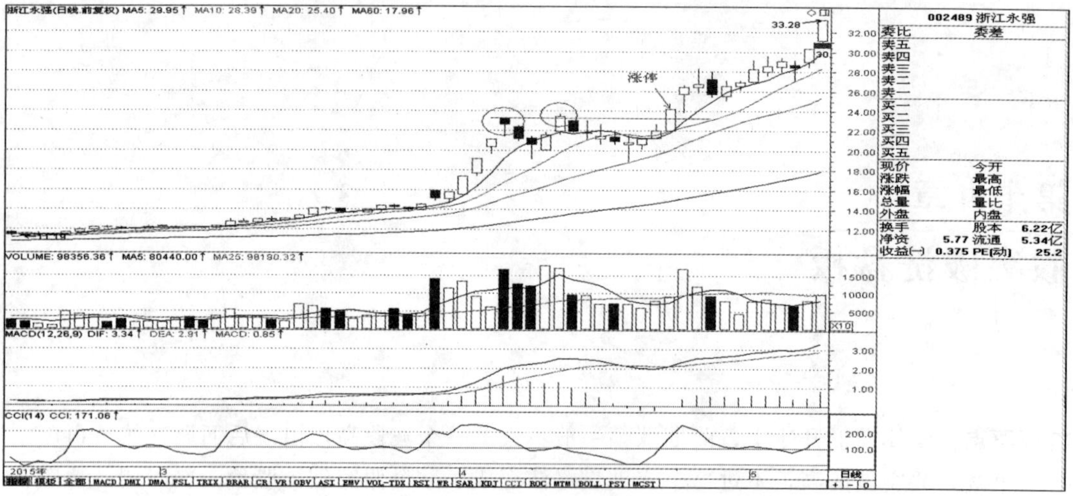

图 19-2 浙江永强

实例解析： 在图 19-2 中，该股在一波强势上涨后回调，然后再攻，明显弱化，走出一个假突破，通常需止损。此后该股在前低止跌回升，再度发飙，强势涨停，创出新高，是打板的良机。前面的假突破实为诱多的洗盘，当股价创出新高的时候就得到验证了。既然是洗盘，也就为后面的上涨打下了基础，那此后的涨停就可以追击进场，甚至打板。

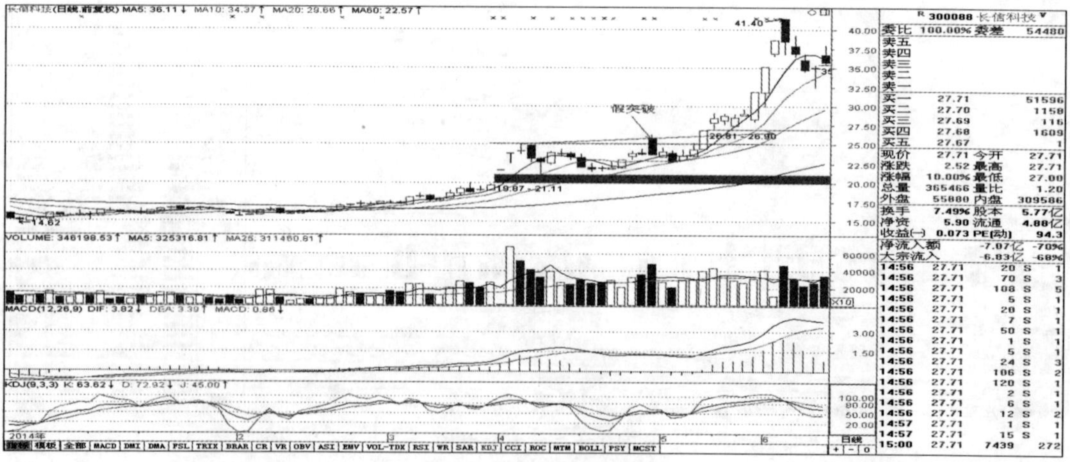

图 19-3 长信科技

实例解析： 在图 19-3 中，箭头所示的 K 线为高开低走的长阴线，明显是诱多，基本能诱惑投资者割肉。后市股价如期下跌，该出逃的估计都会选择出逃。可是此后股价很快止跌回升，然后加速，走出涨停。这个涨停可以追击打板，因为此时可以确认前面的假突破是刻意的洗盘。

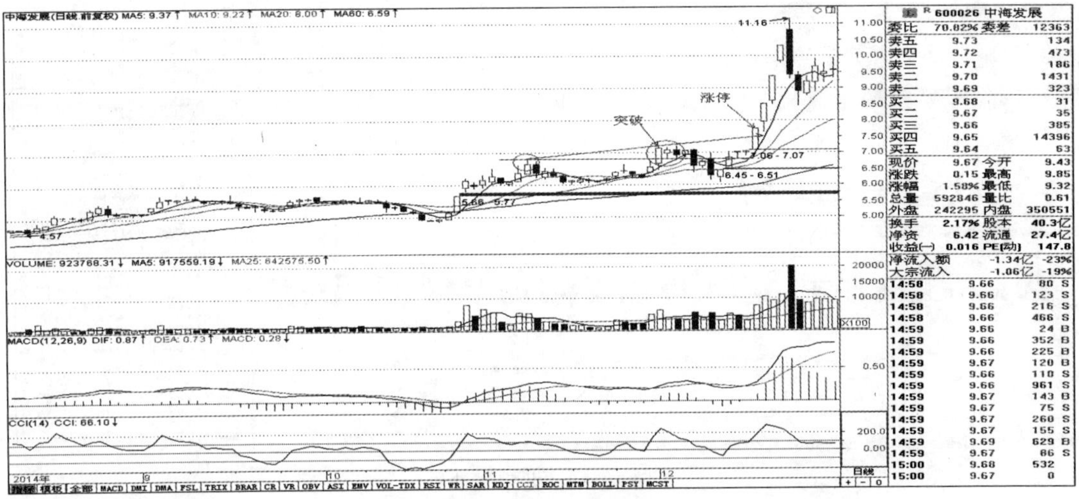

图 19-4　中海发展

实例解析：在图 19-4 中，该股在上升途中突破前高，可后来变成假突破，需止损。后市该股持续回落，到前低后回升，在前高位置拉出涨停。此时可以证实前面的假突破是诱多洗盘，是暴力洗盘的类型，体现了主力的强悍。既然是强庄的洗盘走势，那后市一旦再度强攻，就可以追高进场。

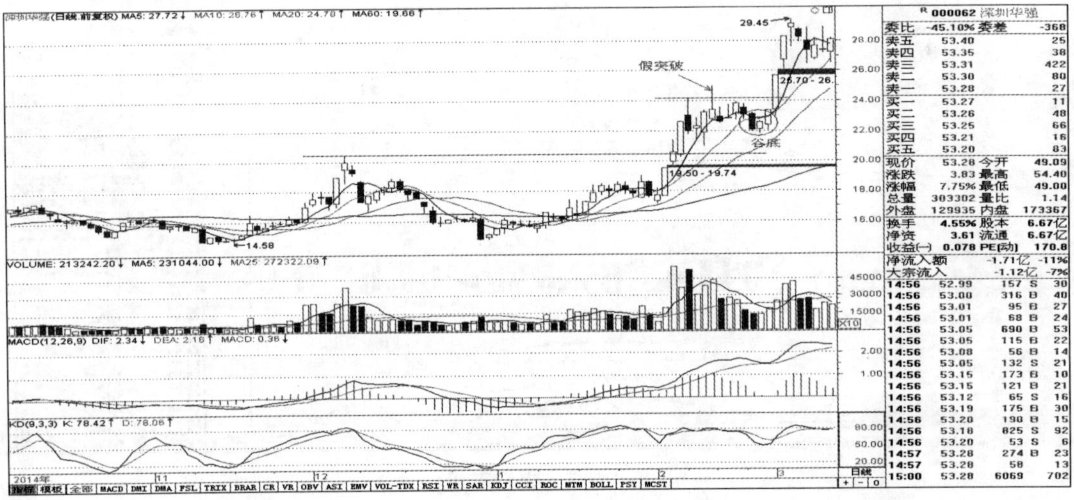

图 19-5　深圳华强

实例解析：在图 19-5 中，箭头所示的假突破出现在大突破后不远的地方，洗盘的意图比较明显。即使知道是洗盘也需要防范，该高抛还是要高抛，因为回落的空间不小。此后该股小幅回落，然后走出谷底，可以适度回补。接着股价加速上行，盘中可以追击，当日收获涨停。

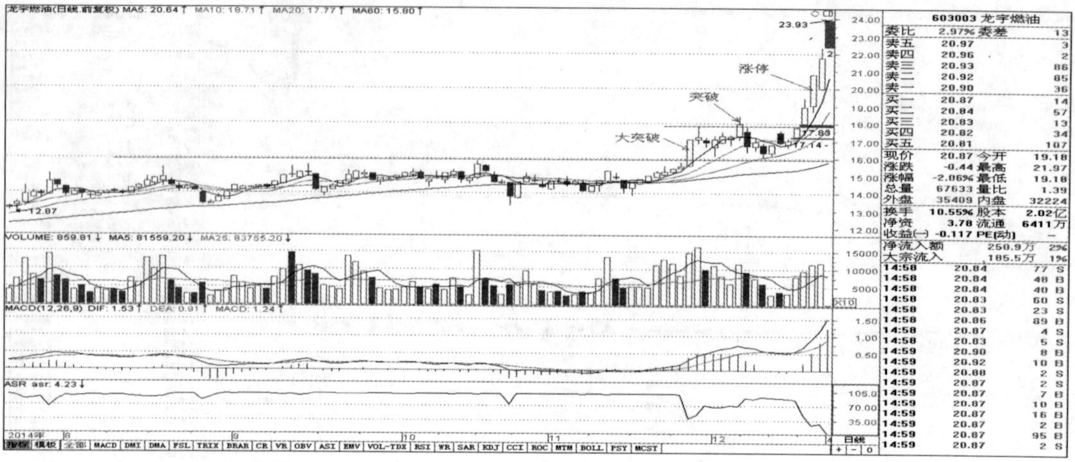

图 19－6　龙宇燃油

实例解析： 在图 19－6 中，该股大突破后并没有走出超强的轧空走势，而是走出一个假突破，股价又跌回到大突破位置。这个假突破显然是洗盘，当股价回到抵抗线止跌即可买入。股价如期回升，然后加速，最后涨停，短线投资者可以追高打板。由于假突破洗盘是强势洗盘的类型，体现了高度控盘的特征，因此追高的风险不大。

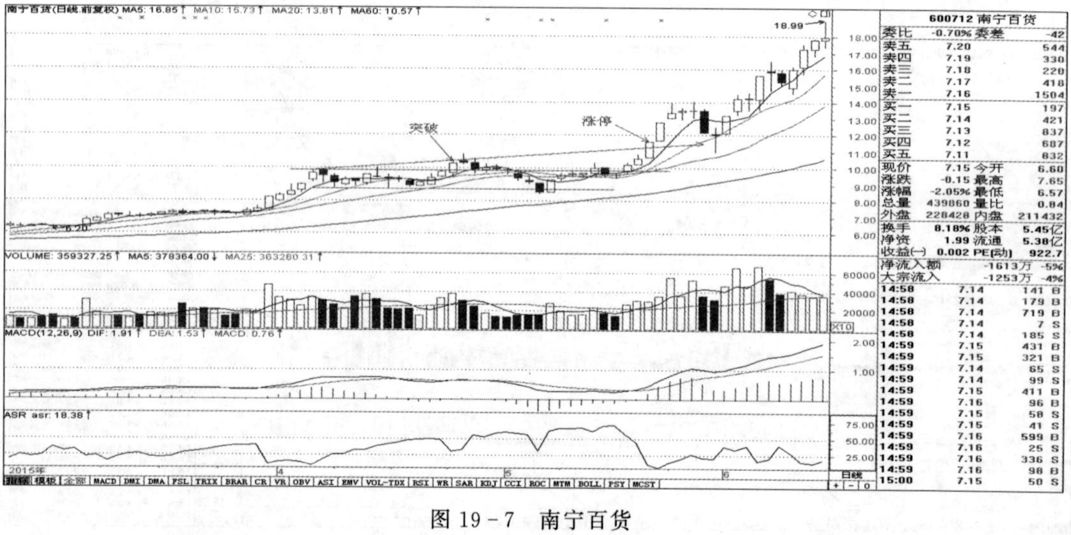

图 19－7　南宁百货

实例解析： 在图 19－7 中，该股在强势上涨一段后横盘调整，然后顺势突破，不过突破力度不够，变成了一个假突破。此后股价持续下跌，甚至跌破了前低，一般需止损。不过后市该股并没有真正反转向下，而是逐步回升。当股价回到前高附近的时候，主力再度发威，强势拉出涨停，投资者可以追高打板。这个蛤蟆洗盘的独特之处是假突破后跌破了前低，洗盘更狠。

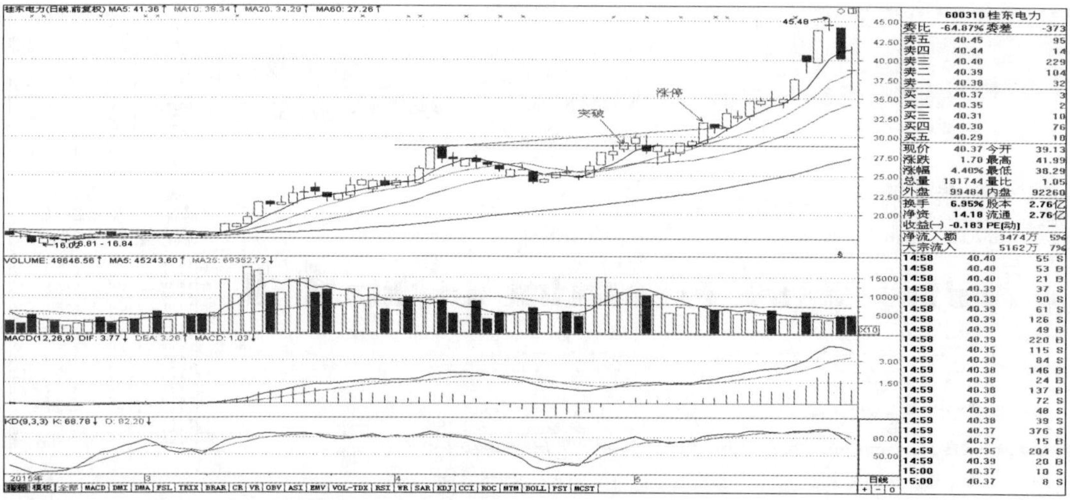

图 19-8 桂东电力

实例解析：在图 19-8 中，箭头所示小阳线突破前高，但走势明显弱化，并不适合跟进。此后股价如期回落，走出一个假突破的走势。不过此后股价并没有深度回调，而是就地横盘，然后回转。最后该股加速起跳，走出涨停，验证了前面的假突破就是洗盘，可以中线进场。

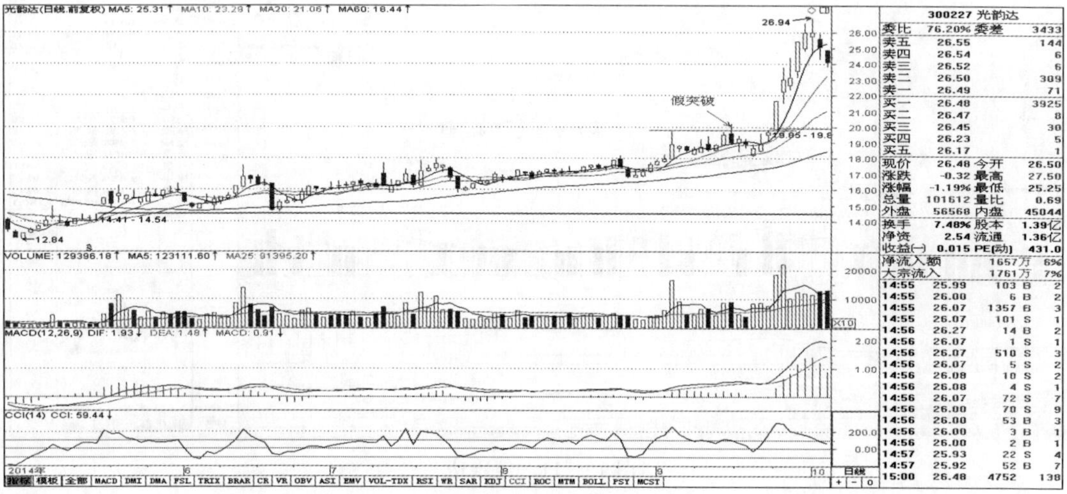

图 19-9 光韵达

实例解析：在图 19-9 中，该股整体运行在上升趋势中，但不够强势，涨速太慢。一个假突破，然后小幅回调，到前低后止跌回升。当股价回到前高的时候，再度强势启动，可以追高打板，当日成功封板。这个打板有价值的原因是前面经过了一个假突破的洗盘，属于强势股的类型。

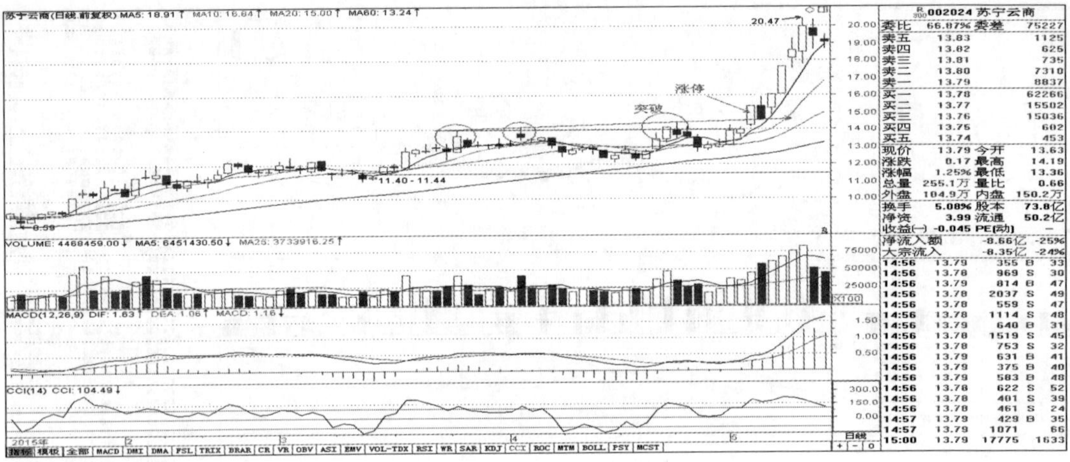

图 19－10　苏宁云商

实例解析： 在图 19－10 中，该股在上升途中有一个连续假突破的走势，实为盘升的格局。这种假突破的走势对短线投资者来说是很头疼的，需要不断确认。不过这种走势有可能是反复诱多洗盘，后市有爆发的潜力。该股第四次来到前高附近的时候强势爆发了，跳空涨停，可追击进场。

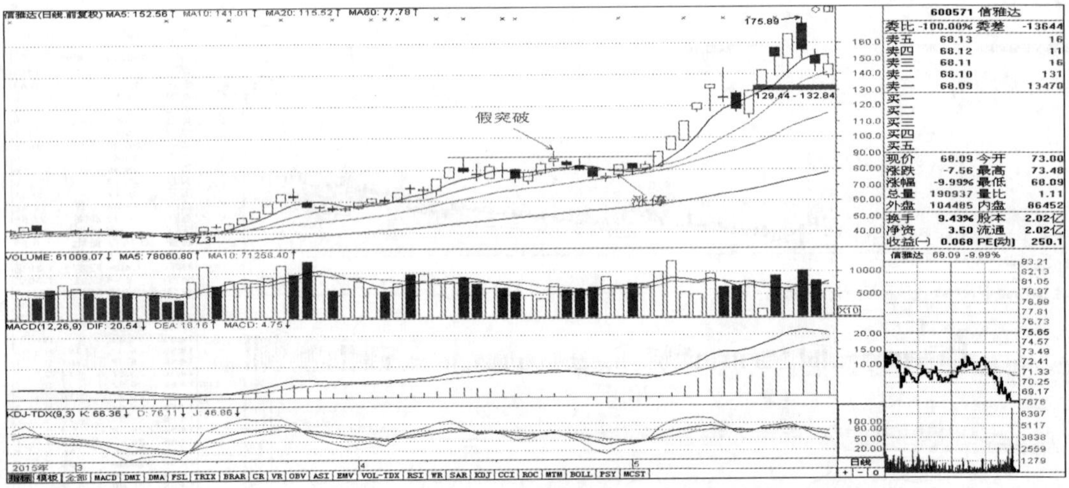

图 19－11　信雅达

实例解析： 在图 19－11 中，箭头所示为一个假突破，创出新高了，但最后没能成功突破，随后连续回调。这种走势看起来是一个诱多的走势，有必要先止损。此后关注止跌的情况，该股在前低止跌回升，走出强力谷底，基本可以判断洗盘结束。谷底是买点，最后突破前高可以加仓，一般有较大涨幅。该股在突破的时候再度涨停，可以追高打板。

第二十章
加速板

打板要点： 股价整体是一个上升趋势，均线呈多头排列。局部股价加速，即单日上涨的幅度日渐加大。在加速的过程中往往出现涨停大阳线，我们可以在盘中择机打板。另外有一种波段加速的走势，也可能逼出涨停，市场含义类似，可以追击进场。

止损要点： 就地止损，即追击涨停的当日最低价是止损价。

打板关键词： 股价加速　波段加速

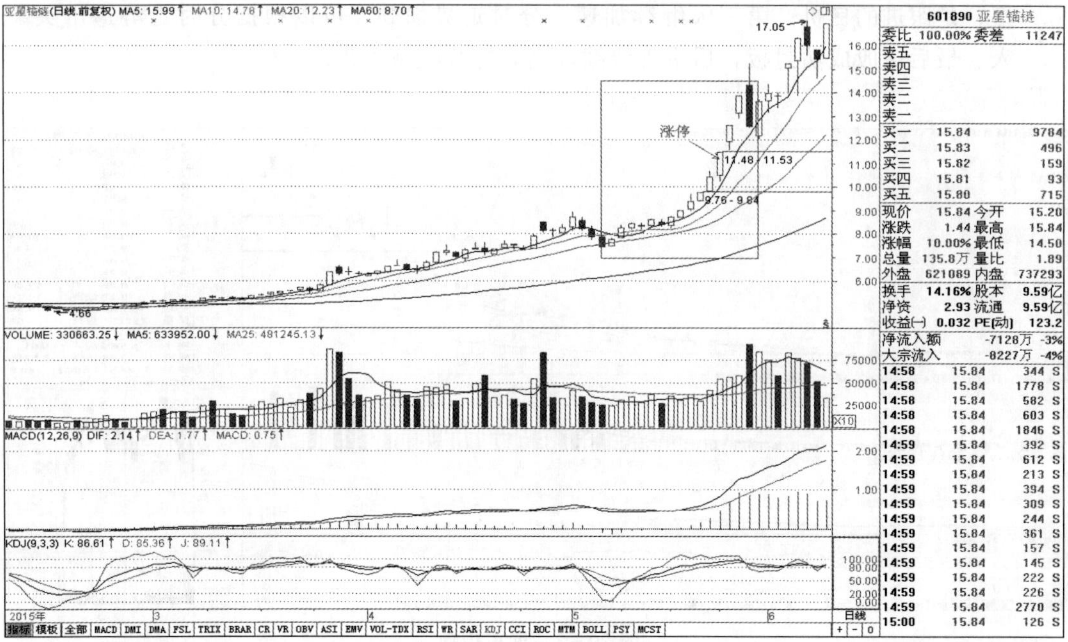

图 20－1　亚星锚链

实例解析： 在图 20－1 中，方框内的股价走势有明显的特征，那就是逐渐加速。开始是小阳线，然后明显加速，出现跳空的中阳线，但涨幅还是很有节制。最后该股继续加速，直至涨停，短线投资者可以在盘中择机介入。该股在加速的过程中稳定，说明主力还有余力，因此可以放心跟上。

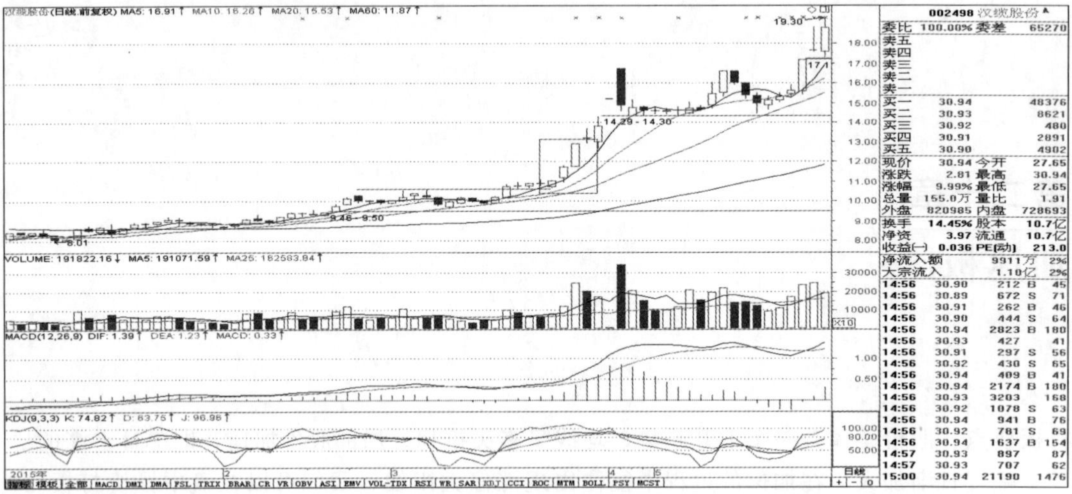

图 20-2 汉缆股份

实例解析： 在图 20-2 中，方框内的三根 K 线是明显的加速走势，短线可以择机跟进。第一根是小阳线，没有突破盘整区，走势不明朗。第二根是中阳线，突破了盘整区，是跟进的良机。第三天继续加速，分时走势强劲，可以根据分时走势追击买入。最后该股成功封板，后市则继续冲高，短线收益不错。

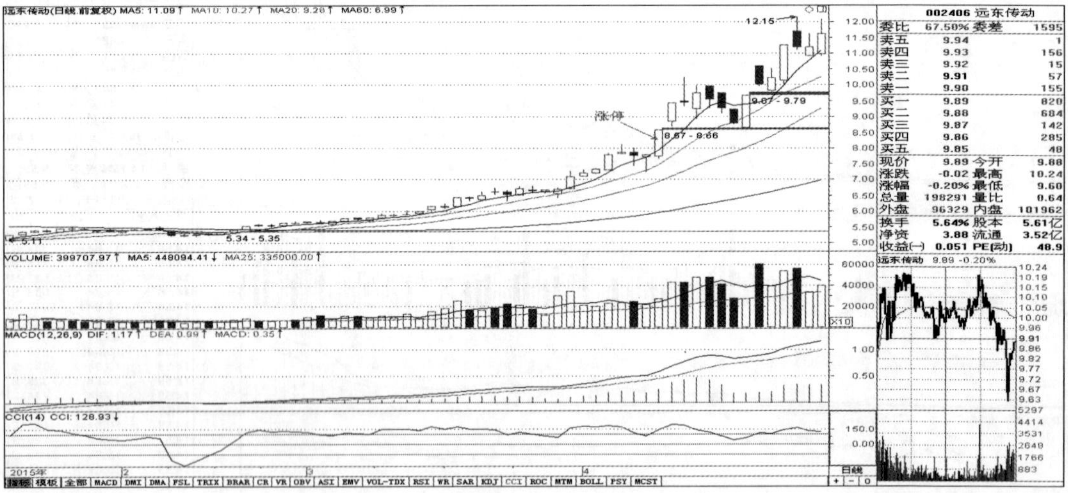

图 20-3 远东传动

实例解析： 在图 20-3 中，加速板不一定是一个波段内加速的结果，也可能是几个波段加速的结果。箭头所示的涨停就出现在股价波段加速后，呈现明显的中线加速趋势。该股前期多是小阳线，然后是中阳线，最后涨停大阳线。从调整的角度看，该股波段调整的时间越来越短，最后逼出了涨停大阳线，可以短线追击。

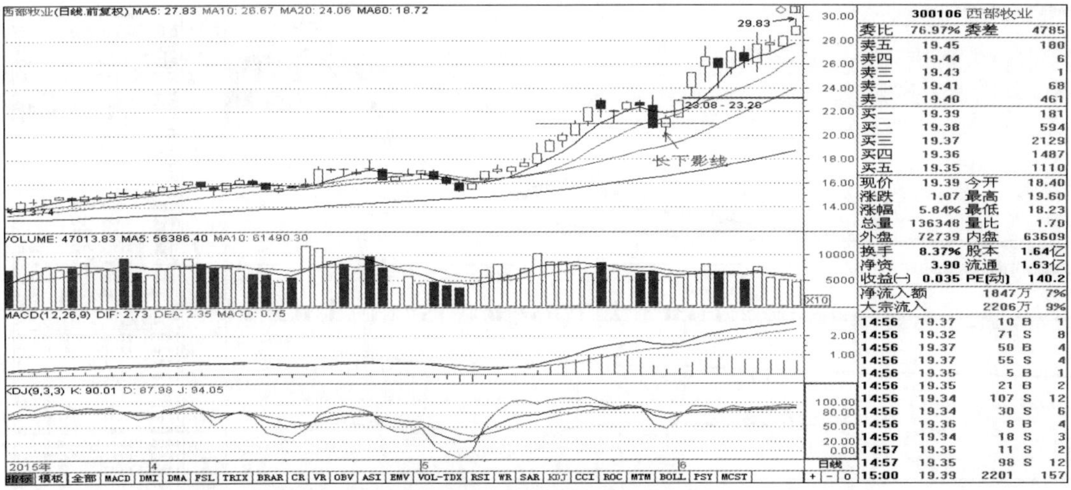

图 20-4 西部牧业

实例解析：在图 20-4 中，箭头所示的锤子出现在一根大阴线之后，整体背景则是上升趋势。锤子有探底回升的含义，可以少量参与。次日出大阳线，是一个强力谷底，可以跟进。第三天大幅跳空高开，最后涨停，短线可以追击这个涨停板。追击的理由之一就是该股短线是一个加速的走势，很可能成功封板。

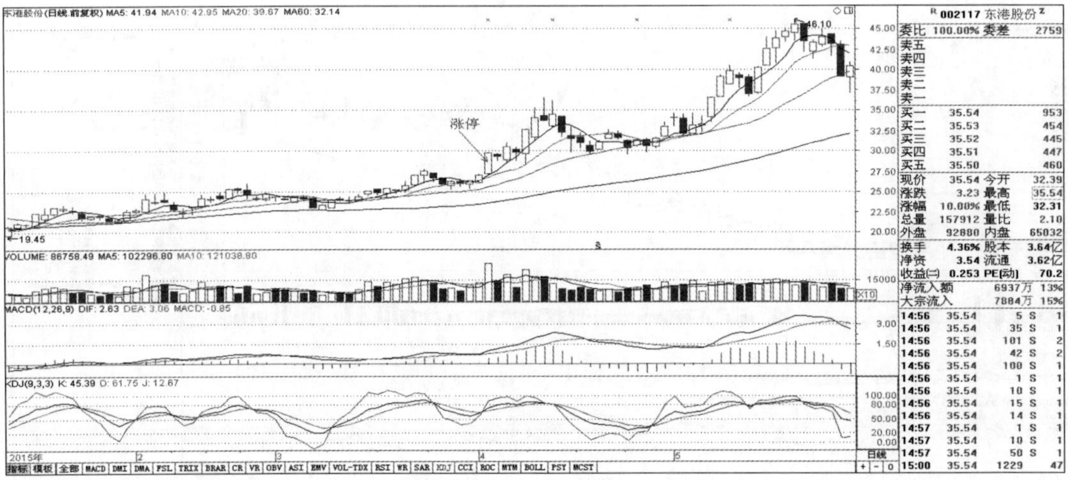

图 20-5 东港股份

实例解析：在图 20-5 中，箭头所示的涨停是一个较为典型的加速板，可以对比股价的涨速加以研判。从整体看该股波浪上升，但涨速明显加快，这从偏离 60 日线的幅度可以看得出。我们也可以从波段调整的幅度可以观察到股价在加速上升。从局部看该股出现的小幅回调后，前面是二连阳，股价也在逐渐加速，因此可以在盘中追击打板。

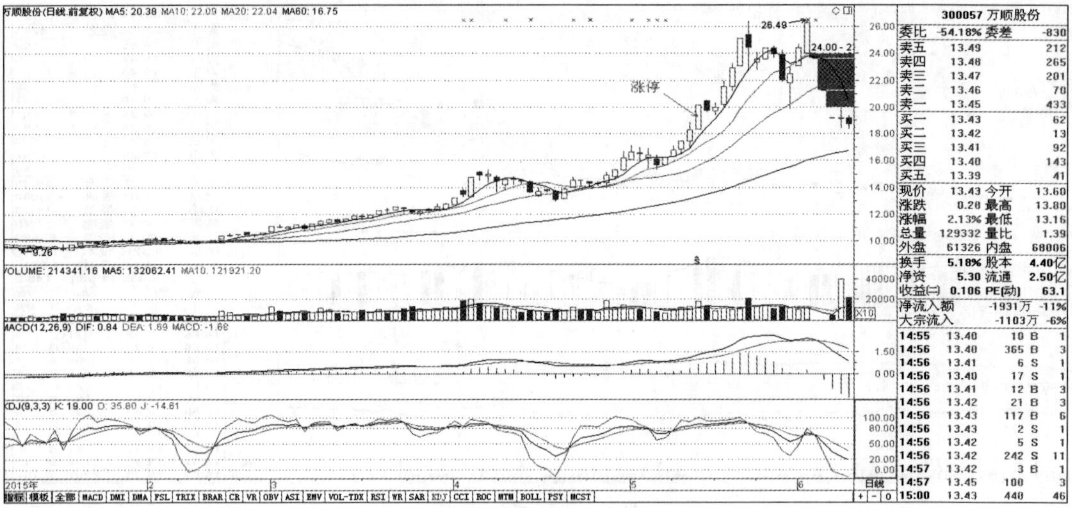

图 20－6　万顺股份

实例解析：在图 20－6 中，箭头所示涨停出现在四连阳之后，但这四连阳没有大涨，都是中阳线，略微有点加速，即涨幅有所放大。整体则是典型的上升趋势，均线呈多头排列，有涨停的潜力。在短线有加速趋势的时候，盘中如有封板的迹象，则可以追高进场。

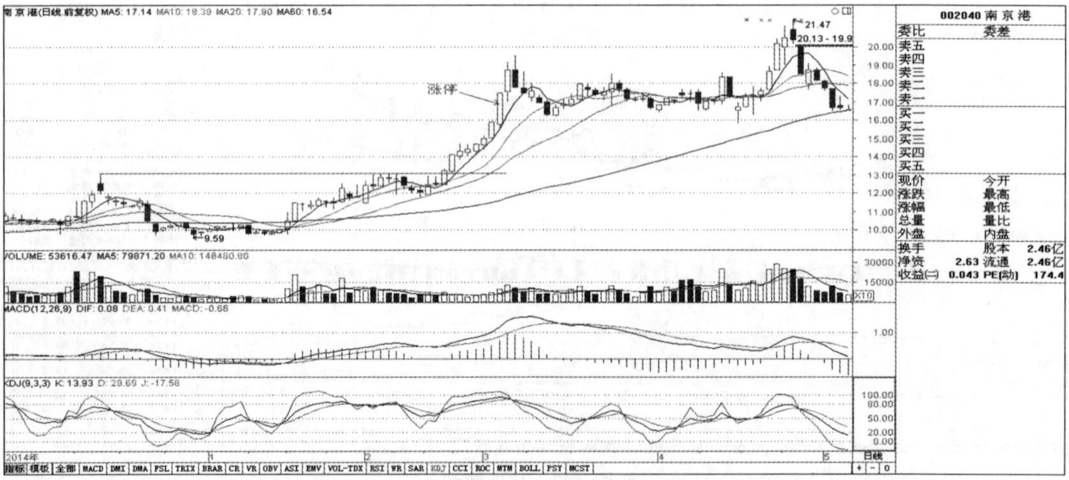

图 20－7　南京港

实例解析：在图 20－7 中，这个加速板可能也有点不好理解，因为波段上涨有减速的表现。前期长阳突破，然后出现众多的小阳线，有减速的特征，但事实上是强轧空的走势。小阳线后接着就是中阳线，然后是涨停大阳线，局部看还是一个加速的走势。我们通常会在强轧空的时候就进场，到了加速要封板则是最后的进场时机了。

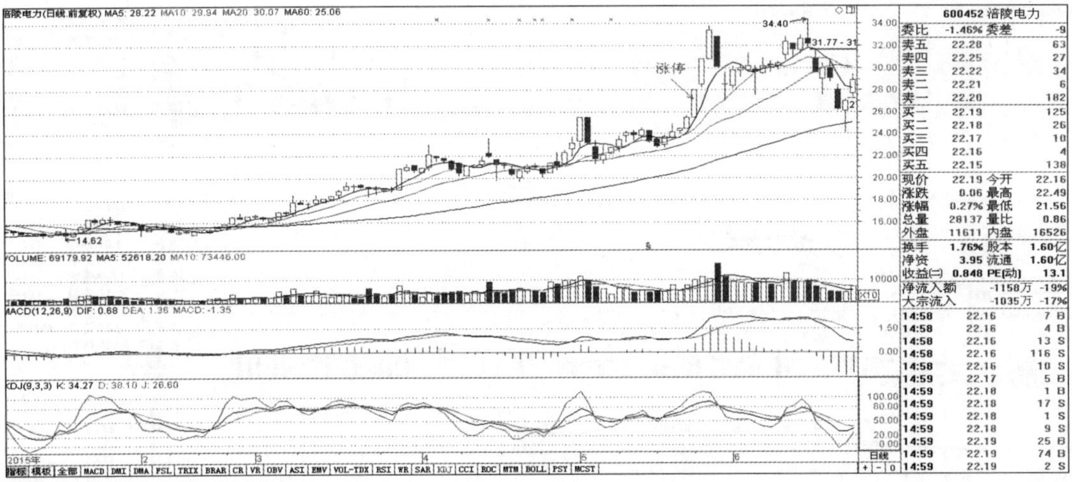

图 20－8　涪陵电力

实例解析：在图 20－8 中，箭头所示的涨停板是一个典型的加速板。前期是小三浪调整的形态，结束后没有立刻加速，而是经历了一周的缓慢加速。开始是小阳线，然后中阳线，最后涨停大阳线，是追击打板的好标的。加速后追高能不能涨停还有很多因素，特别需要关注分时的走势。

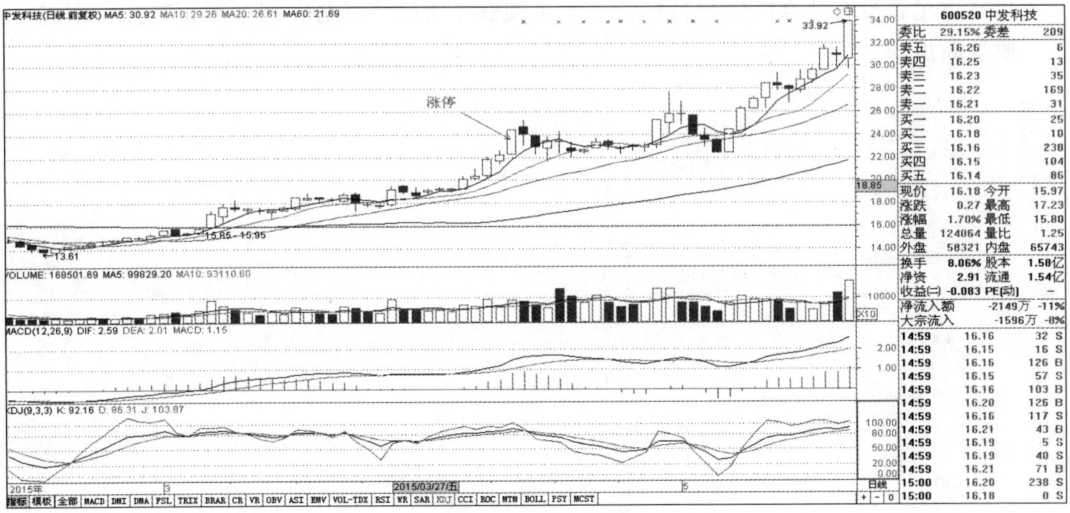

图 20－9　中发科技

实例解析：在图 20－9 中，箭头所示涨停出现在短线加速之后，整体也是个加速的走势。这个加速可能有些不好理解，因为前日是一个减速的小阳线。从整个波段的节奏看，股价明显加速，大涨时候的幅度越来越大，调整则是小阳线。涨停后该股没有延续强势，超级短线只能择机出局。

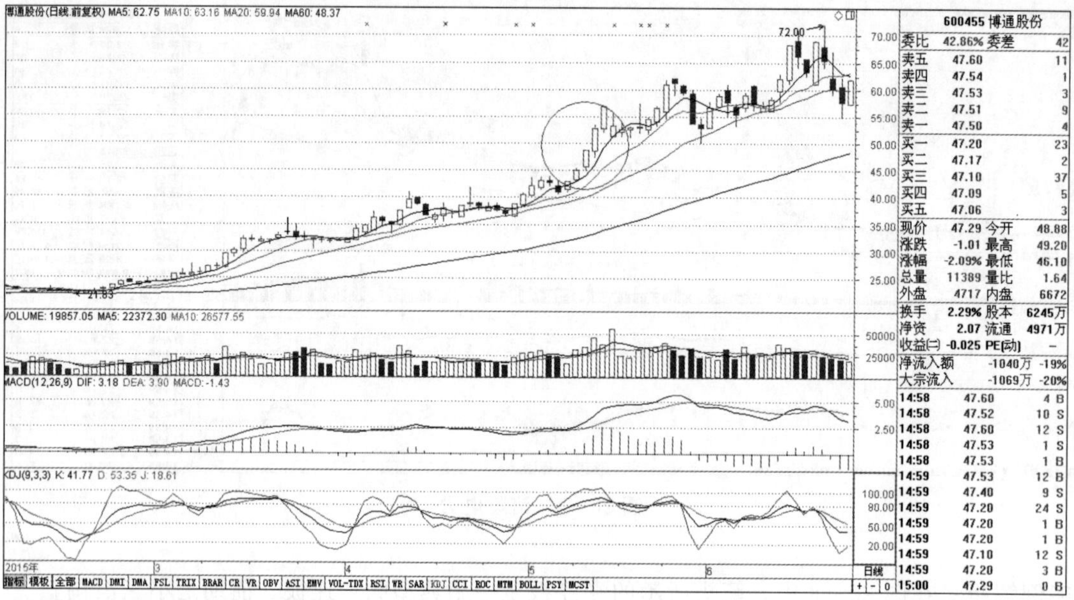

图 20－10　博通股份

实例解析：在图 20－10 中，圆圈所示连续阳线，且有加速的趋势，很可能爆发涨停。可是该股最终也没有逼出一个涨停来，只能说啥事都有可能。我们在大阳线的时候追高进场，没有达到涨停的目标，后市可观察是否维持强势，假如明显减速，则需要果断出局。

第二十一章

形态起跳板

打板要点：形态是趋势的组成部分，底部形态确立反转走势，是标准的买点。上升中继形态结束后也是买点。经过底部蓄势或者中继洗盘后，往往会强势启动，强庄会用涨停的方式宣告拉升开始，因此可以短线积极参与。形态整齐，紧凑，量能稳定，是强庄的特征，一旦启动往往会涨停。涨停突破形态的概率并不是很高，因此需要根据分时走势来追击强势股。

打板关键词：形态整理　强势起跳

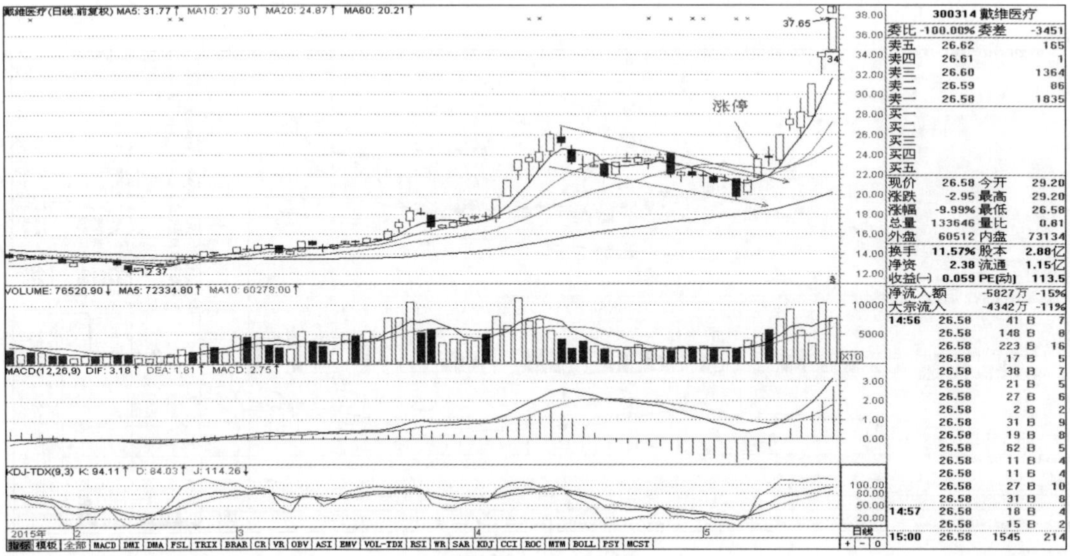

图 21－1　戴维医疗

实例解析：在图 21－1 中，该股在一波强势上涨后逐浪下跌，走出一个整齐的下降通道，很像旗形。在下跌的过程中，成交量极度萎缩，有明显的洗盘特征。我们即使知道是洗盘，也不可提前进场，因为无非预测何时止跌回升。最后该股强势起跳，突破下降通道，是跟进的极好时机。当日涨停突破旗形整理形态，可以追高打板进场。

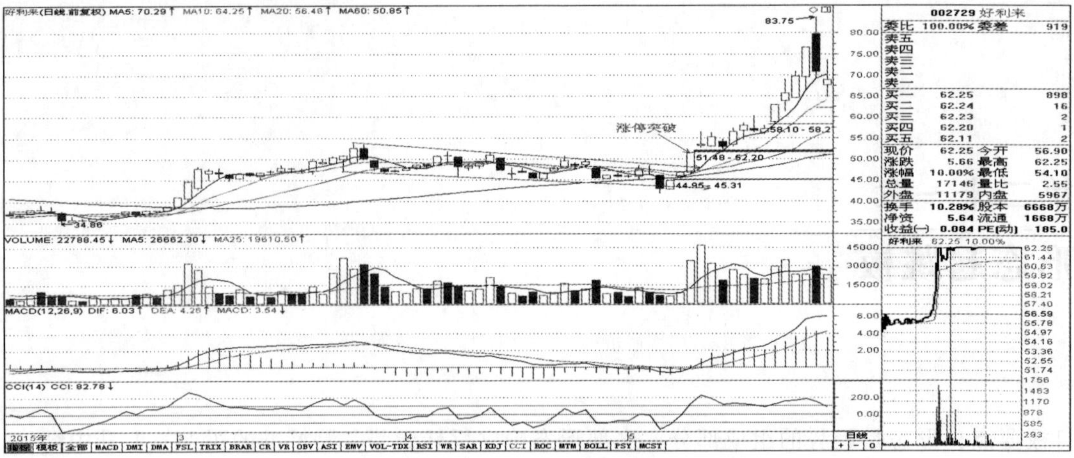

图 21 - 2 好利来

实例解析： 在图 21 - 2 中，该股在两波上升后开始回落，下跌的时间较长，走出一个平行的下降通道。在跌破 60 日线后股价意外回升，最后强势突破下降通道，是买入的信号。至此我们可以判断这是突破了一个下降旗形，意味着洗盘结束了。当日盘中强势上攻，有打板的征兆，可以追高打板。

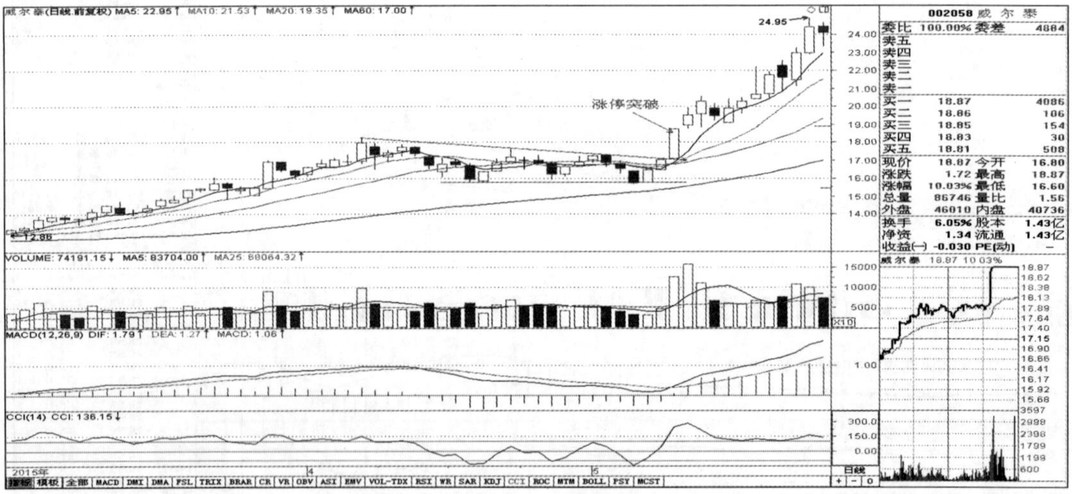

图 21 - 3 威尔泰

实例解析： 在图 21 - 3 中，该股在一波持续上升后进入回调走势，逐浪下跌，成交量明显萎缩，有很强烈的洗盘特征。逐浪下跌后我们可以清晰地看出这是一个下降楔形，可以等待突破的时机。最后该股强势上攻，轻松突破楔形上轨，是普通的买点。当日盘中显然有主力操控，走势强悍，可以择机打板。这个打板的价值并不在短线，有中线的持有价值。

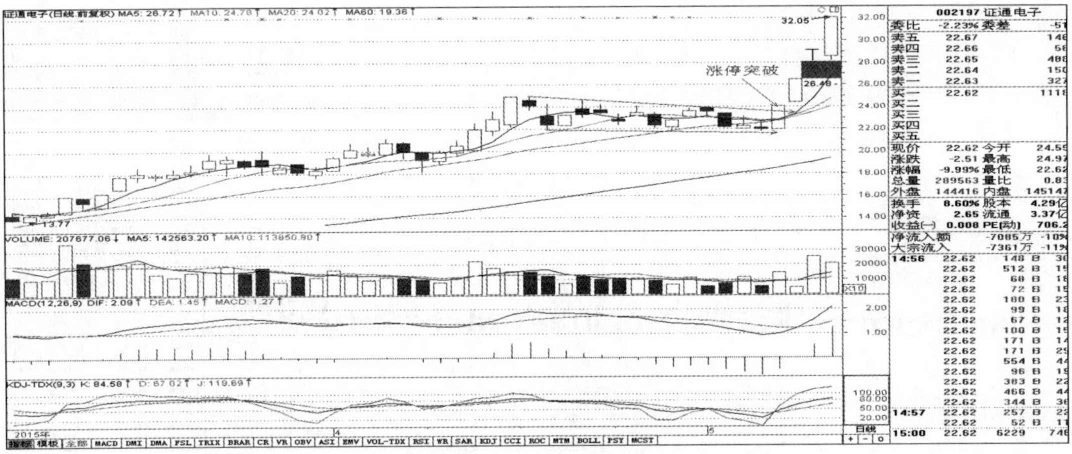

图 21－4　证通电子

实例解析：在图 21－4 中，该股在五连阳后震荡回落，可以看出是一个平行的下降轨道，具备旗形的基本特征。下跌过程极度缩量，洗盘的特征更加明显，只等洗盘结束即可买入。最后该股强势上攻，盘中突破上轨，是买入的时机。观察分时图，假如有主力强攻的表现，则很可能涨停，我们可以择机打板。突破形态的打板比普通打板更有价值，有中线买入的意义。

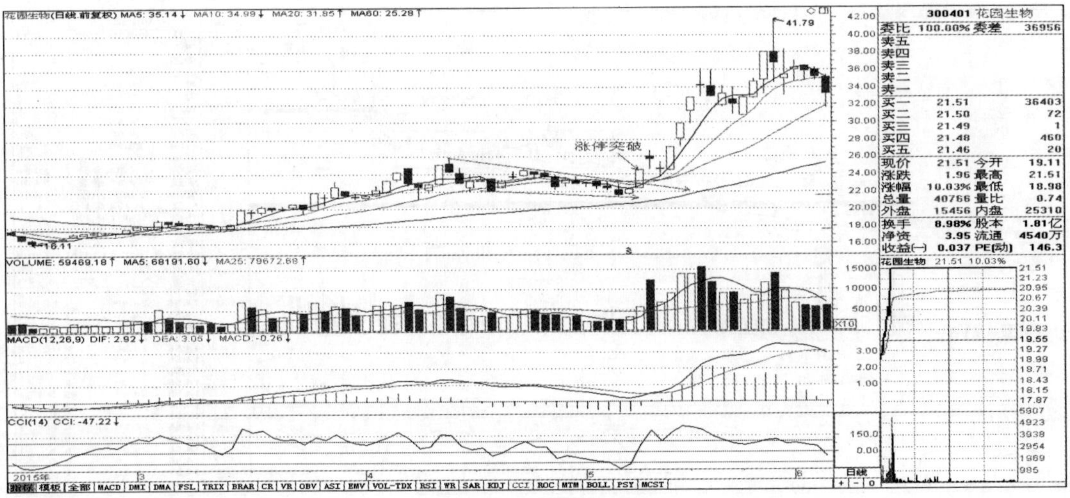

图 21－5　花园生物

实例解析：在图 21－5 中，该股在一波较为强势的上涨后开始回落，是反转还是下跌呢？随着时间的推移，我们可以看出这是一个下降通道，成交量低迷，是洗盘的特征。最后该股向上强攻，一举突破下降通道，是买入的时机。当日盘中走势强悍，投资者可以择机打板。

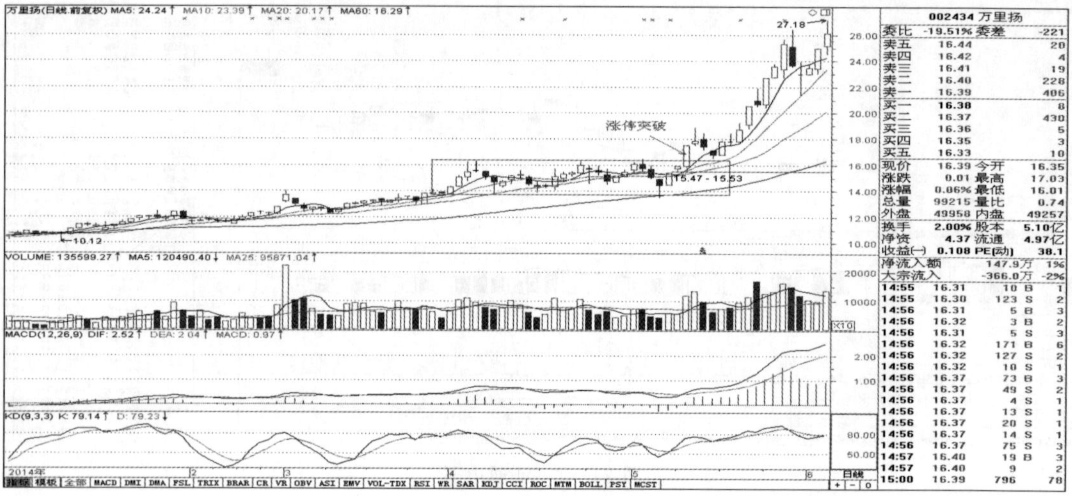

图 21-6　万里扬

实例解析：在图 21-6 中，该股整体是一个明显的上升趋势，这点毋庸置疑。图示方框内是个典型的箱体格局，由于此前没有飙升过，这个箱体很可能是个中继形态。最后该股如期上攻，突破箱体，可以积极参与。至于打板，则需要看分时走势，如果符合条件是可以追高打板的。

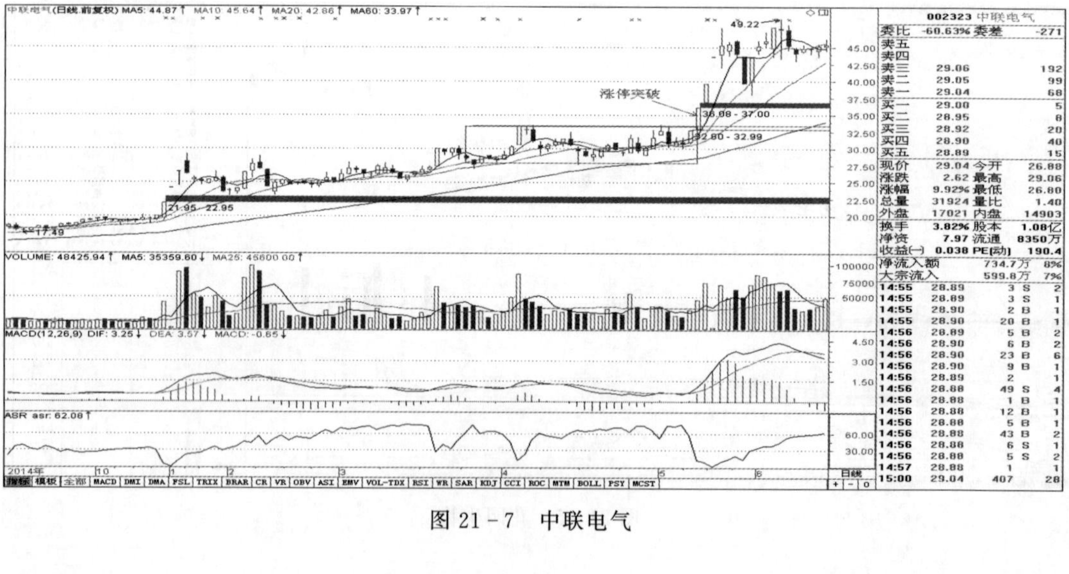

图 21-7　中联电气

实例解析：在图 21-7 中，该股在上升途中走出一个箱体，即所谓的盘整走势。此箱体底部不远是 60 日线，即有中长线的支撑，风险不大。箱体运行的时候可以逢低潜伏，等待爆发。短线投资者等突破箱体的时刻跟进。最后该股涨停突破箱体，投资者可以在盘中择机追击打板。

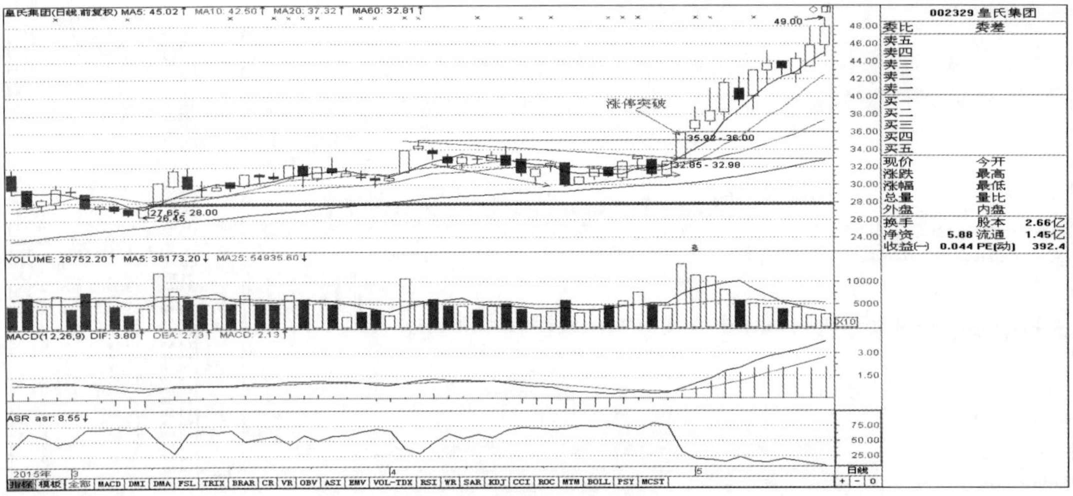

图 21－8　皇氏集团

实例解析：在图 21－8 中，该股在 60 日线上震荡，走出一个倒三角形，可以看作是一个不完全的菱形，也是整理形态的一种。在整理过程中明显缩量，是洗盘的特征。在菱形末端，该股强势起跳，盘中高举高打，很可能封板，投资者可以积极参与打板。这种打板也具有中线的价值，可以放心进场。

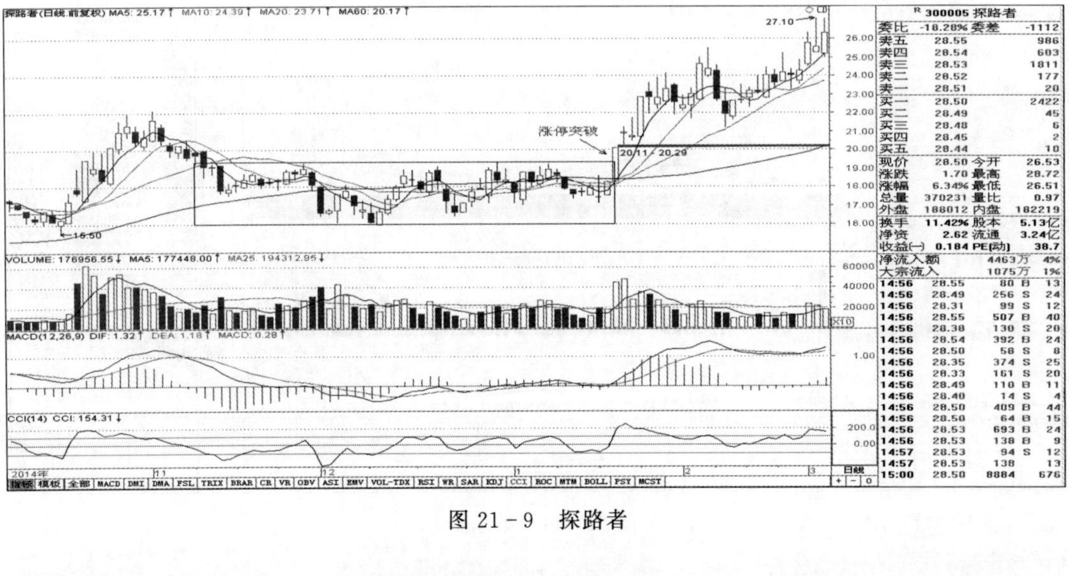

图 21－9　探路者

实例解析：在图 21－9 中，该股在一波上涨后大幅回落，基本回到了原点，然后盘整。盘整过程中成交量萎缩，60 日线贯穿其中，说明主力的成本也在此处。最后该股强势起跳，有望封板，是追击的好时机。由于该股是在 60 日线上起跳的，应该具备中线的价值。

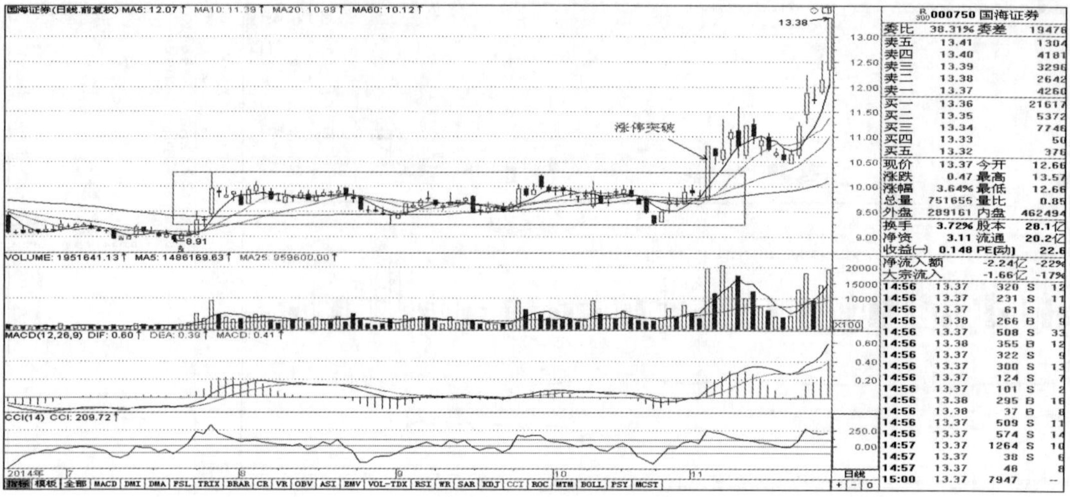

图 21－10　国海证券

实例解析：在图 21－10 中，该股在突破 60 日线后陷入一个长时间的盘整走势中，即俗称的箱体走势。这个箱体是一个中继形态，一旦突破则意味着进入主升浪，可以重仓介入。最后该股如期强势突破，当日封板，投资者可以跟进分时追击打板。此后该股略有震荡，但整体的强势上升趋势格局已经不可阻挡了。

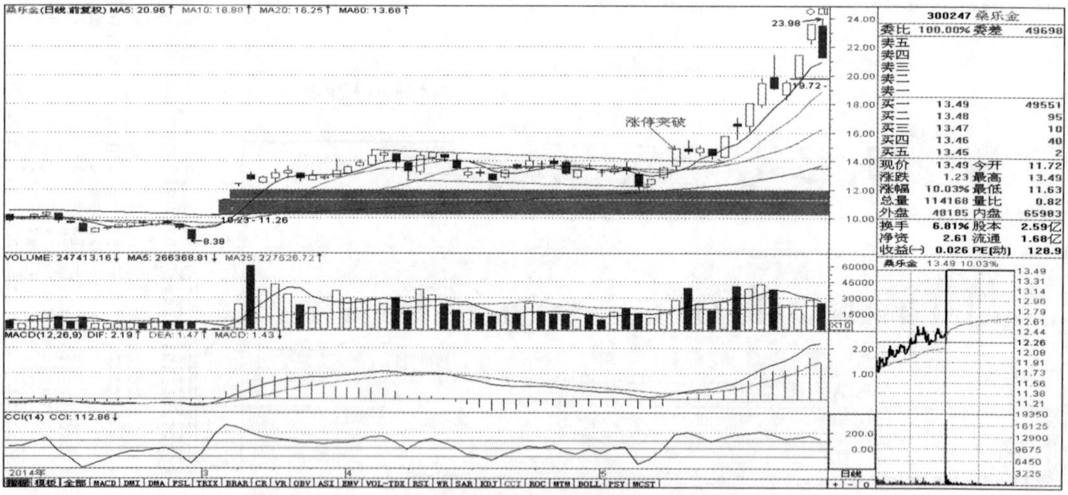

图 21－11　桑乐金

实例解析：在图 21－11 中，该股在两波上涨后背离，然后逐浪下跌，走出一个下降通道。在下跌的过程中明显缩量，说明筹码比较稳定，有洗盘的特征。最后跳空突破，当日涨停，投资者可以积极跟进打板。这个板有中线价值，因为是突破了一个中继形态，进入新一轮上升趋势中。

第二十二章 V 形反转板

打板要点： 整体处于上升格局中，短线加速上升，然后开始调整。调整完成的方式有 N 多种，最强势的一种是 V 形反转。V 形反转有一个前兆，那就是在支撑位上收出长下影线，俗称探底针，可以抄底进场。接着是强力谷底，即中长阳线反击，最好是涨停反转，更有可能完成 V 形反转。逐渐加速也有望走出 V 形反转，买入则在途中随机跟进。V 形反转的过程中很可能走出涨停，可在盘中关注分时走势，择机打板。

打板关键词： 探底针　强力反击

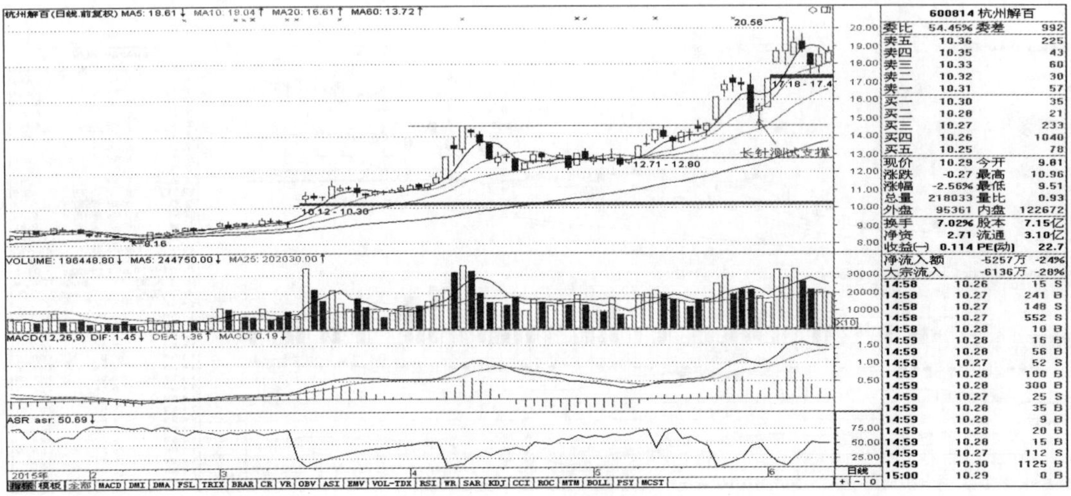

图 22-1　杭州解百

实例解析： 在图 22-1 中，该股整体波浪上升，是典型的上升格局，当然也不排除有较深的回调。箭头所示长下影线回踩抵抗线，一般是探底回升的信号，可以适当买入。探底回升不代表后面会强势上涨，还需要继续观察。次日股价继续强势上涨，盘中可以择机打板。强力的反转意味着可能会 V 形反转，后面还有更大涨幅，因此可以追高买入。

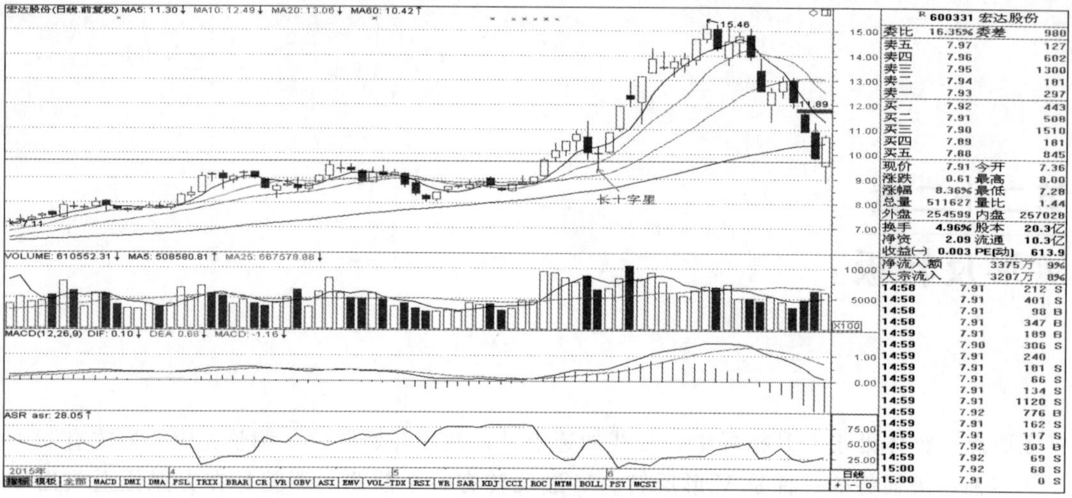

图 22-2 宏达股份

实例解析：在图 22-2 中，该股整体处于上升趋势，60 日线明确上行。箭头所示长十字星出现在抵抗线上，此抵抗线是据前箱体高点画出的。箱体的支撑比通常的支撑要强，因此长十字星探底回升基本可以确认支撑有效。隔日高开高走，盘中走势强悍，有封板的趋势，可以择机介入。

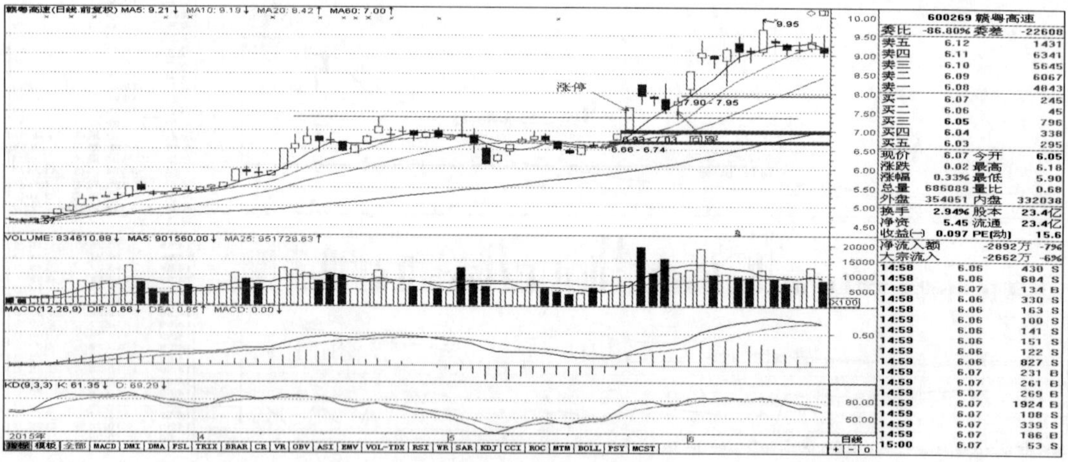

图 22-3 赣粤高速

实例解析：在图 22-3 中，箭头所示涨停突破，走势强悍，次日高开低走，是典型的放量滞涨，是调整的表现。然后股价持续回落，直到抵抗线收出长下影线。长下影线有探底回升的意思，也是多头反击的前兆，可以跟进。隔日跳空高开，盘中走势高举高打，有望封板，可以择机打板。最后成功封板，也完成了 V 形反转，体现了该股应有的强势。

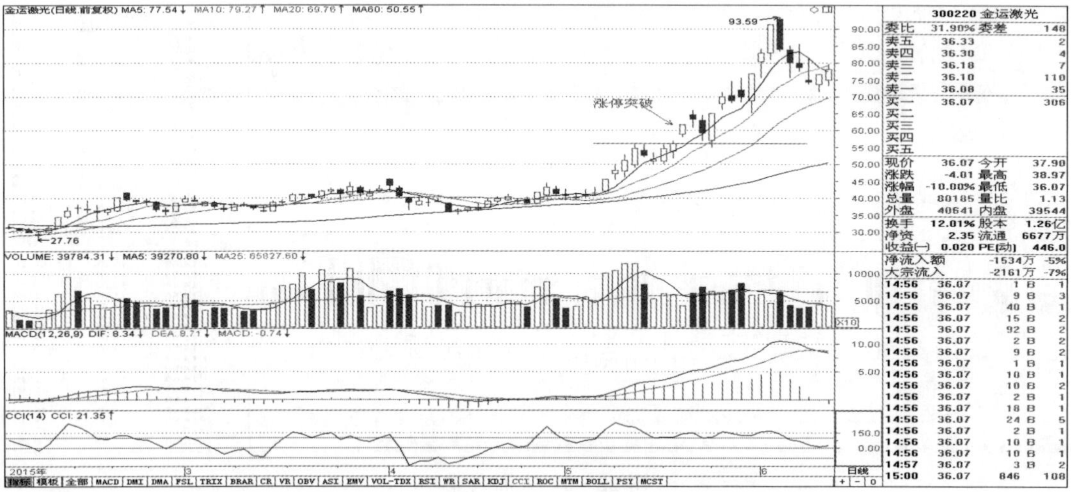

图 22-4 金运激光

实例解析：在图 22-4 中，箭头所示为一个跳空的涨停突破，非常强势，是短线跟进的信号。可该股次日即冲高回落，第三天更是大跌，股价直接考验抵抗线的支撑。长阴线肯定是不可以买入，即使是下档有支撑。随后的涨停长阳则确认可以买入。能涨停完成止跌和反击，说明多头非常强势，有望 V 形反转，自然可以追高进场。

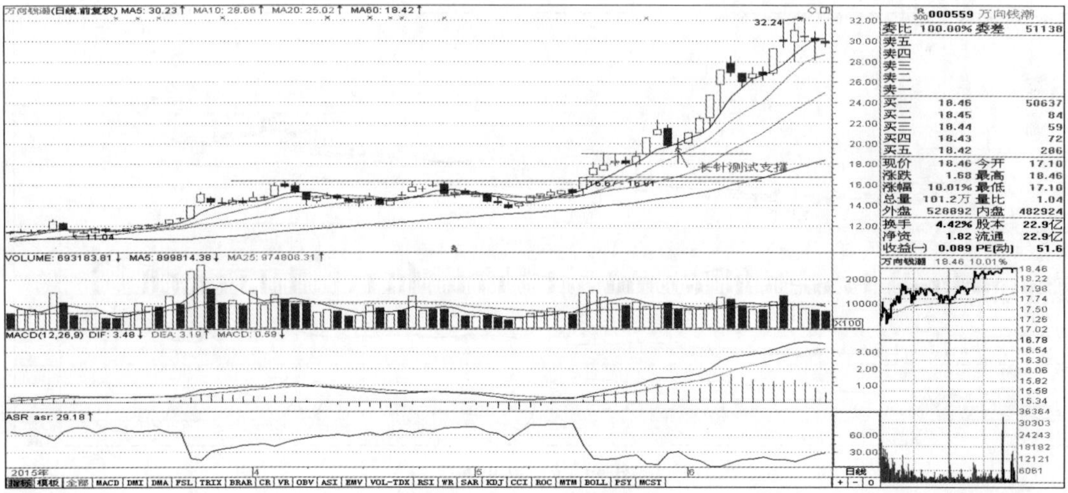

图 22-5 万向钱潮

实例解析：在图 22-5 中，箭头所示长下影线是股价下探前面的小平台的反应，说明支撑有效，多头开始强力反击。隔日跳空上行，当日收出光头中阳，完成了完美的反转，可以跟进。接着继续强势上升，有望走出 V 形反转，可以随机跟进。涨停则出现在稍后，是 V 形反转的自然结果，体现了多头的强势，可以在盘中择机打板。

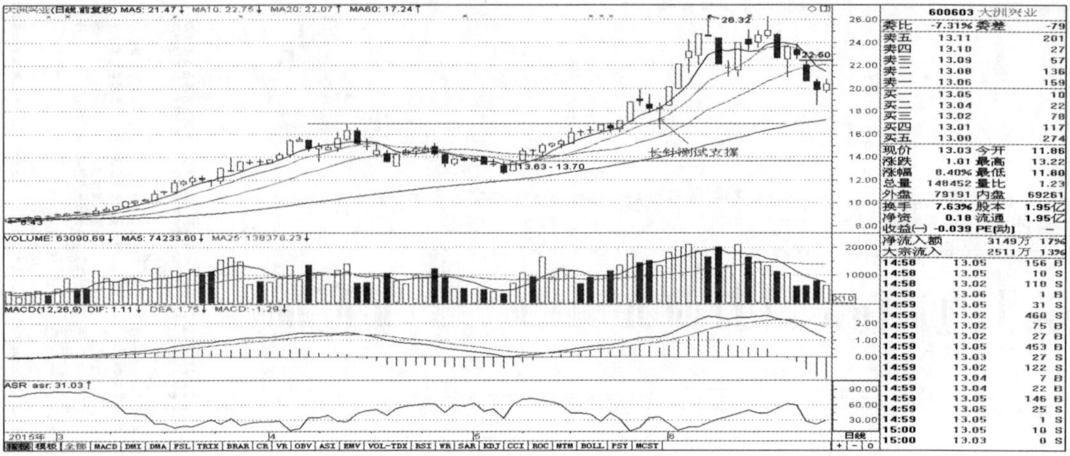

图 22 - 6　大洲兴业

实例解析：在图 22 - 6 中，该股突破前高后只续涨了一天即回落，显然没有达到目标，很可能是洗盘。下跌的速度较慢，且呈缩量状态，洗盘特征明显。箭头所示长下影线是触碰抵抗线后的走势，说明支撑有效，多头反击力道很足。隔日跳空上行，维持了前日的强势，甚至有明显加速，可以跟进。盘中有封板的迹象，可以跟进打板。一旦封板则意味着完成 V 形反转，更有较大的上涨空间。

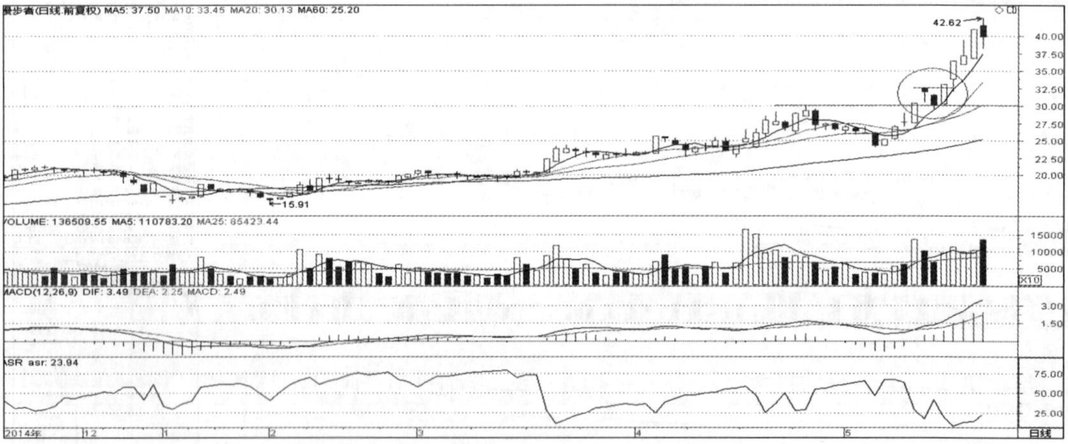

图 22 - 7　漫步者

实例解析：在图 22 - 7 中，该股在强势突破后走出一根吊颈线，然后回落，股价触碰支撑线。隔日平开高走，盘中强势上攻，最后涨停，完成了标准的 V 形反转。确认 V 形反转可以证实这个股票走势比较强悍，因此可以在盘中择机跟进。本例的 V 形反转是一根 K 线完成了触底反转到新高，结果最佳，是跟进的好目标。后市该股如期飙升，短线涨幅较大，成就了一个非常漂亮的 V 形反转。

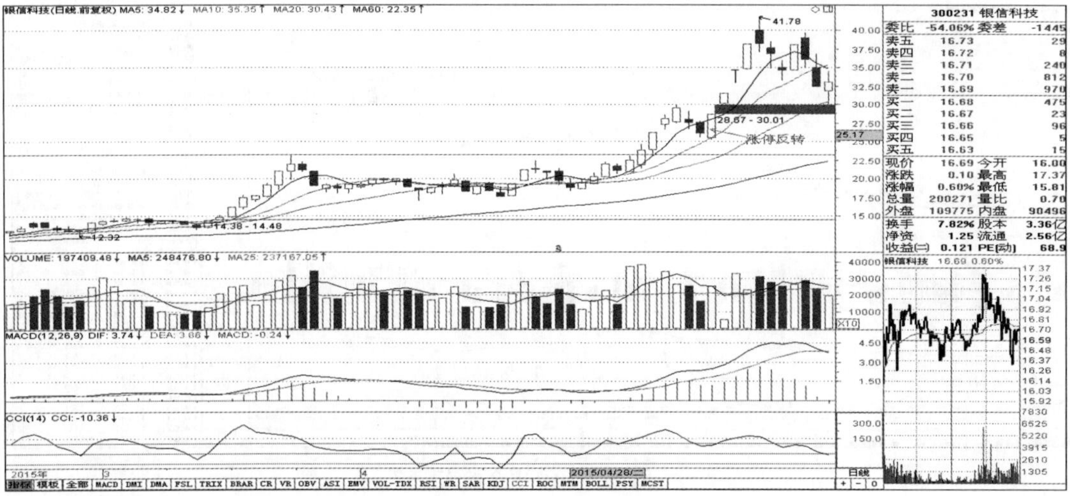

图 22-8　银信科技

实例解析：在图 22-8 中，该股经过一波中速上涨突破箱体，然后回落，连续调整了两天。接着低开高走，当日盘中可见主力强力拉升，可以跟进。当日最后涨停收盘，有 V 形反转的趋势，可以看高一线。此后该股持续封板，显示了超强的特征，短线追击成效不错。

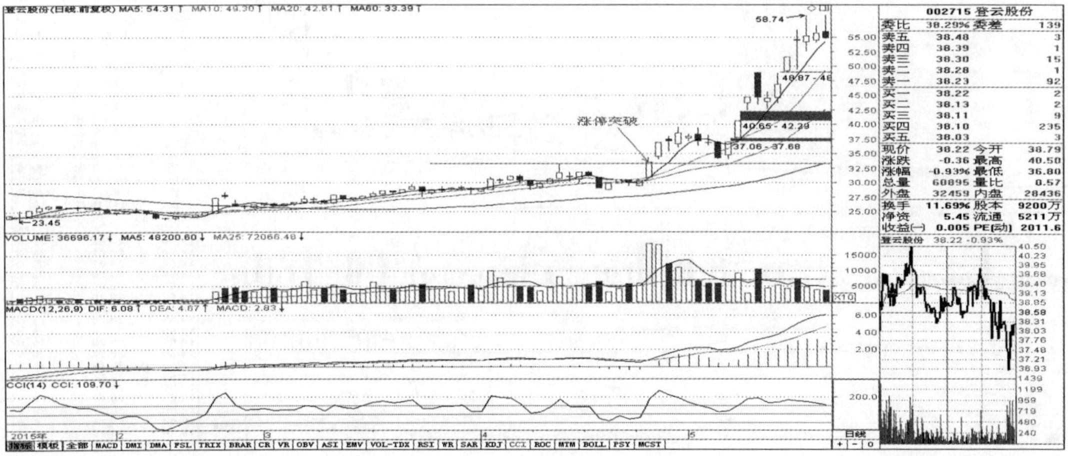

图 22-9　登云股份

实例解析：在图 22-9 中，箭头所示长阳突破前高，然后持续轧空，波段结束后股价回踩前高。抵抗线上走出一根长阴线，显然没有止跌，不能随意抄底。隔日高开高走收出并列长阳，多头完成了完美反击，也确认回调结束，可以跟进。长阴转长阳，出乎意料的强悍，也有望完成 V 形反转。接着跳空上行，继续强悍走势，可跟进打板。

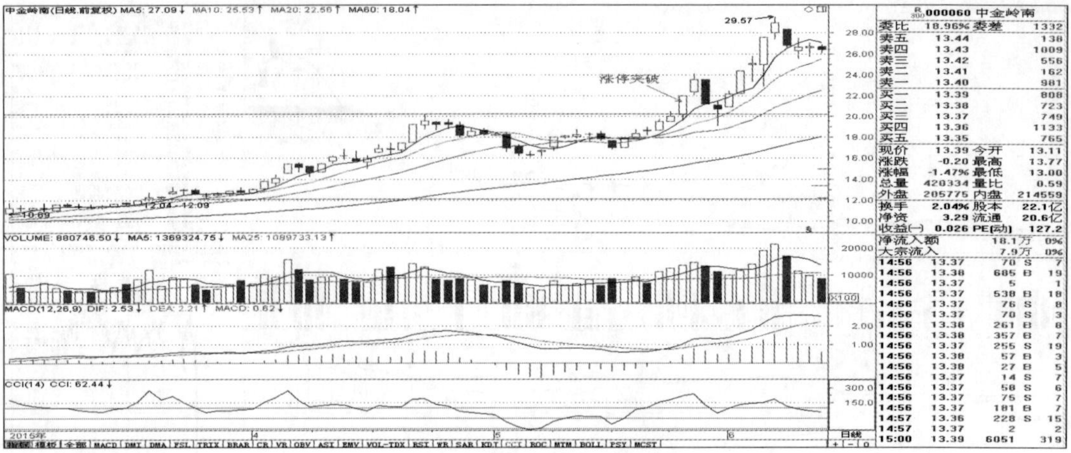

图 22-10 中金岭南

实例解析：在图 22-10 中，该股涨停突破后只涨了一天，然后急速回调，触碰支撑线后回升，留下探底针。这个快速的下杀有很强的洗盘特征，因为目标涨幅不够，且下跌无量。随后该股回升，并逐渐加速，直至涨停，最后涨停完成 V 形反转。在加速的过程中可以随时介入，如果有打板的机会那是最好的结果。

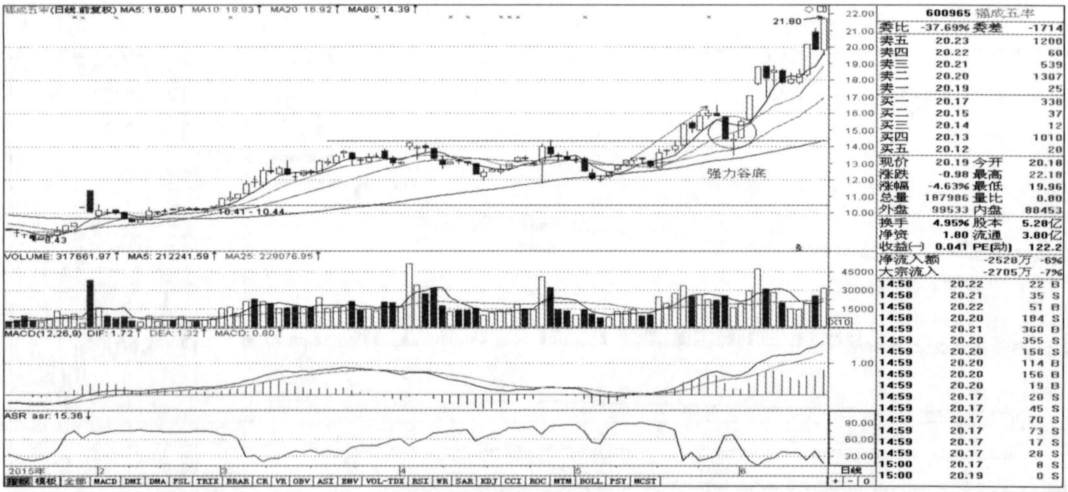

图 22-11 福成五丰

实例解析：在图 22-11 中，该股突破等高点后有稍许的轧空走势，但没到目标即回落，有洗盘的嫌疑。在一根长阴后股价继续下挫，但最后成功收回，体现为一根长下影线的十字星，是多头强势反击的表现。隔日跳空上行，具备强势特征，可以跟进。最后继续加速，有望封板，同时完成 V 形反转，在盘中可择机打板。

第二十三章 破位洗盘板

打板要点：破位洗盘指跌破了支撑位，但不是真正下跌，只是一个短暂的洗盘过程。整体处于上升趋势中，且没有完成大周期的波浪上升。敢于破位洗盘的股票一般都是高度控盘的股票，因此时不时会涨停。在破位后修复的时候有可能会出涨停，或者创出新高的时候。前有破位洗盘，后面只要在盘中有封板的迹象就可以积极参与。

打板关键词：破位　不达目标　修复

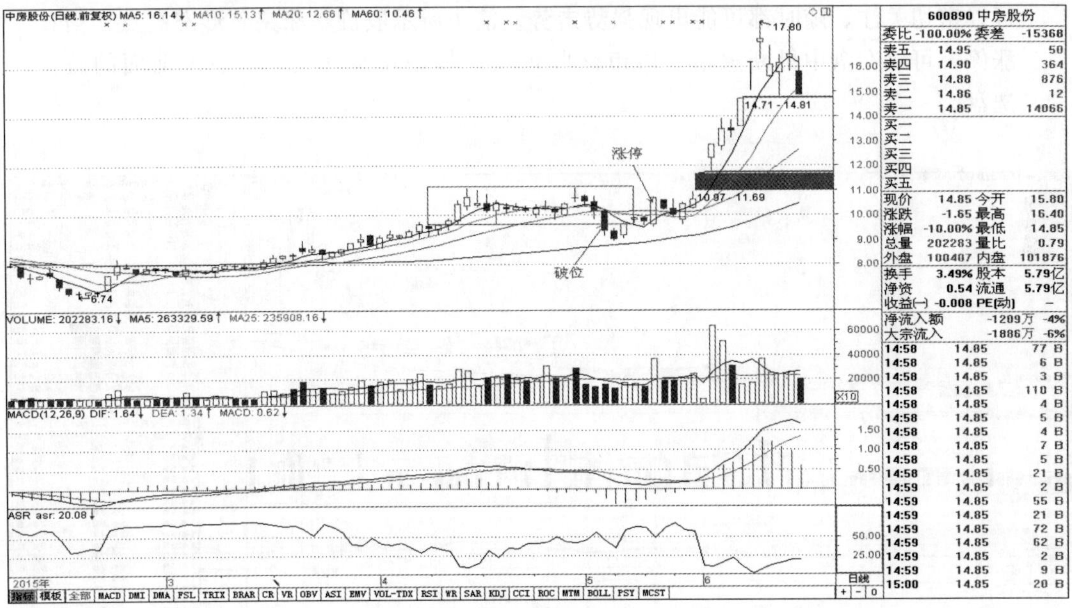

图 23－1　中房股份

实例解析：在图 23－1 中，该股走出一个双头，长阴跌破颈线，一般需止损出来。只是这双头的位置让人怀疑，因为前期涨幅不大，离 60 日线也不远，因此很可能是洗盘。后市该股确实没进一步下跌，可密切关注。箭头所示当日股价爆起，同时修复破位 K 线，可以盘中跟进打板。后市该股更有出色表现，可见破位洗盘的威力。

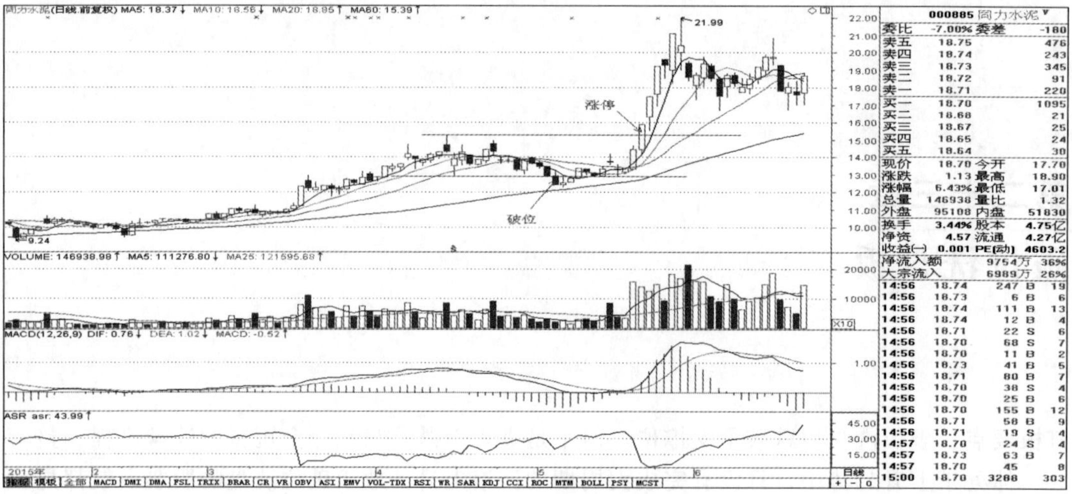

图 23－2　同力水泥

实例解析：在图 23－2 中，该股前期走出了一个头肩顶的形态，跌破颈线，但没有跌够形态对称理论跌幅，因此可以判定为破位洗盘。在迅速修复破位 K 线后，投资者可以密切关注，随时都可能出现强势走势。箭头所示股价暴涨突破形态高点，当日涨停，可以在盘中果断追击。后市该股短线连板，收益巨大，得益于前面的破位洗盘。

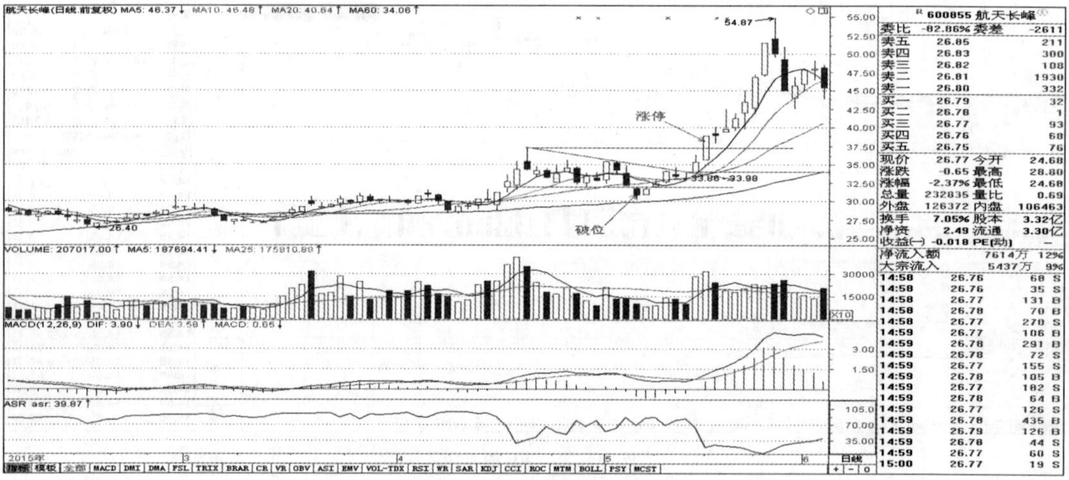

图 23－3　航天长峰

实例解析：在图 23－3 中，箭头所示中阴线跌破小平台，属于破位走势。这是破位洗盘的可能性很大，因为下档就是 60 日线的支撑，下跌的空间被封杀了。随后该股很快修复，可以适当买入。涨停则出现在后面，时间不可预测，但可以在盘中临时跟进。敢于追击打板的底气来自前期的破位洗盘，因为只有强庄才会这么做。

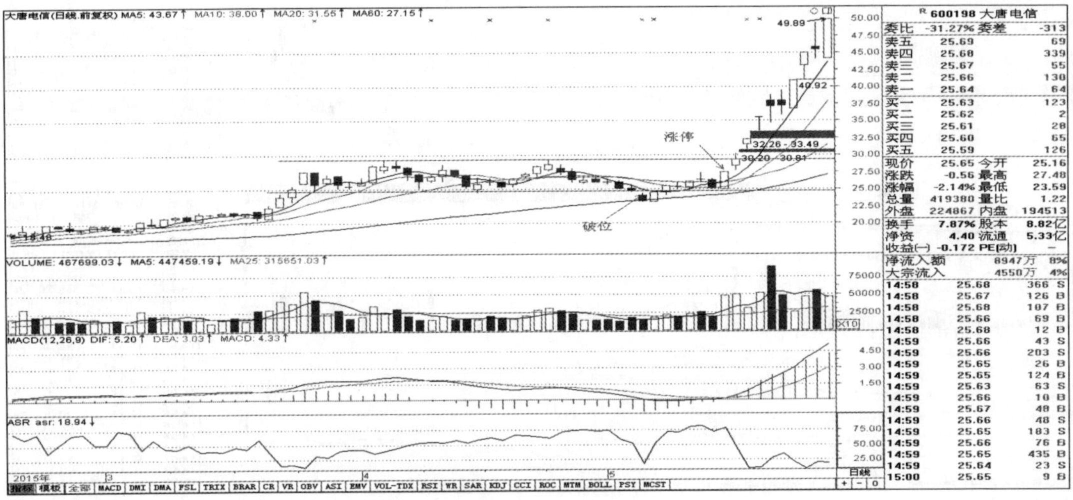

图 23－4　大唐电信

实例解析： 在图 23－4 中，箭头所示有个涨停，可以追击打板。为什么这个板可以追击？根源在于该股前期有个破位洗盘。破位洗盘后修复即可以适当买入，后市强势拉起可以加仓。破位洗盘后的涨停随时可能出现，需要密切跟踪，随机买入。

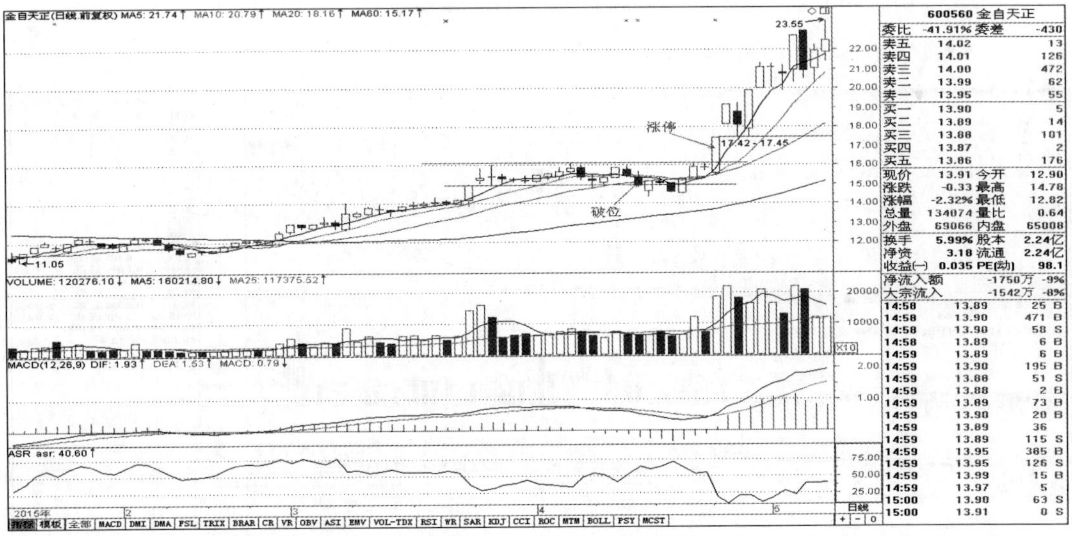

图 23－5　金自天正

实例解析： 在图 23－5 中，该股突破 60 日线缓慢上行，然后横盘，通常会向上突破。可是后市该股不涨反跌，跌破小平台，短线需止损。此后该股未达预期跌幅就已修复，是破位洗盘的表现，可以在修复的时候买入。涨停出现突破前平台的时候，可以在盘中择机追击。

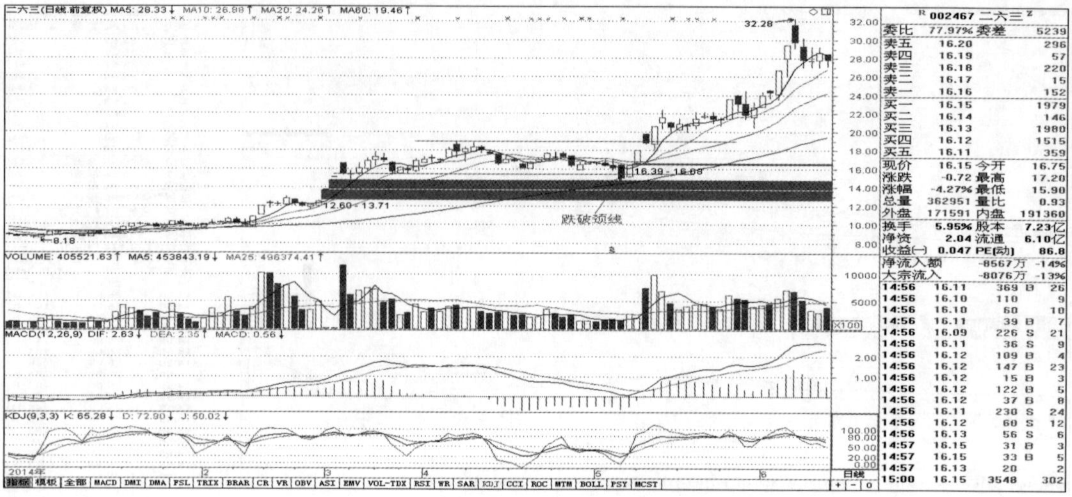

图 23-6　二六三

实例解析： 在图 23-6 中，箭头所示长阴跌破头部颈线，反转走势确立，通常都得止损。可是次日该股不跌反涨，走出长阳，基本修复前日长阴，破位被修复。破底反涨不仅仅是修复，更可以证明这是刻意洗盘，是高度控盘股票的特征。既然是洗盘，修复时即可买入。接着该股又是一个涨停，证实了强势股的特征，可以继续追击。

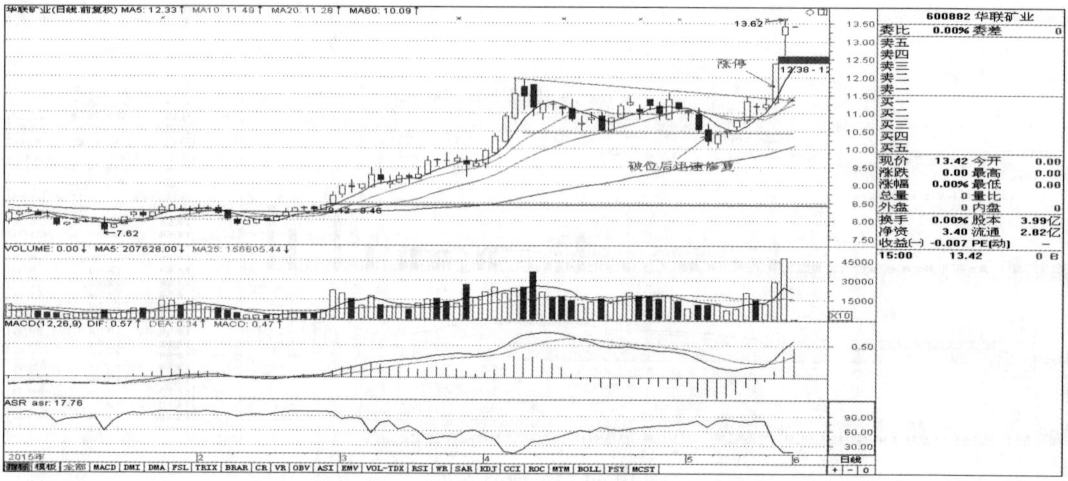

图 23-7　华联矿业

实例解析： 在图 23-7 中，箭头所示中阴跌破前低，意味着支撑破坏，进入下降趋势。既然已经破位，通常需果断止损。可此后三连阳，修复破位 K 线，证明前面的破位是刻意的洗盘，反而可以判断里面有强庄，自然可以跟进。涨停则出现在后面的突破前高之时，也是强庄的最终体现，短线可以追高进场。

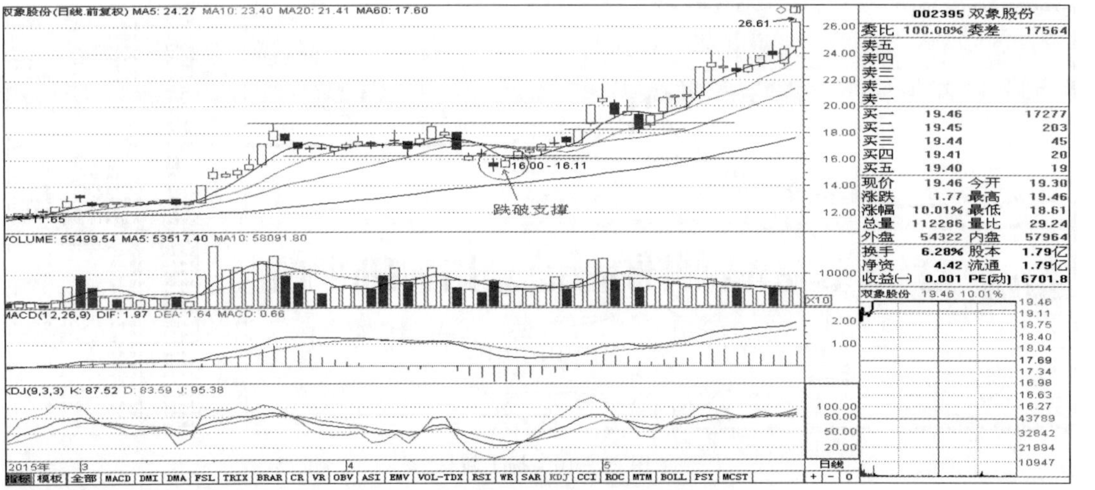

图 23－8　双象股份

实例解析：在图 23－8 中，箭头所示破位跌破前低支撑，也是双头的颈线，确立趋势反转，需止损。可是该股隔日即止跌，第三天修复破位 K 线，至此可以判断前面的破位是洗盘。股价修复破位 K 线时我们即可进场，至于何时涨停还要观察。后市该股跳空突击前高，有封板的可能，短线可以择机追高买入。

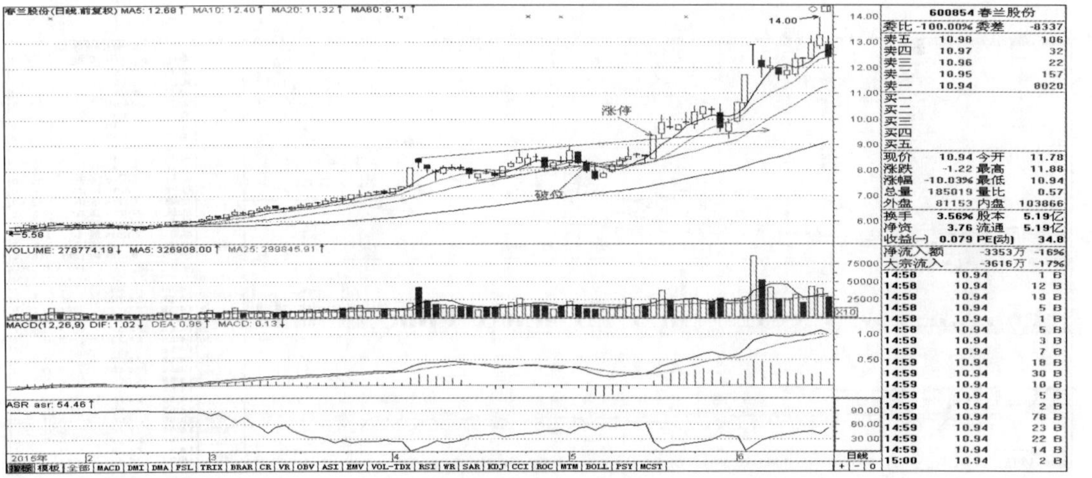

图 23－9　春兰股份

实例解析：在图 23－9 中，该股前期震荡上升，趋势完好，可以持股。箭头所示长阴跌破上升趋势线，说明原有趋势已经被破坏，需止损出局。可是此后股价很快回到原有的走势趋势中，说明这是破位的洗盘。破位洗盘是强势特征，意味着随时可能强势上攻，可以密切跟踪。后市该股如期加速上行，投资者可以在盘中择机追击打板。

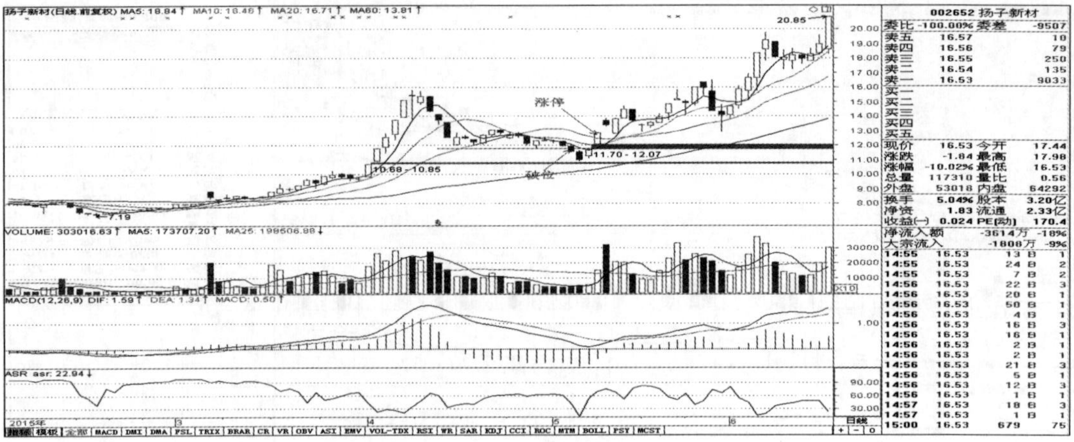

图 23-10　扬子新材

实例解析： 在图 23-10 中，该股前期一波巨大的快速上涨，结束后快速回落，然后盘整。此盘整没有带来止跌回升，反而破位下行，形成中期的下降趋势，通常要割肉出局。箭头所示中阴破位，次日续跌，走势正常。可接着股价强势反攻，甚至拉长涨停。当股价修复破位 K 线时，我们需意识到前面的破位是暴力洗盘，后市还有强势上涨的可能。在确认修复之时，我们可以放心进场，如果涨停则更要追高打板。

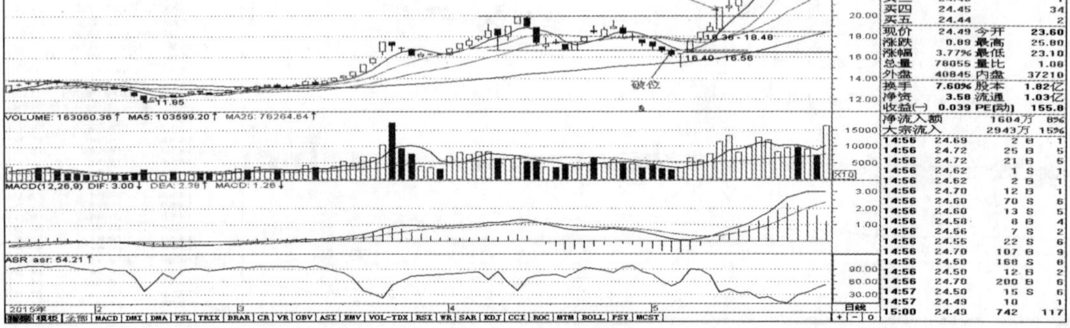

图 23-11　哈尔斯

实例解析： 在图 23-11 中，该股前期波段上涨，然后走弱，箭头所示中阴跌破前低支撑，意味着走势进入下降趋势，需要止损出局。次日继续下跌，但触碰 60 日线后即回升，隔日更是强力反攻，完全修复破位走势。此时我们可以确认前面的破位是洗盘，可以积极进场。敢于破位洗盘是强庄的特征，有爆发的潜力，后市该股继续强攻，在突破前高的时候收获涨停，我们可以择机加仓。

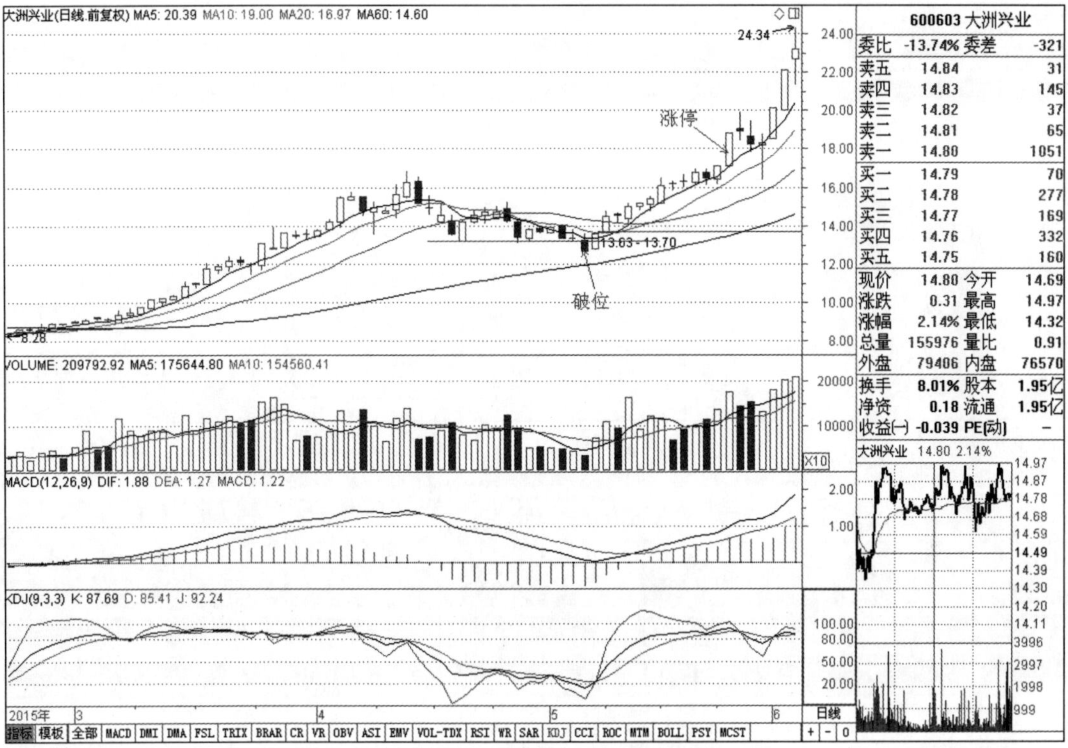

图 23－12　大洲兴业

实例解析：在图 23－12 中，箭头所示中阴跌破平台支撑，进入下降趋势，看似大势已去。这个破位下跌值得怀疑，因为 60 日线就在附近，且呈上行趋势，即中线的上升格局没有破坏，自然有一定的支撑。次日股价意外反转向上，强攻收出长阳，股价站上前日破位的阴线最高价，说明已经完全修复。此时可以证实破位下跌为洗盘，也是强庄的特征，可以追击进场。至于后面的涨停相隔甚远，但也是前面强势洗盘的结果，可以随机跟进打板。

第二十四章
缺口板

打板要点： 整体运行在上升趋势中，确保有中长线的价值。跳空上行，是多头强势的表现，自然成为短线跟进的良机。突破缺口最有价值，如果当日能封板自然最佳，是打板的机会。突破缺口伴随量能萎缩，那是最佳的打板时机。

打板关键词： 跳空缺口　量价配合

图 24-1　青松建化

实例解析： 在图 24-1 中，箭头所示跳空的缺口比较大，是追击的好时机。此缺口出现在大突破回调之后，是洗盘完毕后再启动的信号，自然可以跟上。在起跳之前，该股地量盘整洗盘，是高控盘的特征，应该有强爆发力。集合竞价后出现跳空缺口，有这样的情况，可以直接挂涨停价跟进，确保成功。

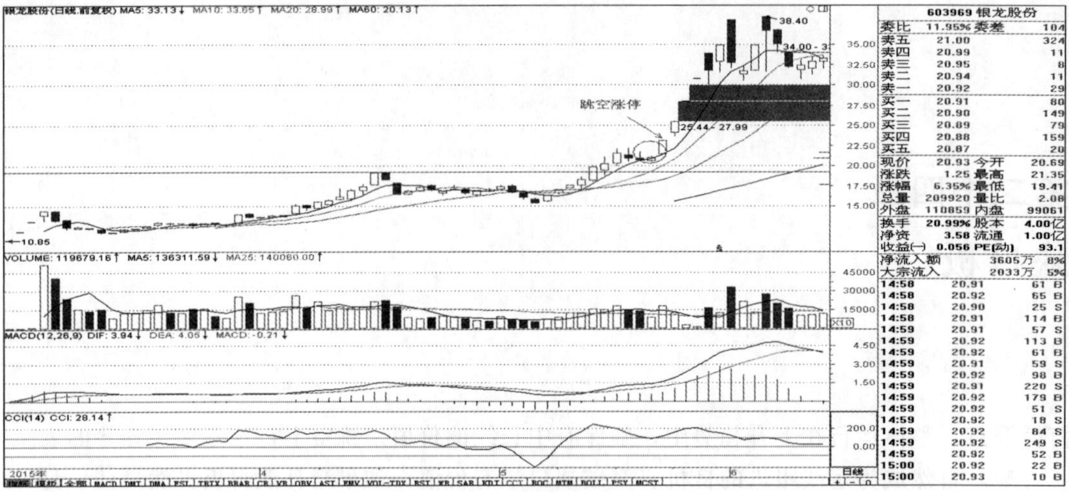

图 24-2 银龙股份

实例解析：在图 24-2 中，该股在一个重要突破后小幅上涨，然后窄幅调整，是常见的突破回调走势。接着跳空上攻，盘中走势强悍，可以择机追击打板。这个跳空缺口有特别的价值，因为出现在回调末端，是洗盘结束的信号。缺口是多头强势启动的特征，盘中没有诱多表现就可以积极跟进。

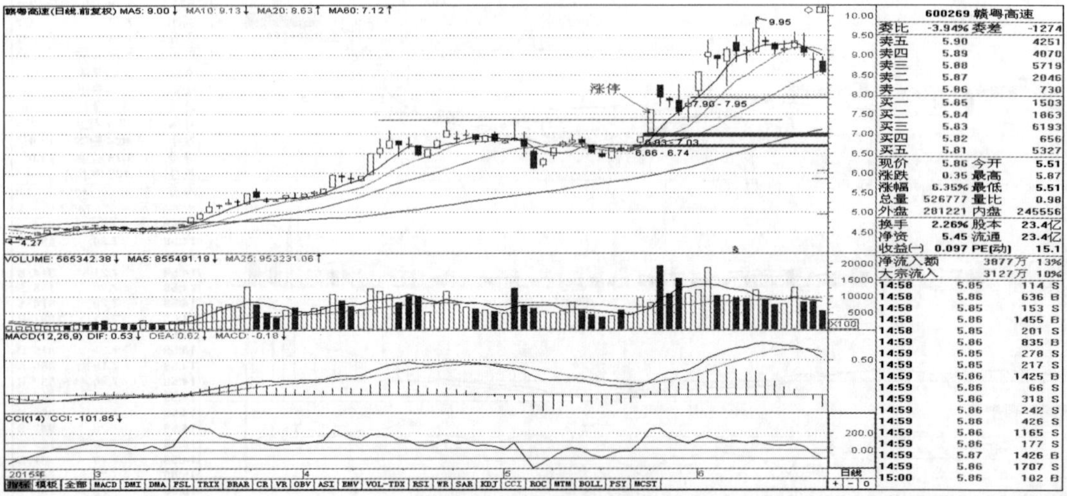

图 24-3 赣粤高速

实例解析：在图 24-3 中，该股在相对高位有一个明显的压力位，两次在接近的价位见顶，是投资者关注的要点。箭头所示当日跳空上涨，成功封板，当日可以择机打板。等高点很可能是主力洗盘的模式，假如能强势突破，自然是极佳的买点。最后以跳空的方式强势突破等高点，意味着洗盘结束，进入阶段上涨，必须跟进。

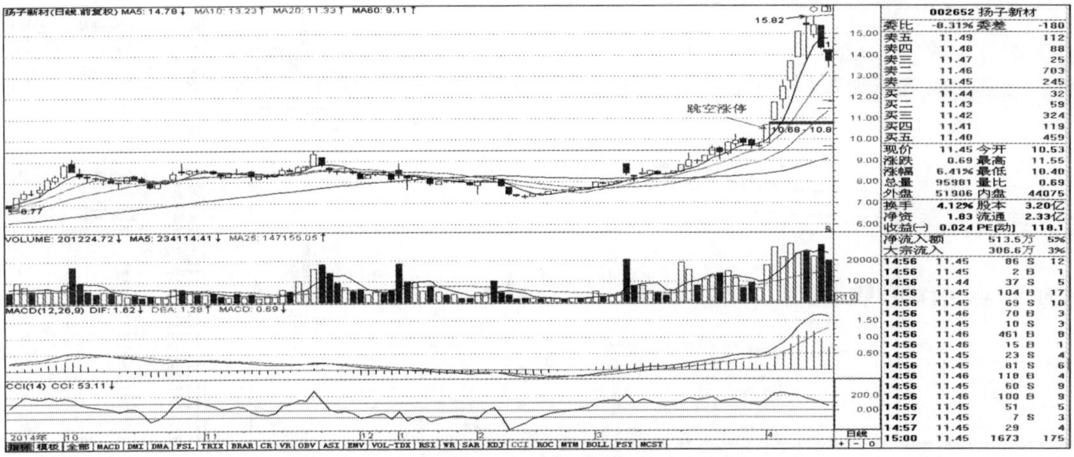

图 24-4 扬子新材

实例解析：在图 24-4 中，该股前期有个不太强悍的大突破，然后震荡整理，量能急剧萎缩，是洗盘的特征。当洗盘到极度地量的时候一般是爆发的前夜，可以潜伏。超短线投资者可能宁愿启动的瞬间进场，只需等待一个向上启动的信号。该股最后跳空启动，留下一个不太起眼的缺口，但不妨碍短线跟进。这个缺口不是实缺，但市场含义类似，是强势的特征，不妨碍买入。

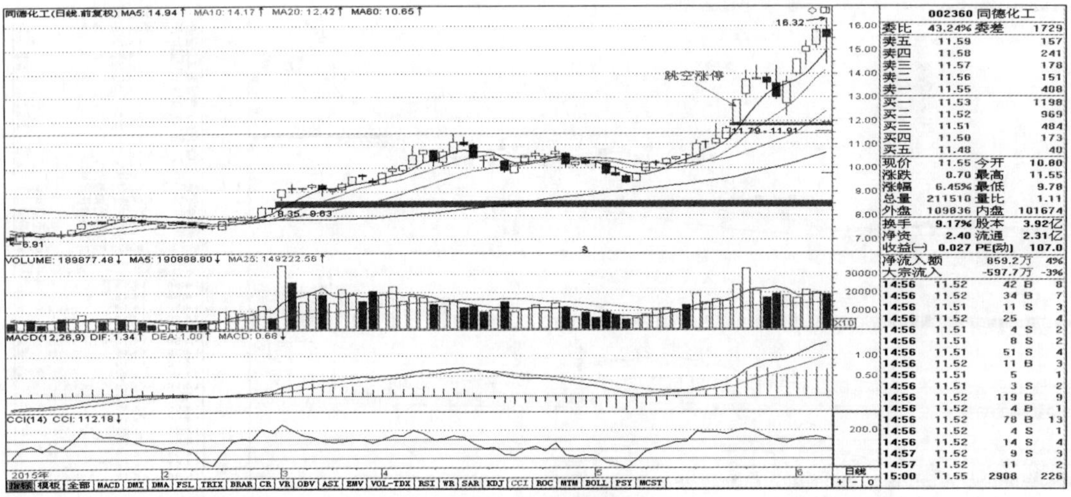

图 24-5 同德化工

实例解析：在图 24-5 中，该股一根上影线试盘后次日突破前高的压力，但走势并不太强。次日跳空上行，留下实体缺口，是多头强悍的特征，投资者可以直接跟进。盘中该股持续上涨，有封板的趋势，可以追击打板。这个缺口是加速的表现，且下档有支撑，自然是跟进的绝佳时机。

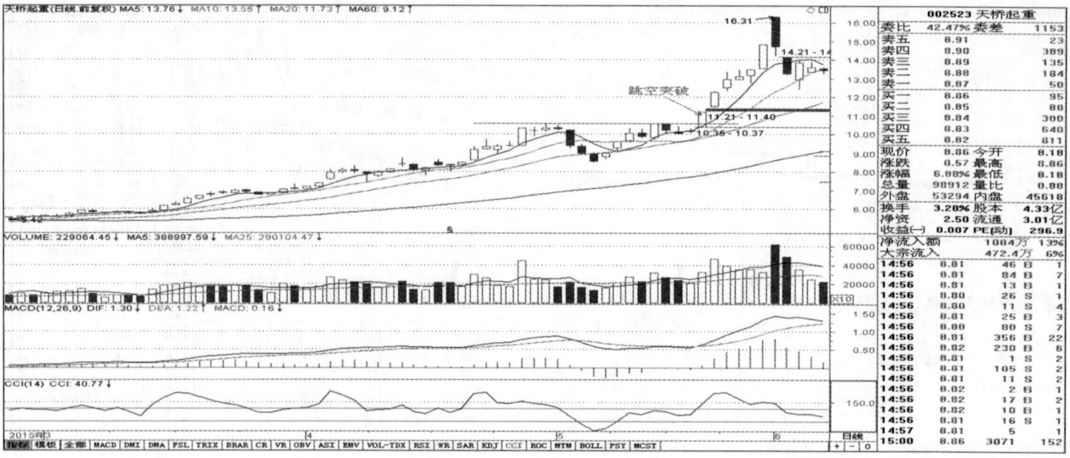

图 24－6　天桥起重

实例解析：在图 24－6 中，箭头所示的跳空缺口出现在等高点压力位，假如能成功突破，那就是典型的突破缺口。这个缺口的成功概率高不高呢？那只能分析前面的走势。前面是一根大阳线，然后在阳线内波动，洗盘特征明显，也意味着后市向上的可能性大。后市任何时候跳空上攻，即意味着洗盘结束，是跟进的绝佳时机。当日成功封板，在封板前可以择机打板跟进。

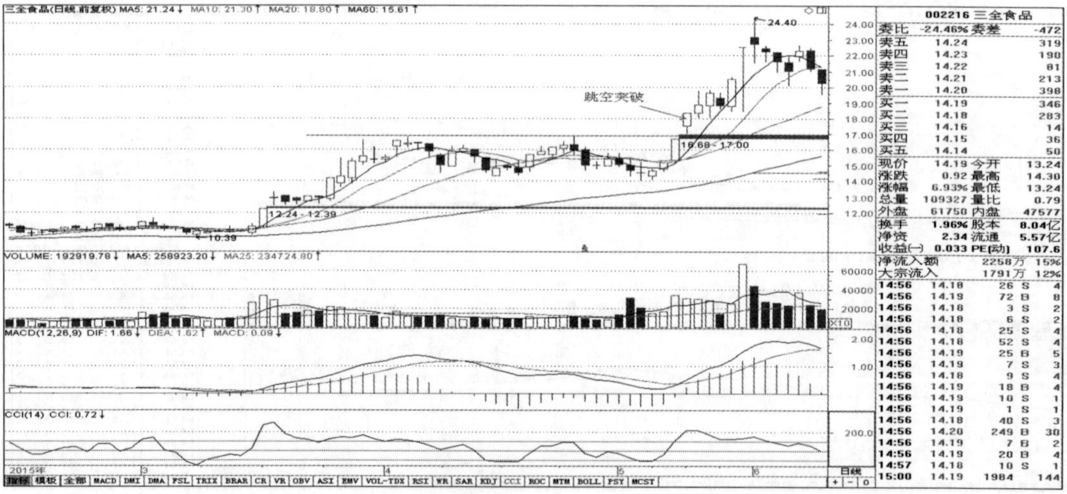

图 24－7　三全食品

实例解析：在图 24－7 中，箭头所示的跳空涨停出现在大突破的位置，但是有点尴尬。跳空大突破本来是极好的跟进时机，但前日已经有一个涨停，短线乖离过大，能不能封板是个疑问。此时需要对分时走势特别关注，需要主力表态，特别要关注量价的配合。当日我们可以在接近封板的时候再打板跟进，确保当日涨停。

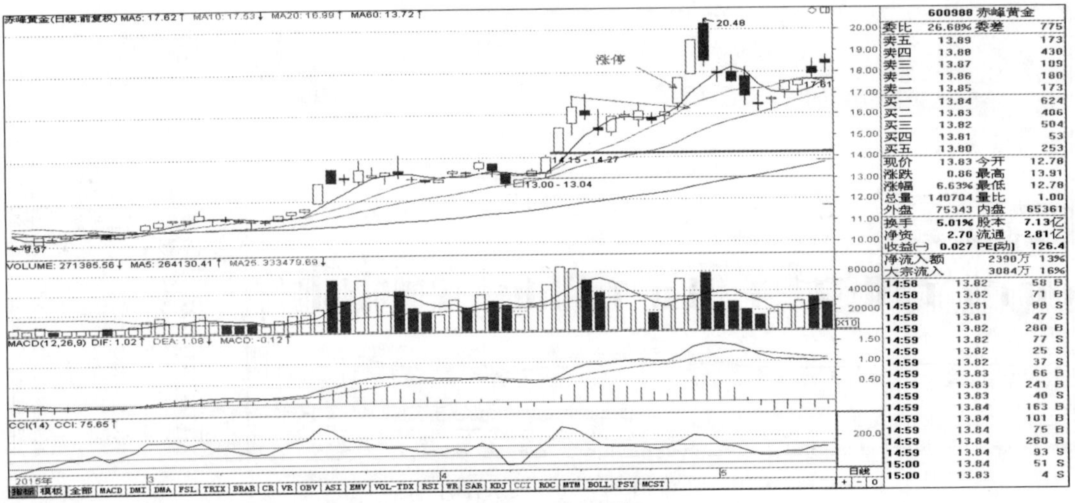

图 24 - 8　赤峰黄金

实例解析：在图 24 - 8 中，箭头所示当日跳空上行，是否具有追击的价值？这需要分析前期的走势，该股前期是一个震荡收敛的走势，且震荡范围在阳线内。阳线支撑下的震荡多半是强势洗盘，后市有向上的爆发力。最后跳空启动攻击，投资者可以在盘中择机跟进，也可以打板。

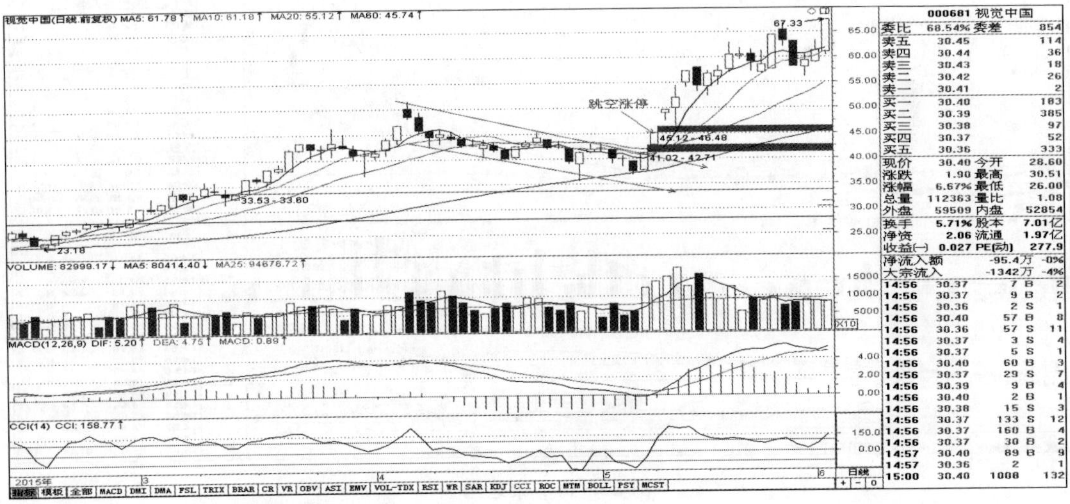

图 24 - 9　视觉中国

实例解析：在图 24 - 9 中，该股前期走出一个下降通道，股价回踩 60 日线，有中期调整的特征。在 60 日线止跌企稳后，该股跳空上行，开盘即突破轨道，是立刻追击的时机。这个跳空缺口基本宣告调整结束，意味着波段上涨开始，不管当日涨停不涨停都可以跟进。最后成功封板，是最佳的结局，可以打板跟上。

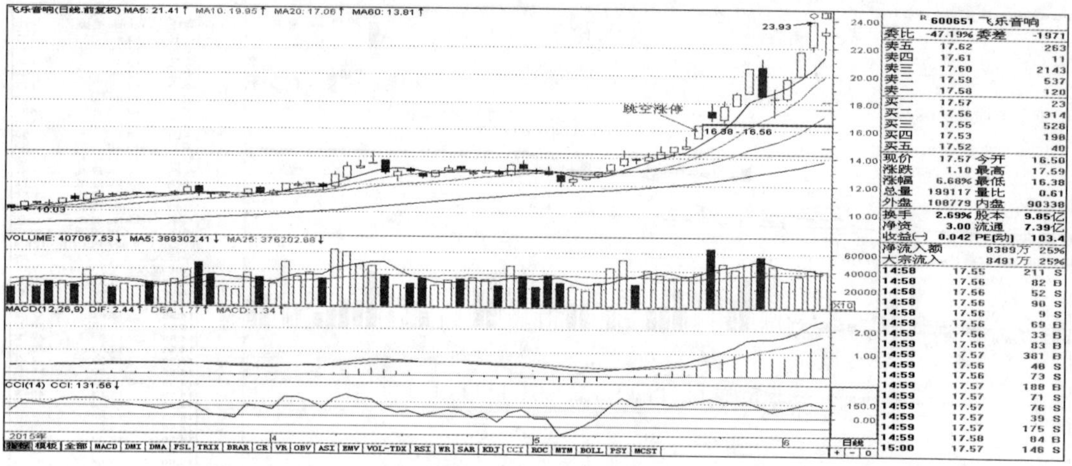

图 24－10　飞乐音响

实例解析：在图 24－10 中，箭头所示的跳空涨停出现在大突破之后，整体是跟进的好时机。该股突破的时候表现疲软，有点纠结，但量能平稳，不排除是在刻意洗盘。此时最需要的是一个强力信号，而跳空缺口就起到了这作用。该股大幅高开，且强势上攻，封板的概率极大，可以果断跟进。

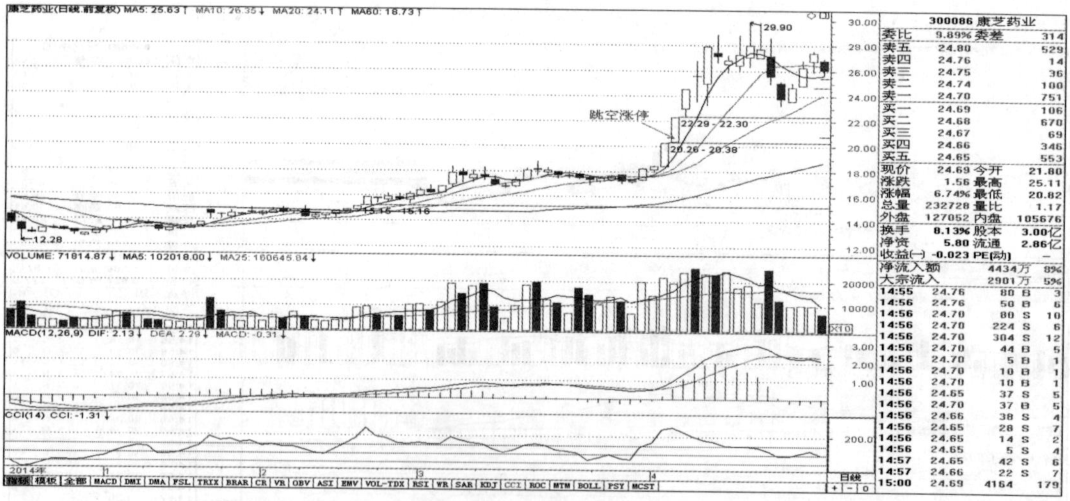

图 24－11　康芝药业

实例解析：在图 24－11 中，箭头所示的跳空缺口出现在一个涨停之后，乖离过大，还能不能打板呢？前期该股是一个高度控盘的走势，然后涨停突破，是强庄的应有表现。接着的跳空缺口就是一个持续缺口，理论上还有对称的涨幅，跟进是可以的。跟进的时候可以预判一下当日的成交量，如果太大就回避，量能稳定则积极跟进。

第二十五章 小三浪板

打板要点：整体运行是在上升趋势中，在一段上涨后深度回调，走出次级别的三浪结构。在c浪的尾声，有可能强势起跳，以涨停的方式结束小三浪的调整。起跳要有力，主力控盘特征明显，这是打板的基础。小三浪运行过程需要走势紧凑，即以极短线为主，量要稳定，地量最好。

打板关键词：小三浪　紧凑　强势起跳

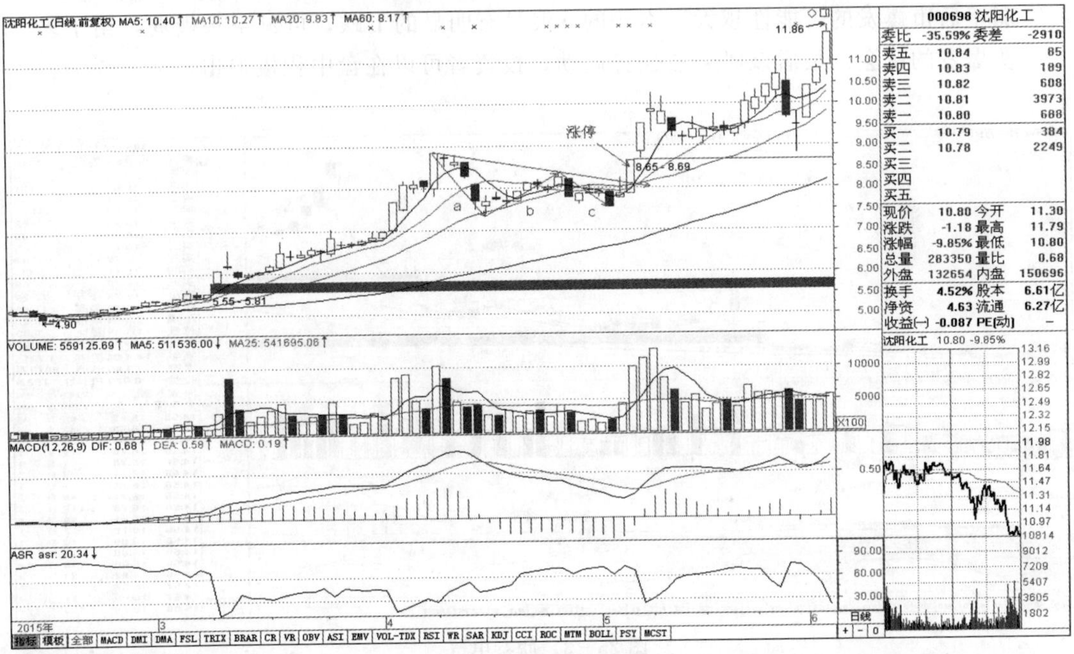

图 25-1　沈阳化工

实例解析：在图25-1中，该股一段强势上涨后股价深度回调，时间较长。这段调整有一个明显的小三浪结构，即经历了abc三浪波折。在c浪的尾声，我们可以密切关注，主力可能再度强势启动。箭头所示当日主力强势拉升，可以在盘中积极跟进，最后如愿收获涨停。

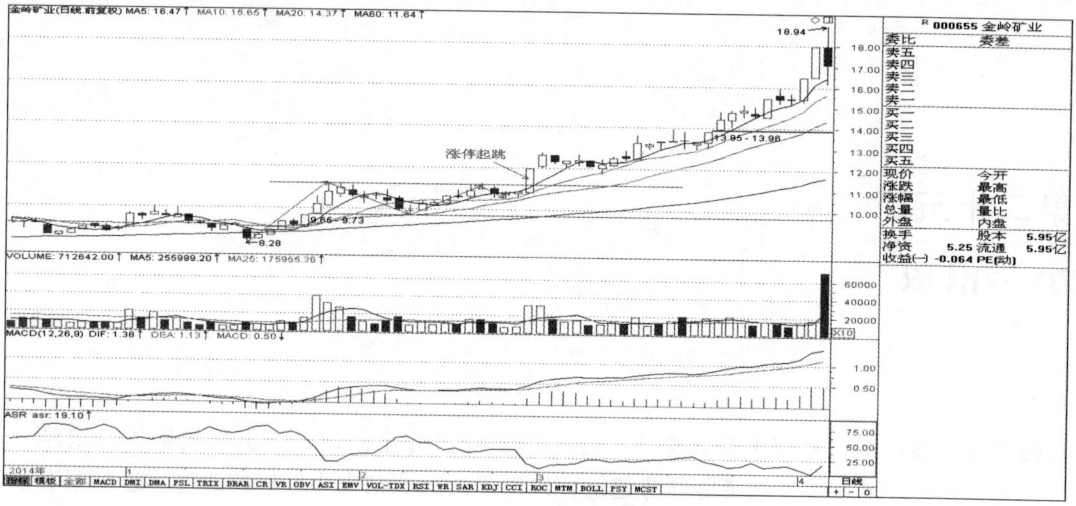

图 25-2　金岭矿业

实例解析：在图 25-2 中，该股经过一波上涨后进入调整，走出明显的三浪结构。调整过程中 K 线基本为极短线，量能极度萎缩，非常紧凑，一看就知道是洗盘。c 浪越弱，后市爆发的可能性越大。本例的 c 浪没有明显的下跌，可见空头极弱，给了多头爆发的机会。最后该股果然强势启动，投资者可以在盘中积极追击。

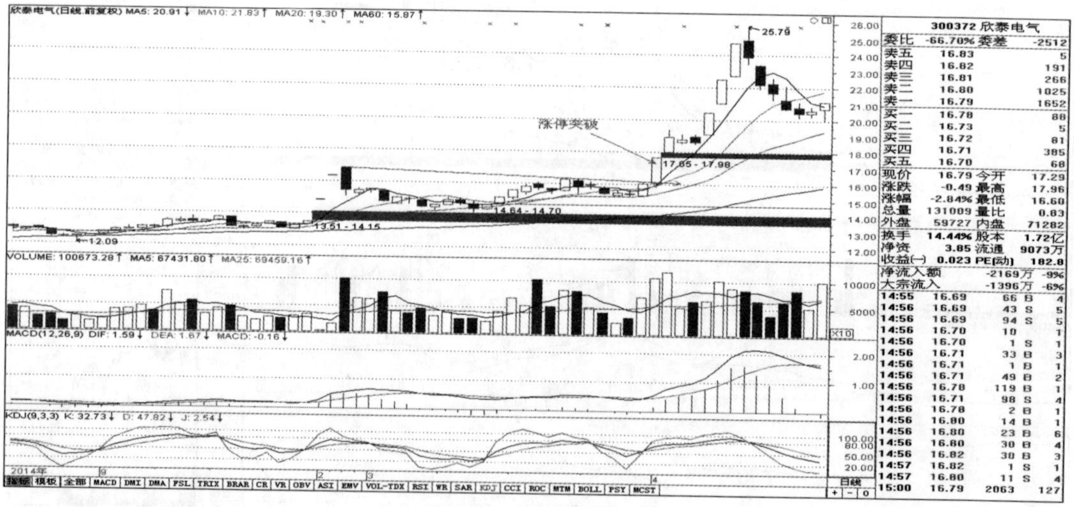

图 25-3　欣泰电气

实例解析：在图 25-3 中，箭头所示的涨停不仅仅是突破前高，也是突破一个小三浪的整理形态。这个小三浪非常清晰，且组成的 K 线都是极短线为主，显示高度控盘的特征。c 浪跌幅甚小，说明空头衰竭，随时有起跳的可能。股价在盘中起跳的瞬间投资者即可跟进，不需要等到打板的时候。

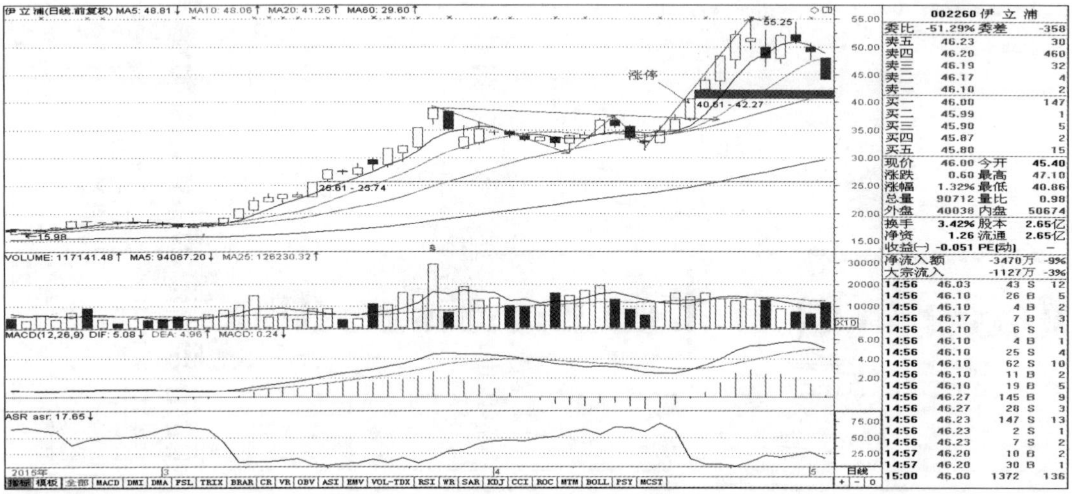

图 25－4 伊立浦

实例解析：在图 25－4 中，该股前期有一波大幅的上涨，然后回落，走出一个小三浪的结构。整个下跌过程中保持缩量，具备洗盘的特征。整体运行过程中 K 比较紧凑，是强庄的特征。最后该股突破下降趋势线，同时突破前高，可以高举高打跟进。

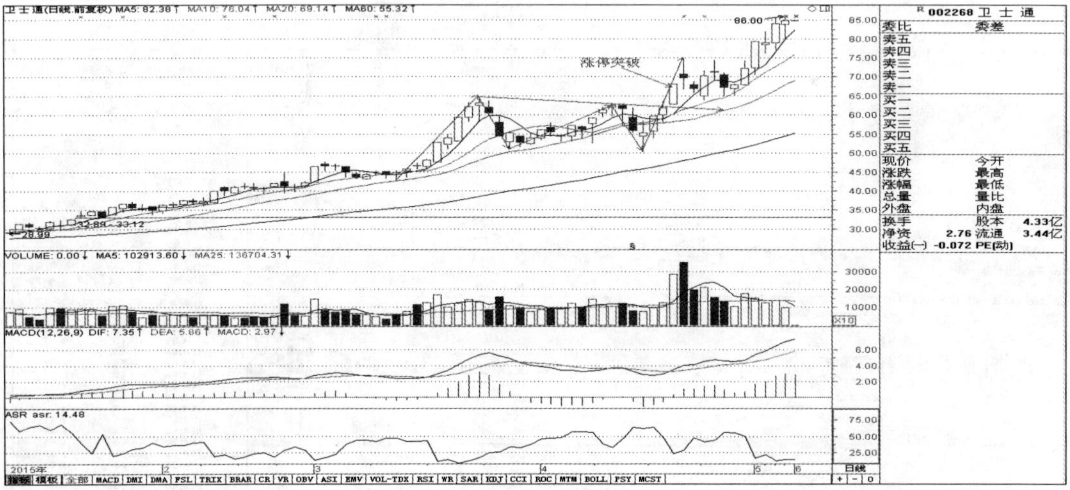

图 25－5 卫士通

实例解析：在图 25－5 中，该股在一波较强的上涨后回调，第二波无力，再一次回落，到前低止跌，可见空头力度还不错。整体看是一个小三浪的结构，只要突破下降趋势线就可以跟进。突破当日为跳空上涨，力度强，盘中走势也非常有力，可以跟进，追高打板也是可以选择。小三浪的过程中量比较稳定，具有洗盘的特征，突破自然更可靠。

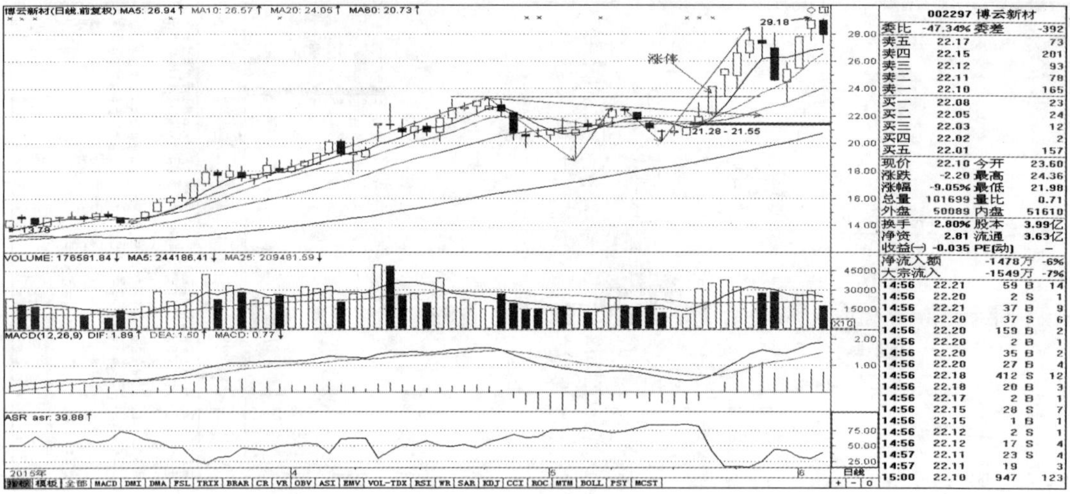

图 25-6 博云新材

实例解析：在图 25-6 中，该股连续慢速上涨一段后，然后下跌，是反转还是回调有待观察。后市的走势是一个典型的小三浪，量能极度萎缩，洗盘特征非常明确。最后该股强势起跳，当日封板，突破了下降趋势线和前高，是必须追杀的品种。突破前日该股有个试盘，也证实了主力的存在，坚定了后市打板的信心。

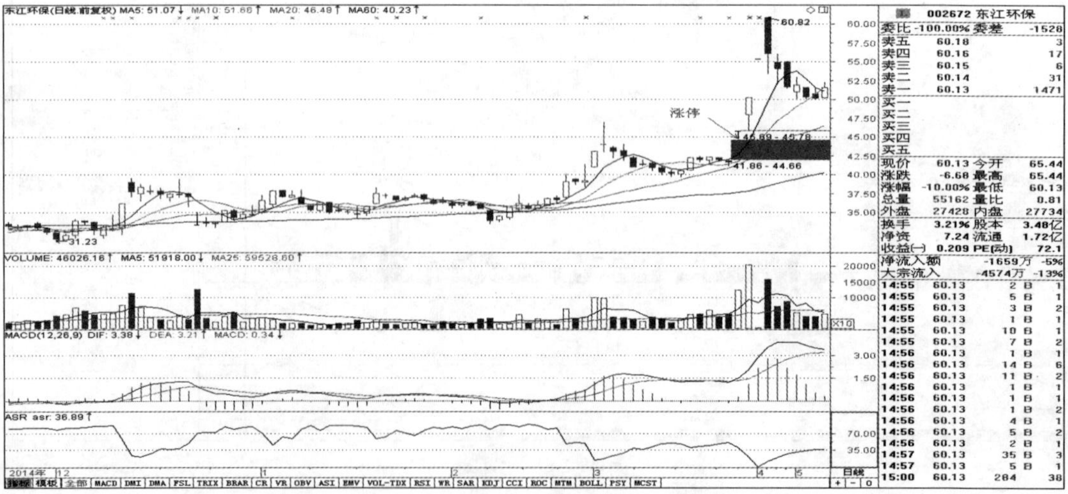

图 25-7 东江环保

实例解析：在图 25-7 中，箭头所示的涨停之前是一个标准的小三浪结构，值得关注。一波较快的上涨后持续回调，地量，此后反弹还是无量，导致反弹高度不够，进入 c 浪调整。c 浪明显跌不下去，可见空头疲软，最后 T 字涨停，多头非常彪悍，投资者可以排队进场。

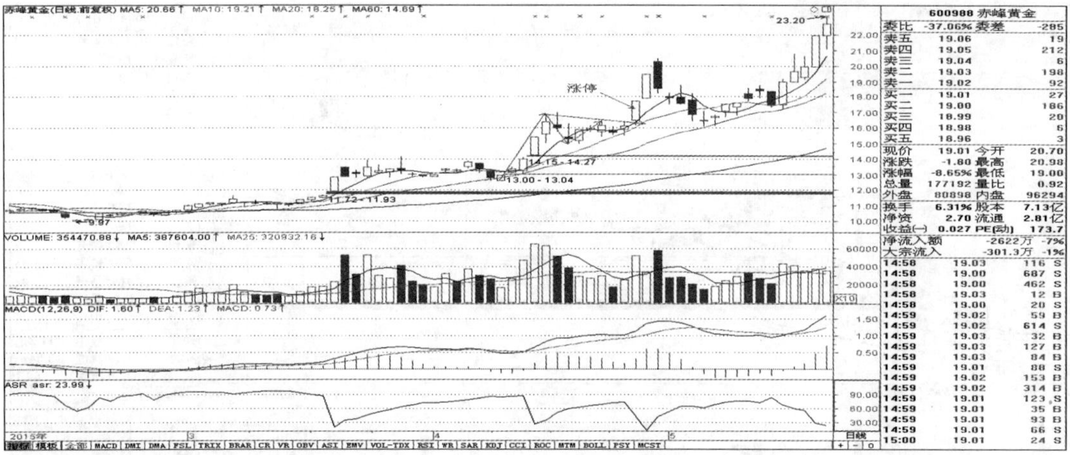

图 25-8 赤峰黄金

实例解析：在图 25-8 中，该股强势上攻一段后回调，但下跌幅度较小，说明空头虚弱。此后连续震荡，走出一个小三浪的格局，成交量极度萎缩，具备显著的洗盘特征。这个小三浪整体的振幅极小，是高度控盘的走势特征，可以密切关注突破的时机。最后该股强势跳空上行，有涨停突破的迹象，投资者可以积极跟进。

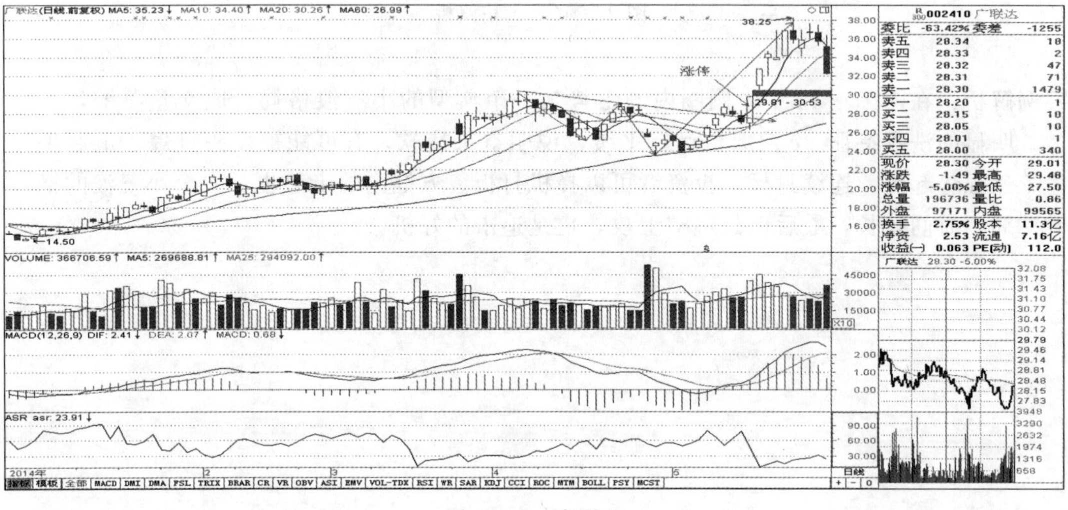

图 25-9 广联达

实例解析：在图 25-9 中，图示的小三浪比较复杂，主力在挖空心思做盘，不是善庄。首先是 c 浪破位下跌，构筑双底后才修复好，比一般的股票多了几道波折。其次是突破下降趋势，一般突破后都能轧空向上，可该股再次回落，不按常理出牌。最后洗完了才强势上攻，当日涨停，不是一般的费劲。不管走势如何曲折，只要我们看到破位洗盘即可判断有强庄活动，追击打板的根据就有了。

图 25－10 山东路桥

实例解析：在图 25－10 中，圆圈内的走势是一个典型的小三浪格局，成交量萎缩，有明显的洗盘特征。c 浪股价运行平缓，说明空头疲软，有可能被多头打爆。最后果然强势起跳，连续封板，投资者可以择机打板。方框内的走势也是一个小三浪的格局，时间较长，最后也是跳空上攻，也是追击的好机会。

第二十六章
连板

打板要点：连板即连续涨停，是股票强势到极点的表现。要连板需要强势控制，因此一般前期蓄势的时间长。第一个板一般是缩量的，说明能轻松封板，留有余力。在第二个板的时候追高进场还是要相当谨慎，不宜重仓。

止损要点：追击连板更要止损果断，一旦不涨停了就需要出局。

打板关键词：前期蓄势充分　龙头　缩量

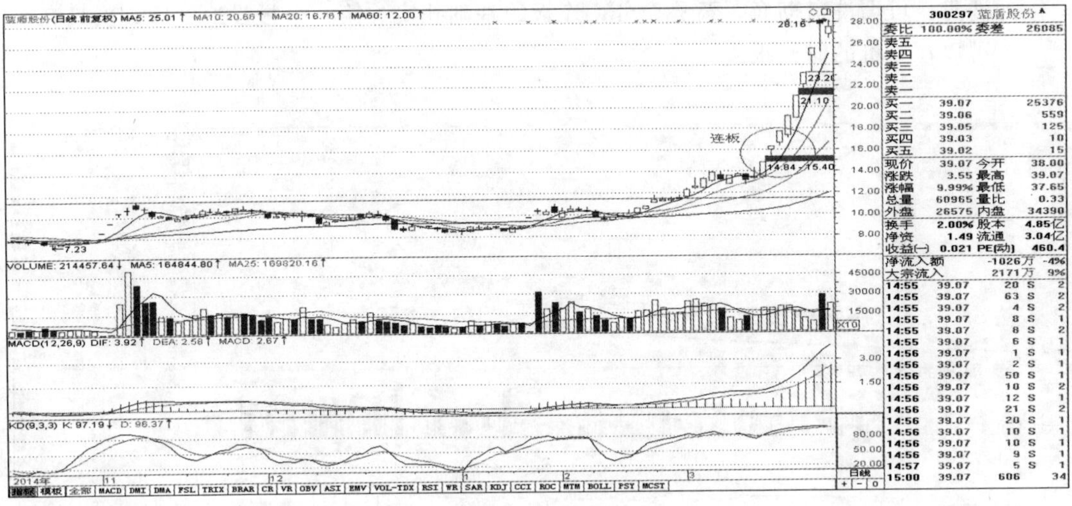

图 26－1　蓝盾股份

实例解析：在图 26－1 中，该股为连续涨停的走势，非常彪悍，但都是既成事实，在行进间谁有勇气追高？第一个涨停是合适的追击机会，但第二个涨停你还有勇气追击吗？因为乖离过大，随时有可能下跌。因此追击连板的股票需要更多的条件。该股前期是一个大规模的突破，突破后又进行了一次窄幅的横盘整理。如此蓄势非常充分，洗盘也洗得够彻底，后市上涨空间应该非常大，适度追高是可以的。在追击的过程中也需要关注成交量的变化，该股第一个板缩量，第二个板也没见放量，因此可以放心追击。

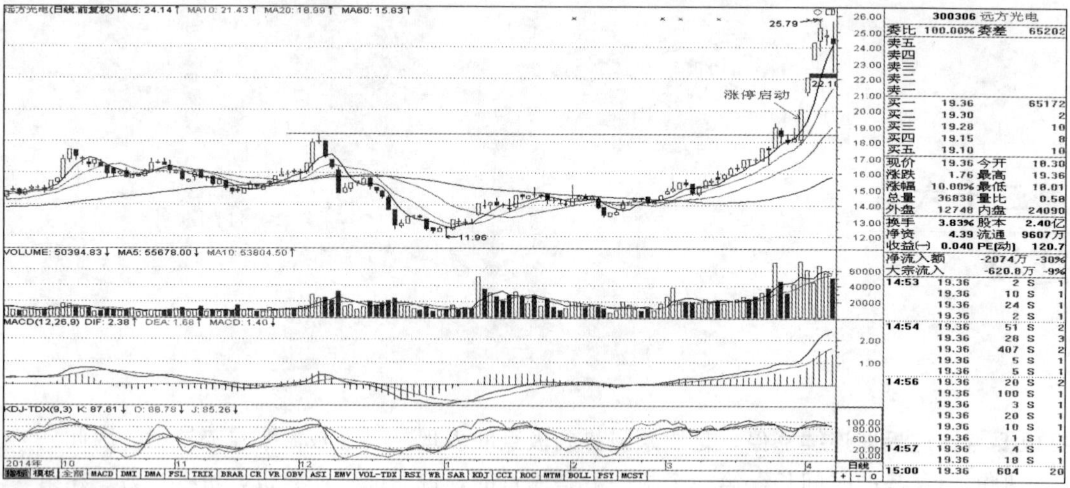

图 26－2 远方光电

实例解析：在图 26－2 中，箭头所示涨停起跳，后面三连板，为何有如此强势？最大的原因就是一个大规模的突破，前面挖坑时间长，深度也很大。突破后又进行了三天的洗盘，可谓洗盘彻底，蓄势充分，连板的基础扎实。第一个板没追到后，次日高开可以在竞价的时候跟进。

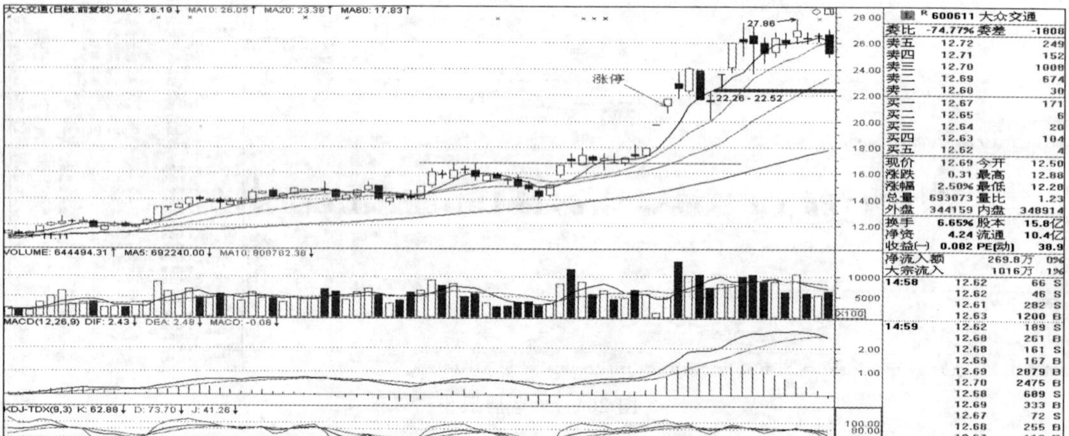

图 26－3 大众交通

实例解析：在图 26－3 中，箭头所示的涨停板出现在一个一字板之后，一字板是最强悍的表现，后市冲高是大概率事件。该股在涨停启动之前的走势也有价值，即经过了反复的洗盘，蓄势非常充分。追击第二个板的时候需要观察一下分时的放量速度，假如平稳可追高打板。该股此后放量滞涨，短线可以考虑止盈，收获还不错的。

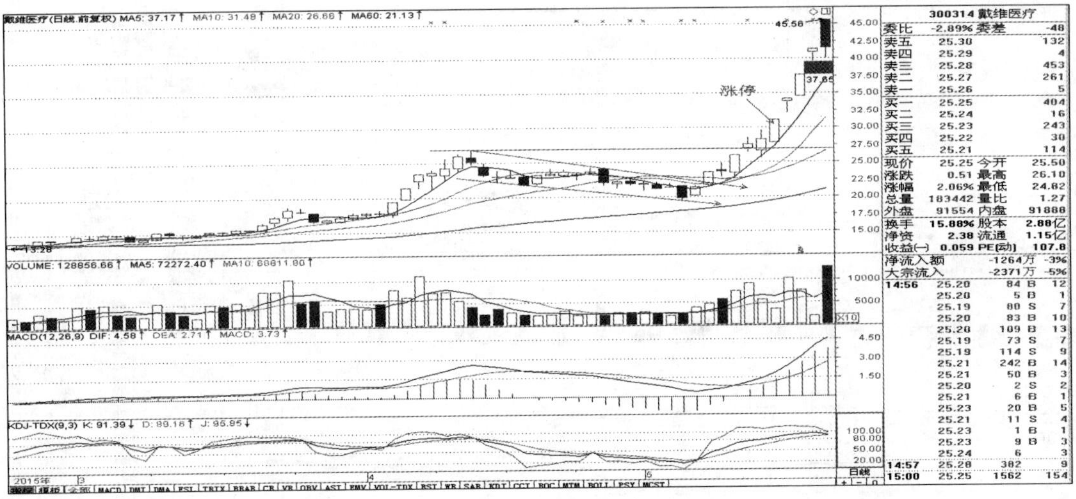

图 26-4 戴维医疗

实例解析：在图 26-4 中，该股是医疗健康的龙头股，走势一直比较强悍。箭头所示的涨停出现在突破之后，是典型的强轧空走势。第二天大幅高开，还可以追高进场吗？应该是可以。前期该股经过长时间洗盘，蓄势充分，有连板的潜力。高开后假如不急剧放量，可以考虑进场，有望连板。

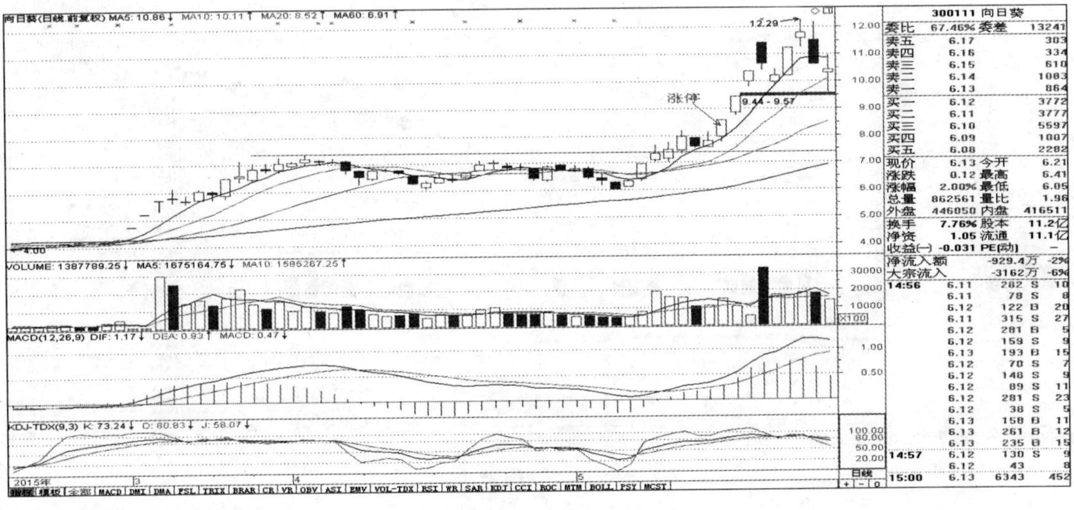

图 26-5 向日葵

实例解析：在图 26-5 中，箭头所示的涨停出现在连续洗盘之后，值得回顾。前面是一个长时间的大箱体盘整，洗盘很充分。突破后没有立刻拉升，又经历了两天的调整，继续洗盘。此后涨停启动，可以追击。当日缩量，表明浮筹较少，封板轻松。次日高开，很可能连板，可以适当追击。

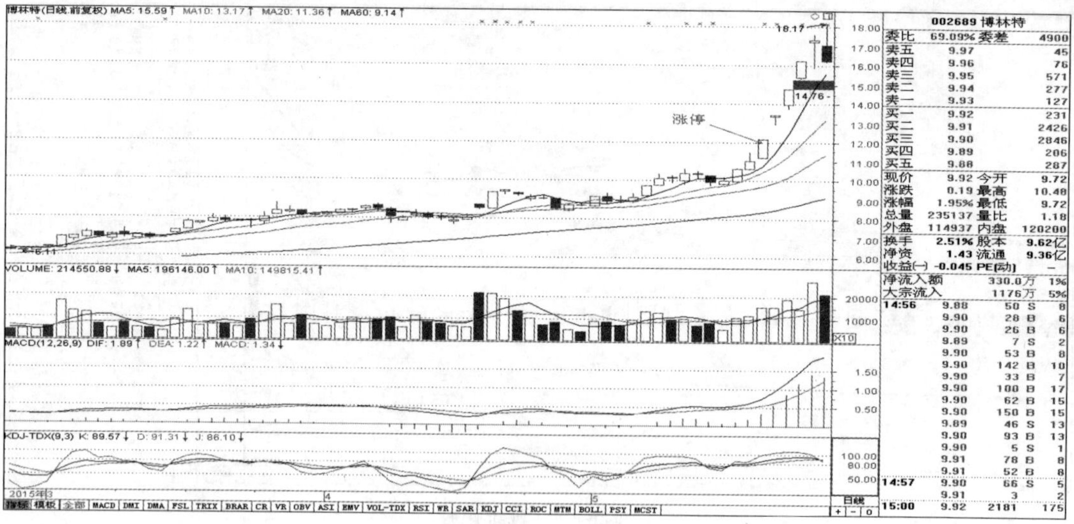

图 26－6　博林特

实例解析： 在图 26－6 中，箭头所示的涨停是一个突破慢轨板，成交量较小，有冲高连板的潜力。次日大幅高开，且成交量保持低速，很可能连板，可以追高打板。该股也是当时的工业机器人概念股票，是热点题材，具备成为龙头的潜质。从 K 线看，该股也是一个高度控盘的股票，适合短线追高进场。

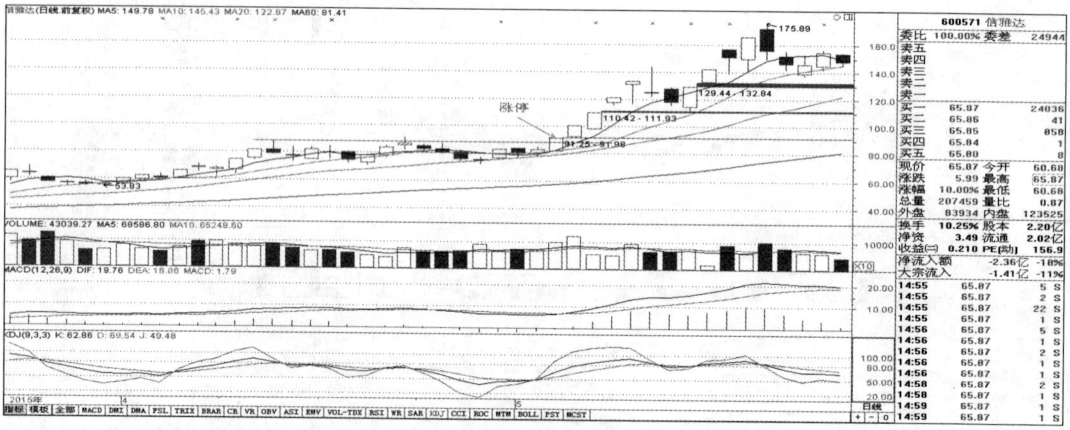

图 26－7　信雅达

实例解析： 在图 26－7 中，箭头所示为一个涨停突破，然后走出了五连板的彪悍走势，也就是说只要不是追在第五个板都能收获不小。看起来很有诱惑力，但实际上从第二个板开始就充满了风险，需要谨慎。为什么该股有连板的强势走势？首先是因为前面有一个假突破的诱多洗盘。其次是第一个板没怎么放量，说明封板很轻松。从第二个板开始，追击更要关注分时的放量速度，假如量过大，则避免追高。

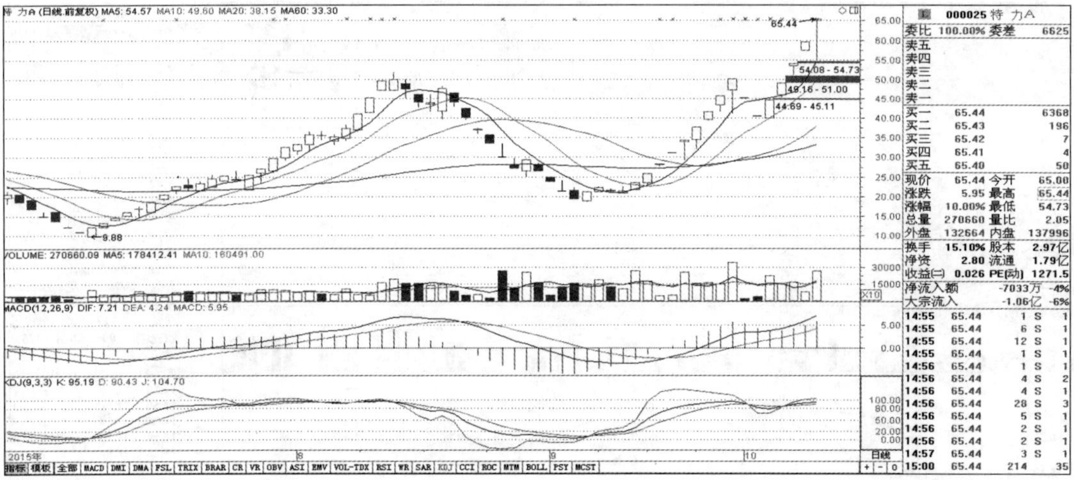

图 26-8 特力 A

实例解析：在图 26-8 中，该股是 2015 年股灾后出现的著名妖股，走势非常凌厉。这个股票当时出现了除了涨停就是跌停，说明机会和风险同在，可以择机少量参与狂欢。该股是典型的龙头，涨停迅速，成交量较小，是高控盘的特征，可以随时参与。由于连板众多，看似随便怎么参与都可以，事实上没那么容易，需要保持相当的谨慎。

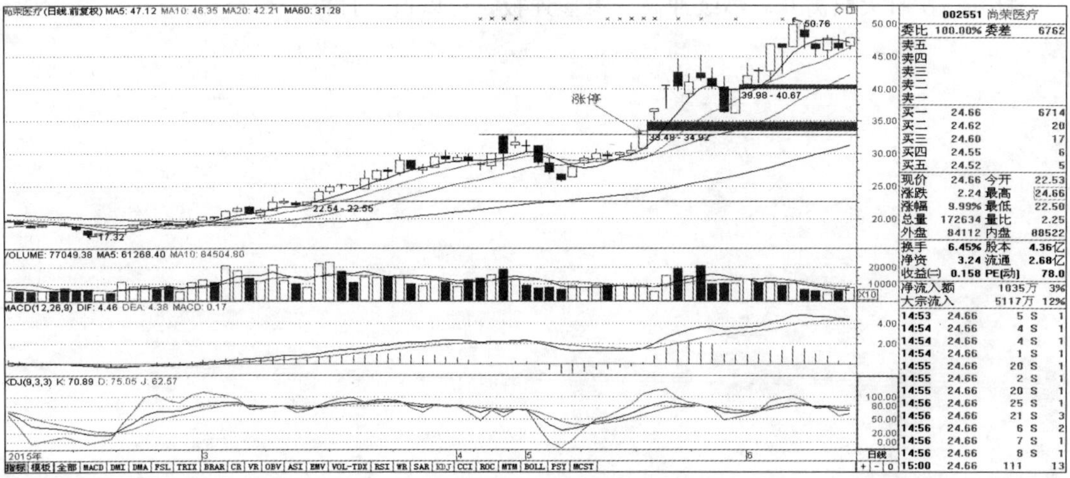

图 26-9 尚荣医疗

实例解析：在图 26-9 中，箭头所示涨停板是一个小三浪板，即前面经过了一个小三浪的调整走势，期间量能极度萎缩，有高度控盘的特征。此涨停板严重缩量，说明涨停很轻松，还有余力。次日如期高开，开的高度比较大，离涨停一步之遥，很可能连板，可以适当追高进场。最后该股走出三连板，短线追高的收获还是不小。

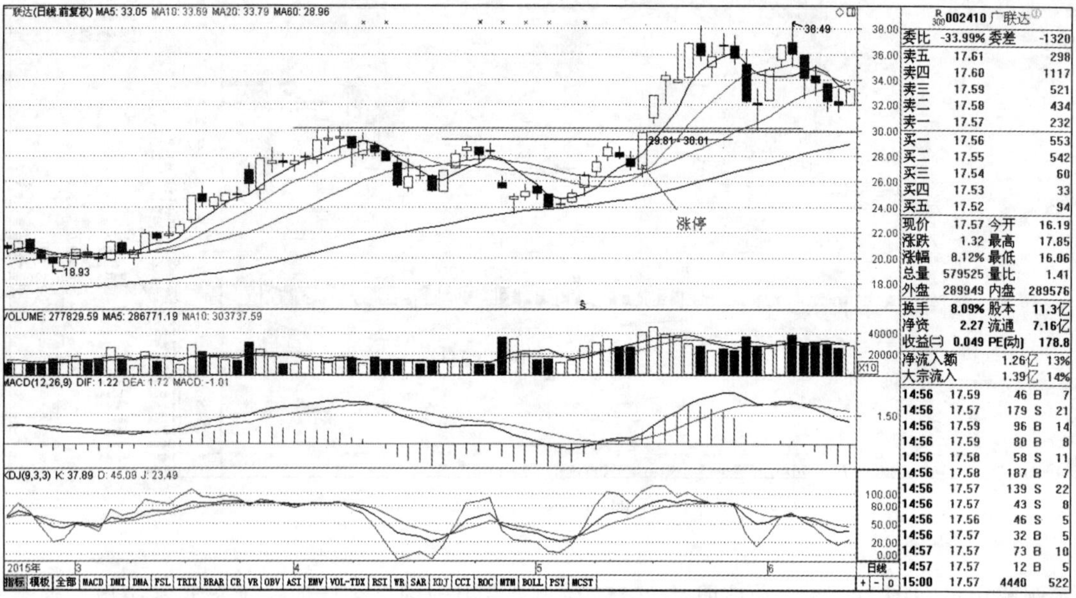

图 26 - 10　广联达

实例解析： 在图 26 - 10 中，箭头所示的涨停出现的位置耐人寻味，突破了两个波段高点，还有一个高点近在咫尺。事实上最后一个高点有没有突破已经不重要了，要逃跑的筹码也早就走了。因此这个突破可以看做等高点的大突破，后市上涨空间已经打开。次日大幅高开后继续冲高，有望连板，可以追击打板。

第二十七章
精确做盘板

打板要点： 我们经常会看到强势股在走势上有一些特别的地方，最为典型的就是精确做盘。所谓精确做盘就是高点或者低点的价格一致，有的相差一两分钱，甚至有的分毫不差。这种价格的一致往往是主力刻意做出来的，而只有强庄才可以如此精确做盘。因此我们可以从精确做盘来提前发掘强庄股，这种精确做盘的股票往往以涨停方式突破或者启动，可以在盘中放心跟进。

止损要点： 以启动当日最低价作为止损价。

打板关键词： 价格一致　强势启动

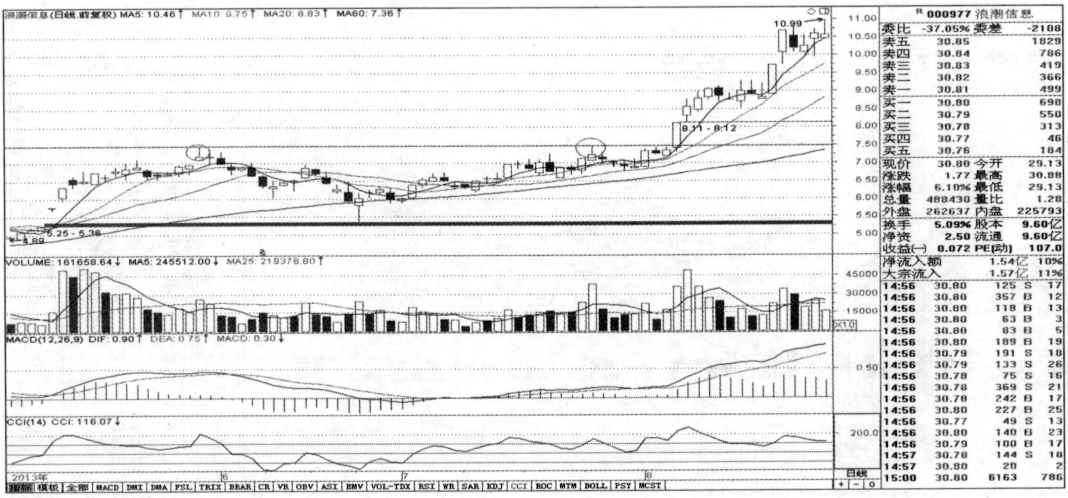

图 27－1　浪潮信息

实例解析： 在图 27－1 中，圆圈所示为两个波浪高点，价格一致，显然是主力刻意做出来的，是典型的精确做盘。据等高点画出抵抗线，在没有突破之前是压力线。后市该股在抵抗线上强势起跳，盘中有封板的迹象，可以放心追击打板。精确做盘显示了主力的操控实力，假如有封板的迹象，一般成功率非常高，自然可以追高。后市该股继续轧空，短线涨幅不小，追击这个板还是物有所值。

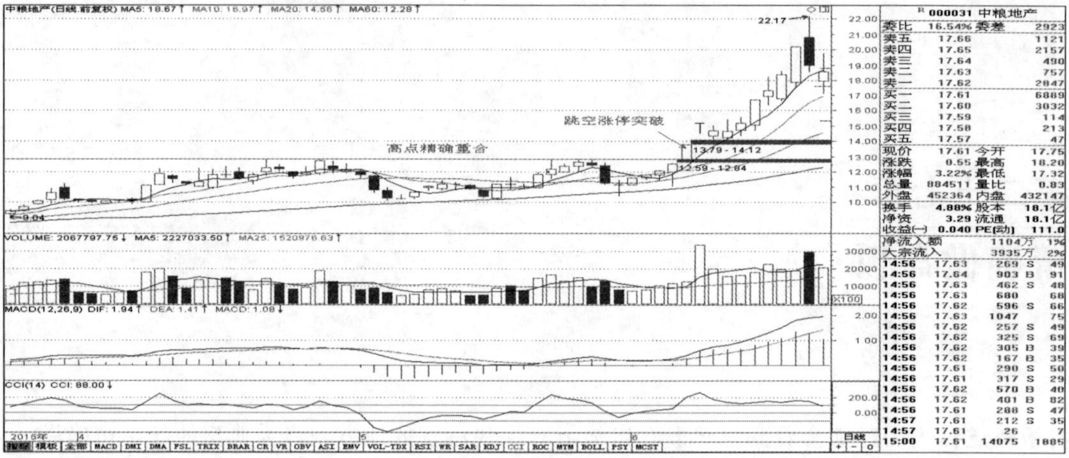

图 27-2　中粮地产

实例解析：在图 27-2 中，该股是当时炒作国企改革的热门股票之一，波段涨幅巨大。题材股看似游资即兴之作，但事实上很多在前期就有主力介入。该股在前期有两个波浪高点，价格几乎一样，显然是主力做出来的，而且实力不弱。既然有强庄在里面，后市该股启动突破，顺势封板也就水到渠成。这样的涨停板我们是必须追击的，机会难得。

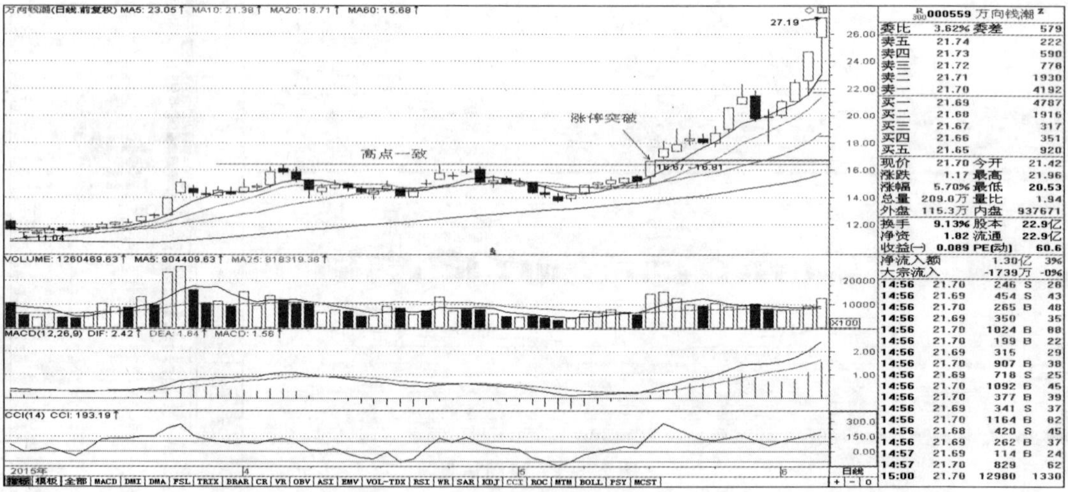

图 27-3　万向钱潮

实例解析：在图 27-3 中，该股在上升途中盘整，两个波浪高点价格一样，是典型的精确做盘，可以密切关注突破的时机。后市该股突然启动，走势强悍，当日成功封板，是追击打板的好时机。因为有主力精确做盘，就可以证实该股有强庄，一旦强势启动，封板的概率很高，因此可以放心追击。

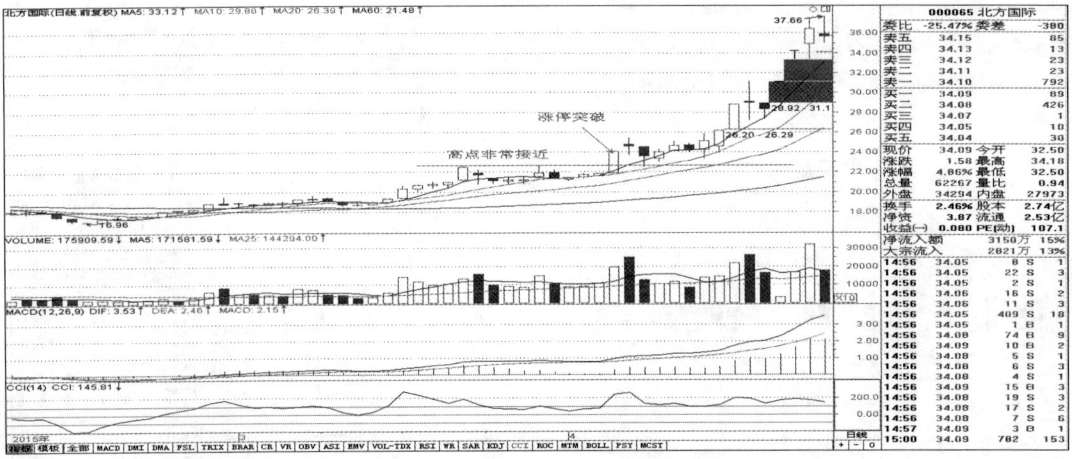

图 27 - 4　北方国际

实例解析：在图 27 - 4 中，该股在上升途中的走势非常漂亮，量价控制几乎完美。其中有一个调整的走势，出现两个价格一致的高点，据此我们可以判断该股有强庄驻扎，可以随时跟进。某日该股果然强势起跳，有封板的迹象，我们可以追高进场。后市该股波段涨幅巨大，追击这个涨停板收获颇丰。

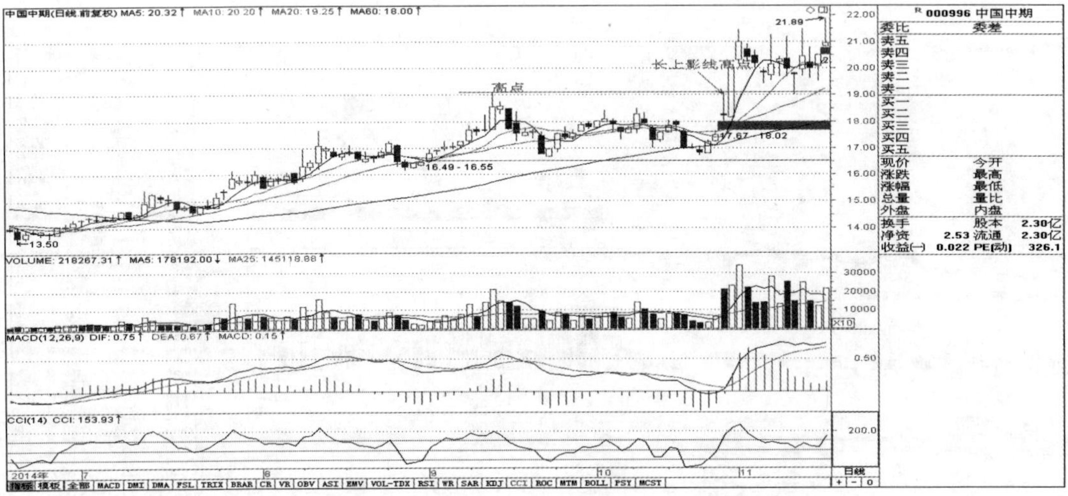

图 27 - 5　中国中期

实例解析：在图 27 - 5 中，该股前期的走势看起来很平常，没有涨停板，波段的幅度还行，只能波段操作。在一个放量高点后该股进入漫长的调整中，回调到了 60 日线，调整充分。此后再攻，走出一根巨长的上影线，看似受制于前高。此时我们发现这根上影线的最高点跟前面的放量高点价格一致，显然是刻意行为，也泄露了强庄的踪迹。次日该股低开高走，强势封板，我们可以顺势跟上。

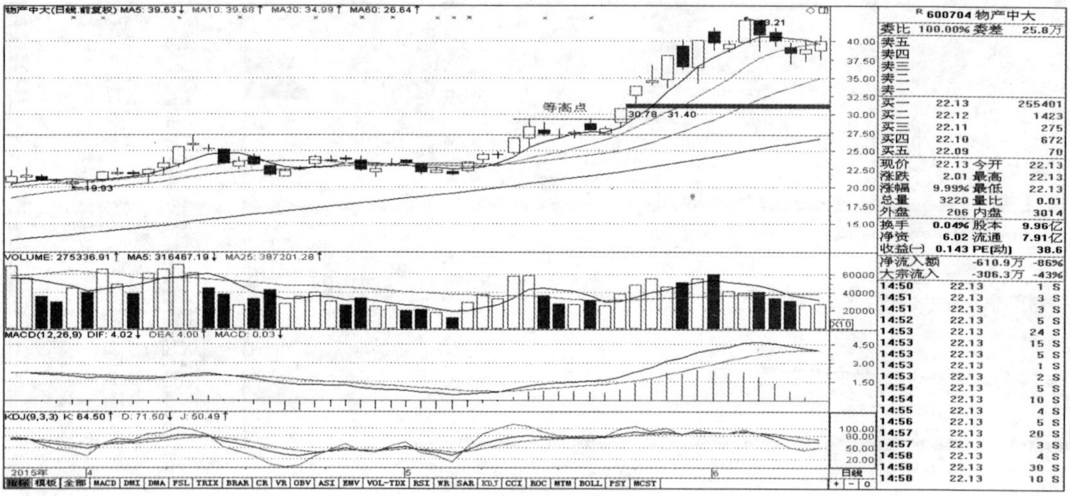

图 27 - 6　物产中大

实例解析：在图 27 - 6 中，图示的等高点很不起眼，一般都当作一个突破后的洗盘。仔细一看，这两个等高点的价格只相差一分钱，属于精确点位，显然是主力刻意控制的。能精确控制股价的股票自然是高度控盘的股票，后市应该有很好的表现。后市该股果然强势起跳，可以积极跟进，当日成功封板。

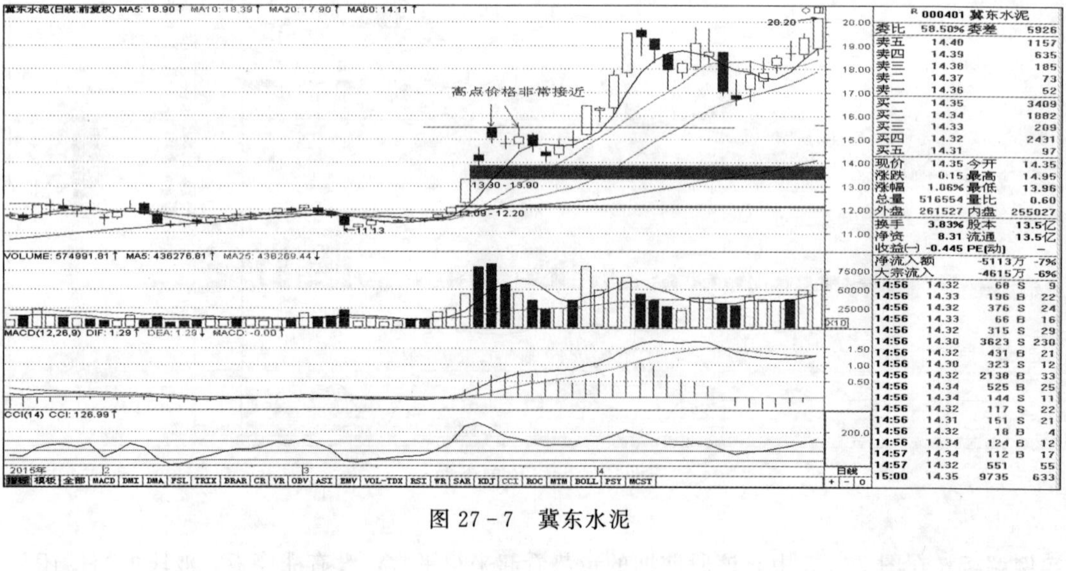

图 27 - 7　冀东水泥

实例解析：在图 27 - 7 中，该股在一段短线快攻后调整，二次冲高无力，主动下跌，看似涨势已经结束。此时我们应该注意到这两个高点的价格几乎一致，显然有强势主力在里面。当然有强庄也未必会再涨，但值得关注。经过调整后该股再攻，涨停突破等高点，是追击打板的好时机。后市该股短线涨幅较大，打板收益不错。

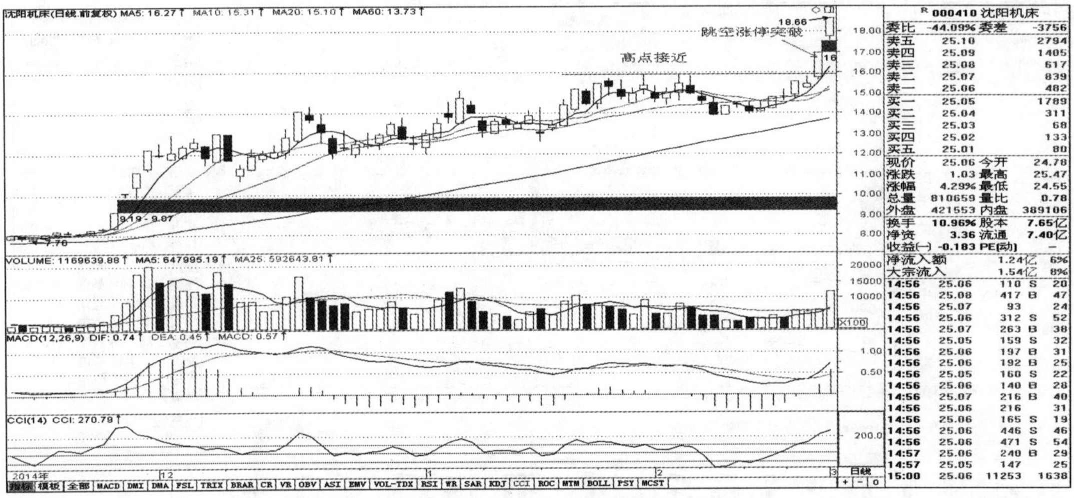

图 27-8 沈阳机床

实例解析：在图 27-8 中，该股是工业机器人板块的龙头，曾遭到爆炒。能爆炒说明有强庄控制，那如何提前发现强庄踪迹是要点。该股在大幅拉高一段后在高位长时间震荡，我们发现有两个高点的价格一致，显然是刻意为之，证实这股票有强庄。后市该股再度上攻，可以在盘中追高进场，甚至打板。

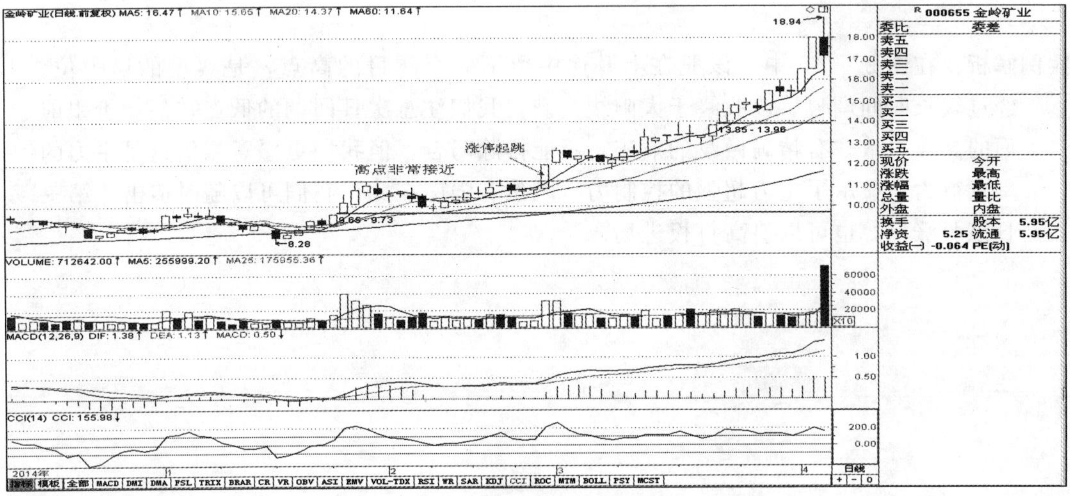

图 27-9 金岭矿业

实例解析：在图 27-9 中，该股在 60 日线上拉高一段后走出一个小三浪的调整形态，比较常见。请注意，这个小三浪的两个高点，价格几乎一样，显然是主力行为，即精确做盘。发现了强庄的踪迹那就让我们跟盘吃了定心丸，准备随时跟上。此后该股强势上攻，我们可以在盘中择机跟上，也可以在快涨停时打板进场。

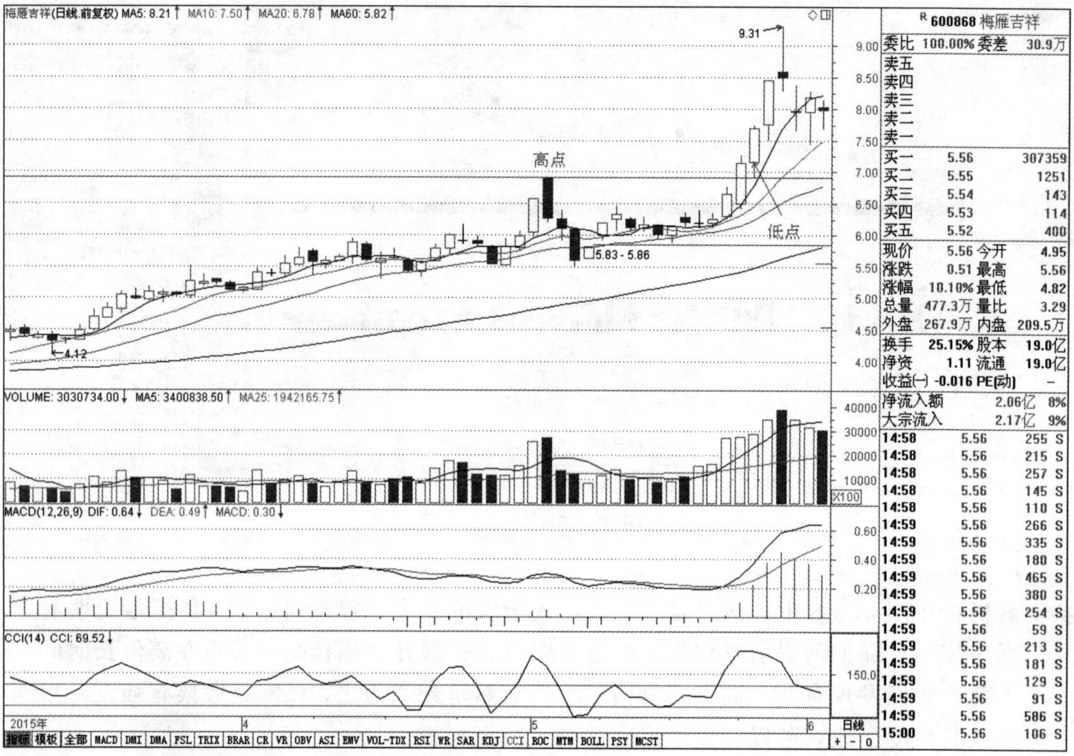

图 27－10　梅雁吉祥

实例解析：在图 27－10 中，该股在上升途中留下一个醒目的高点，是典型的压力位。经过较长时间调整后该股终于大阳线突破，我们注意次日回调的低点，最低价跟前面的高点一致，有精确做盘的痕迹。不能排除巧合，但我们更愿意相信这是主力的刻意行为，显示了主力超强的控制力。既然有强庄在此，我们可以随时追击。第三日该股涨停，也可以追高打板进场。